Begraben und vergessen

Of

Titelbild: Susanne P. Radtke
»Tatze«; Ölkreide, Pastell, Acryl 1988
Susanne P. Radtke lebt als freischaffende
Malerin und Graphikerin in Berlin.

Marjan Sax
Knaar Visser
Marjo Boer

Begraben und Vergessen?

Ein Begleitbuch zu Tod, Abschied und Bestattung

Aus dem Niederländischen
von Diete Oudesluijs und Marlene Müller-Haas
Deutsche Bearbeitung Gerdien Jonker und Theresa Wobbe

Orlanda Frauenverlag

Originaltitel: Zand erover?

Schorer, Amsterdam

© 1989 Marjan Sax, Knaar Visser, Marjo Boer

Die Deutsche Bibliothek – CIP-Einheitsaufnahme

Sax, Marjan: Begraben und Vergessen? : Ein Begleitbuch zu Tod, Abschied und Bestattung / Marjan Sax ; Knaar Visser ; Marjo Boer.
Aus dem Niederländ. von Diete Oudesluijs und Marlene Müller-Haas. -
Berlin : Orlanda-Frauenverlag, 1993
Einheitssacht.: Zand erover? [dt.]
ISBN 3-929823-00-4
NE: Visser, Knaar:; Boer, Marjo:

1. Auflage 1993

Für die deutschsprachige Ausgabe
© 1993 Orlanda Frauenverlag GmbH, Berlin

Lektorat: Suzanne Saskia Kemperman
Titelbild und Umschlaggestaltung: Susanne P. Radtke
Fotosatz: Mößner und Steinhardt, Berlin
Druck: Fuldaer Verlagsanstalt

Ine, Mieke und Luus gewidmet

Inhalt

Vorwort 9

Vorwort zur deutschen Ausgabe 15

Teil I

Dann will ich aber unter einem Baum liegen
Interview mit Marjo 21

1 **Milde Winter, fette Friedhöfe**
Ein kurzer historischer Rückblick 35

Bin ich nicht zu aufdringlich?
Interview mit Knaar 43

2 **Recht auf Trauer** 51

Abschied im Palmenhaus
Interview mit Esther 60

3 **Mit dem Tod umgehen** 71

Gute Reise, lieber Jan
Interview mit Adelheid 78

4 **Neue – alte Rituale** 87

Ein roter Sarg
Interview mit Ria 99

Das müssen wir alles selbst machen
Interview mit Iwan und Maria 106

5 Andere Kulturen   113

   Bei uns tanzen die Sargträger zum Grab
   Interview mit Filia   118

6 Überlassen Sie ruhig alles uns
   Die Bestattungsindustrie   129

   Sie machen Standardbegräbnisse
   Interview mit Hayo   137

7 Sterben in der Fremde   145

   Alle haben mit mir geweint
   Interview mit Zeynet   150

   Sometimes one just does what one has to do ...
   Interview mit Donald   157

   Damit fing es eigentlich an, mit diesem Stein ...
   Interview mit Sarah   165

Teil II

8 Eine liebevolle Annäherung an das Erbrecht   177

9 Schritt für Schritt   191

10 Die praktische Abwicklung   209

11 Und was mache ich jetzt mit der Zahnbürste?   217

Anmerkungen   221
Literaturverzeichnis   224
Adressenteil   228
Die Autorinnen   235

Vorwort

»Wie seid ihr bloß darauf gekommen, über so ein Thema zu schreiben?« riefen viele unserer Freundinnen, als wir von der Arbeit an diesem Buch erzählten. Dann erklärten wir, daß wir alle drei den Tod einer Geliebten oder Freundin miterlebt und dabei die Erfahrung gemacht hatten, wie wichtig es ist, auf eine gute Art und Weise Abschied zu nehmen. Doch war es gar nicht so einfach gewesen, die Beerdigung oder die Feuerbestattung so zu gestalten, wie wir das wollten.

Wir erzählten, warum es für uns so eine Bedeutung hat, daß Frauen und Männer, die wie wir nicht in einer traditionellen Beziehungsform leben, schon zu Lebzeiten festlegen, was nach ihrem Tod mit ihnen selbst und ihrem Besitz geschehen soll.

»Seltsam, darüber habe ich noch nie nachgedacht«, war dann immer die Reaktion, »aber ihr habt recht, wichtig ist es schon.«

Im allgemeinen schieben wir das Thema Tod und Sterben möglichst weit von uns weg. Wir versuchen uns einzureden, daß das nur andere Menschen betrifft, aber nicht uns. Wie der Ausspruch einer Frau belegt, die zu ihrem Partner sagt: »Wenn einer von uns stirbt, verkaufe ich das Haus!«

Wir haben wenig Erfahrung mit dem Tod, denn wir kommen – verglichen mit Menschen früherer Zeit – seltener mit ihm in Berührung. Der Tod hat sich zumeist unserem Blickfeld entzogen: Menschen, die ernsthaft krank werden, kommen in ein Krankenhaus, alte Menschen in ein Senioren- oder Pflegeheim, und werden nach ihrem Tod von dort aus begraben oder eingeäschert. Nur noch wenige Menschen sterben zu Hause, obwohl das Bedürfnis danach anscheinend wieder zunimmt. Auch auf der Straße begegnen wir kaum noch Spuren, die auf den Tod hinweisen. Es wird kaum noch Trauerkleidung getragen, und ein Begräbniszug ist auch nur selten zu sehen.

Wie unbeholfen wir im Umgang mit dem Tod geworden sind, spiegelt sich auch in unserem Sprachgebrauch wider. Wir haben keine Sprache mehr, um über Beerdigungen, Feuerbestattungen und alles zu reden, was mit dem Tod zusammenhängt. Wir verwenden sonderbare Bezeichnungen wie 'Hinterbliebene', 'Verstorbene', 'Beerdigung' oder 'Feuerbestattung' – alles nur Ausdrücke der Schriftsprache, oder Wörter, die wir mit Leichenhallen oder Totengräbern assoziieren. Das Wort Beerdigung zum Beispiel ist noch ziemlich gängig, aber durch die Zunahme der Feuerbestattungen war es notwendig, einen neuen Ausdruck für beide Arten der Bestattung zu prägen. In den Niederlanden wurde dafür der aus der katholischen Kirche stammende Begriff 'uitvaart' übernommen, der etwa dem deutschen Wort 'Bestattung' entspricht. Im Deutschen werden die Ausdrücke 'Erd-, Feuer- und Seebestattung' verwendet.

Aus Mangel an einem besseren Vokabular wimmelt es in diesem Buch daher von Wörtern, die aus dem Mund von BestattungsunternehmerInnen kommen könnten: 'Verstorbene', 'Hinterbliebene', 'Bestattung'. Damit sind wir auch genau beim Kern des Problems: Anscheinend ist ein *Bestattungsunternehmen* die einzige Instanz oder sind nur dort Personen, die sich mit dem Tod beschäftigen. Das zeigte sich auch, als wir beispielsweise Informationen vom Standesamt oder von einer Druckerei brauchten – wiederholt wurden wir an ein Bestattungsunternehmen verwiesen, dort könne uns sicher über alles Auskunft gegeben werden.

Ohne Bestattungsunternehmen

Als eine von uns vor zwei Jahren für ihre verstorbene Lebensgefährtin den letzten Abschied organisieren mußte, wurde sie ständig mit Fragen konfrontiert, auf die sie keine Antwort wußte. Durfte sie die Tote überhaupt an einem anderen Ort als in einer Totenkapelle oder einer Leichenhalle aufbahren? Ist es zulässig, etwas ohne Bestattungsunternehmen zu arrangieren? Die einzigen, die diese Fragen beantworten konnten, waren die dort Beschäftigten, und die waren eindeutig parteiisch.

Es ist ganz und gar nicht unsere Absicht, Bestattungsinstitute in ein schlechtes Licht zu rücken. Aber wir haben durchaus Kritik an der üblichen Prozedur. Die meisten Bestattungsunternehmen, vor allem die großen Firmen, sind eher auf Gleichförmigkeit ausgerichtet: Die

Bestattung wird schnell und effizient erledigt, und nach 20 Minuten ist das nächste Begräbnis an der Reihe. Wer sich damit nicht zufriedengeben möchte, muß ein starkes Rückgrat haben.

In diesem Buch sind die nötigen Informationen darüber zusammengetragen, was möglich und zulässig ist, wenn die Betroffenen eine Beerdigung oder eine Feuerbestattung selbst gestalten wollen.
Wir richten unser Augenmerk auf die Zeit vom Eintritt des Todes bis zur Beerdigung oder Feuerbestattung, weil sie einen wichtigen Bestandteil des Trauerprozesses ausmacht. Es ist der Augenblick, in dem vom Körper Abschied genommen wird. Dieses Abschiednehmen ist nur einmal möglich, es kann nicht wiederholt werden und ist ein wichtiger Moment im gesamten Trauerprozeß. Gerade über das Abschiedsritual, den Anfang dieses Prozesses, gibt es kaum praktische Informationen. Nach all unseren Recherchen wissen wir nun, daß in der Praxis sehr vieles möglich ist und im Gesetz nur einige grundsätzliche Auflagen gemacht werden. Es gibt tatsächlich zahllose Möglichkeiten, wie ein Begräbnis durchgeführt werden kann.

Früher war der Tod mit verschiedenen traditionellen Gebräuchen verbunden, wie sie heute noch in manchen Gemeinden auf dem Lande üblich sind. Vor allem in Nordeuropa haben wir diese Traditionen allmählich vergessen. An die Stelle der alten Bräuche ist nichts anderes getreten, es gibt nur noch die Effizienz der Bestattungsunternehmen. Katholische Länder in Südeuropa, aber auch der katholische Süden der Niederlande, kennen durchaus noch ein ausführliches Begräbniszeremoniell, wie es durch die Kirche vorgegeben ist.
Wir plädieren weder für eine Wiederaufnahme der alten Traditionen noch für die barocke und kommerzielle Inszenierung, wie sie heute in den Vereinigten Staaten geschätzt wird. Wir setzen uns jedoch für eine stärkere Einbeziehung der Hinterbliebenen bei der Gestaltung und der Organisation des Abschieds ein. Wir wehren uns gegen die effiziente und unpersönliche Durchführung des heutigen 'Bestattungsablaufs'. Die meisten Hinterbliebenen haben den Wunsch nach 'Etwas'; vielleicht hätten sie gerne ausgiebiger Abschied genommen, wußten aber nicht, wie und ob es überhaupt möglich ist.

Daher haben wir mit Menschen gesprochen, die ein Begräbnis auf eine andere als die übliche Weise gestaltet haben. Zu erfahren, was andere sich ausgedacht haben, kann zu eigenen Ideen anregen. Bei den Interviews stellte sich heraus, daß es nicht immer einfach war, die Bestattung unkonventionell zu regeln. Kommerzielle Interessen und Unverständnis bringen Menschen offensichtlich häufig zu der Aussage, etwas sei 'nicht erlaubt', obwohl das nicht zutrifft. So wird behauptet, Verstorbene dürften nicht zu Hause aufgebahrt werden. Natürlich ist das erlaubt, aber für ein Bestattungsunternehmen ist es umständlicher. Oder es sei nicht möglich, selbst einen Leichenwagen zu mieten, ohne das Bestattungsinstitut einzuschalten. Auch das ist natürlich gestattet, aber vielleicht nicht mit den kommerziellen Interessen des Autoverleihs zu vereinbaren, der Verträge mit den Bestattungsunternehmen hat.

Die meisten Menschen, die nichts mit dem 'Bestattungsbusiness' zu tun haben, erschrecken sehr, wenn sie mit dem Tod konfrontiert werden. Das klingt auch in der Schilderung einer unserer Interviewpartner an, der bei einem Schreiner einen Sarg für sein verstorbenes Baby in Auftrag geben wollte. Drei Tischlereien wiesen ihn befangen zurück; sie hätten 'keine Zeit'. Schließlich baute er den kleinen Sarg selbst.

Die Erlebnisse unserer GesprächspartnerInnen beziehen sich fast alle auf geliebte Personen, die zu Hause gestorben sind. An sich ist das nicht verwunderlich, denn es ist leichter, sich auf eigenem Terrain mit einem unorthodoxen Vorschlag durchzusetzen als in einem Krankenhaus.

Unser wichtigstes Anliegen besteht darin, mehr *Möglichkeiten* für das Abschiednehmen von LebensgefährtInnen und FreundInnen zu schaffen. Wir plädieren für einen Abschied, der der Lebensweise und den Wünschen der Verstorbenen stärker entspricht. Daher wäre es gut, wenn Menschen ihre letzten Wünsche schriftlich niederlegten.

Darüber hinaus befürworten wir, daß die Hinterbliebenen beim Organisieren des Abschieds eine aktive Rolle übernehmen. Alles aus der Hand zu geben macht es häufig schwerer, den Kummer zu verarbeiten.

Nicht traditionelle Lebensformen

Menschen, die in nicht traditioneller Form leben – wie Alleinstehende, Lesben, Schwule, alleinerziehende Mütter oder Menschen in Wohngemeinschaften, kurz alle, die nicht wie üblich verheiratet sind –, werden in Krankheits- oder Todesfällen häufig mit den starren Normen der Krankenhäuser, Bestattungsunternehmen und gegebenenfalls der Angehörigen konfrontiert. Schwule oder Lesben müssen beim Tod ihres Partners oder ihrer Partnerin manchmal in unangenehmer Weise um die Anerkennung ihrer Position als Lebensgefährte oder Lebensgefährtin kämpfen. Oft zeigt sich gerade beim Aufsetzen einer Todesanzeige oder beim Organisieren der Bestattung, daß die Familie traditionelle Rechte beansprucht und die Lebensweise der Verstorbenen ignoriert. Nicht nur LebensgefährtInnen, sondern auch Freunde und Freundinnen werden übergangen und nicht einbezogen. Dies gilt in noch stärkerem Maße für einen eventuellen Nachlaß. Wenn nichts schriftlich festgelegt ist, steht der Familie alles zu, sogar die Teekanne, an der manche liebgewordene Erinnerung hängt. Gerade für Menschen, die nicht in einem traditionellen Familienverband leben, ist es wichtig, in einem Testament festzulegen, wie ihre Bestattung aussehen und was mit ihrem Besitz geschehen soll.

Das ist alles leichter gesagt als getan. Hoffentlich kann dieses Buch dazu beitragen, sich dieser nicht besonders angenehmen Aufgabe zu stellen.

Dieses Buch besteht aus zwei Teilen. Im ersten Teil befinden sich die Interviews und kurze Essays, die sich mit verschiedenen Fragen beschäftigen: Wie gehen wir in den Niederlanden normalerweise mit Trauer um, wie stehen wir zu Sterben und Tod, welche Bräuche gab es früher, welche neuen Traditionen haben sich im Zusammenhang mit Beerdigungen und Feuerbestattungen allmählich entwickelt, und wie ist die Bestattungsindustrie aufgebaut.

Der zweite Teil enthält praktische Informationen und gibt eine 'Schritt-für-Schritt-Anleitung' für alles, was in einem Todesfall zu tun ist, vom Eintritt des Todes bis zum Aufstellen des Grabsteins. Zudem gibt es Informationen über das Erbrecht, ein Testament sowie verschiedene Versicherungsformen und über die Regelung von Sozialleistungen, Rentenansprüchen, Bank- und Girokonten und Steuern. Es war nicht einfach, alle benötigten Auskünfte zu erhalten. Nicht nur einfache BürgerInnen, sondern auch Behörden sind außerordentlich schlecht informiert, wenn es um Sterben und Tod geht. Ob es sich dabei um die Frage handelt, den Sarg mit dem eigenen Auto zum Friedhof befördern zu können oder um die Höhe des Sterbegeldes – wenn wir dann endlich die zuständige Stelle ausgemacht hatten, mußte dort häufig sehr lange nachgeforscht werden, ehe eine Auskunft erteilt werden konnte. Es ist durchaus vorstellbar, daß im Alltag Fehler auf diesem Gebiet gemacht werden, weil die BeamtInnen sich nicht besonders gut auskennen. Ein Grund mehr, um dort als AntragstellerIn gut informiert zu erscheinen.

Die offene Art, in der die Betroffenen sich uns gegenüber verhielten und über den Tod sprachen, stand im krassen Gegensatz zu der oben beschriebenen Haltung der offiziellen Instanzen. Wir haben unsere AnsprechpartnerInnen überwiegend durch persönliche Kontakte kennengelernt und in einem Fall über eine Anzeige in der Wochenzeitung *De Groene Amsterdammer*. In den Interviews konnte es sehr emotional werden, was bei diesem Thema völlig verständlich ist. Aber unsere GesprächspartnerInnen fanden es ihrerseits sehr wohltuend, ihre Geschichte Menschen erzählen zu können, die wirklich interessiert waren. Die Befragten waren ausnahmslos willensstarke Persönlichkeiten, die sich nichts gefallen ließen. Das ist notwendig, denn der Kampf gegen das Establishment in der Medizin und den Bestattungsunternehmen ist nichts für empfindsame Gemüter. All diesen Menschen, die sich nicht haben unterkriegen lassen, gilt unser herzlicher Dank für ihre Mitarbeit.

Der größte Teil der Interviews beschäftigt sich mit der Zeit nach dem Eintreten des Todes bis einschließlich der Beerdigung oder Feuerbestattung, weil dies das Thema des vorliegenden Buches ist. Das Interview, das wir mit Marjo geführt haben, gibt ein vollständigeres Bild des Geschehens; darin wird auch die Zeit vor dem Tod und die Pflege ihrer Lebensgefährtin zu Hause beschrieben.
In einigen Fällen wurden auf Wunsch der Betroffenen die Namen von Personen und Orten geändert.

Wir danken allen, die uns mit Rat und Tat zur Seite gestanden haben.

Marjan Sax, Knaar Visser und Marjo Boer

Vorwort zur deutschen Ausgabe

Alle Kulturen geben in der Tradition ihrer religiösen Gemeinschaften einen Rahmen an, in dem der Abschied zwischen Sterben und Bestatten erfolgen kann. Auf welche Formen greifen nun Menschen in weitgehend säkularisierten Milieus zurück, die z.B. ohne Familie oder in nicht-ehelichen Gemeinschaften leben?

In diesem Buch berichten Frauen und Männer aus den Niederlanden und aus Berlin über ihre Versuche, den Abschied nach eigenen Vorstellungen zu bestimmen: vom Testament bis zum Begraben, von der Auswahl des Friedhofs bis zum Versorgen und Verteilen der hinterlassenen Dinge.

Gerade diese Aufmerksamkeit für die pragmatischen Aspekte gefiel uns an dem niederländischen Buch. Denn die meisten sind darauf nicht vorbereitet. Und in unserem Alltag finden wir selten eine Sprache dafür. Zudem konfrontiert der unerwartet frühe Tod – durch Unfälle oder durch Krankheiten wie Aids und Krebs – zunehmend mehr Menschen mit der Frage, wie sie Abschied nehmen möchten: wie sie sich auf das Sterben vorbereiten, in welcher Form sie begraben werden wollen, wem sie ihre persönlichen Dinge überlassen.

Das Buch besteht aus einem Interview- und einem Informationsteil. Für die deutsche Ausgabe haben wir das Buch in beiden Teilen überarbeitet.

Im I. Teil haben wir ein zusätzliches Kapitel »Sterben in der Fremde« eingefügt. Die drei Interviews erzählen auf eine unterschiedliche Weise davon, was es bedeuten kann, in der Fremde zu sterben, und welche Erfahrungen damit in Berlin gemacht wurden. Im 6. Kapitel wurden von uns die Daten über die niederländische Begräbnisbranche mit den für Deutschland zutreffenden Angaben ergänzt.

Im II. Teil, der von Juliana Raupp übersetzt wurde, haben wir viele Überarbeitungen vorgenommen, um die praktischen Hinweise für die deutschen Verhältnisse zugänglich zu machen. Claudia Burgsmüller besorgte die Neufassung von Kapitel 8 über rechtliche Fragen rund um das Sterben. Da die Versicherungslage im Todesfall in Deutschland eine andere ist als in den Niederlanden, schien es uns angebracht, die wesentlichen Informationen für dieses Kapitel kurz zusammenzufassen.

Das 9. Kapitel, in dem die praktischen Schritte zwischen Sterben und Bestatten im Mittelpunkt stehen, wurde so überarbeitet, daß auch diese Informationen auf die deutschen Rechts- und Sozialverhältnisse zugeschnitten sind. Existierende Unterschiede zwischen Ost- und Westdeutschland wurden dabei beachtet. Zudem haben wir Informationen aus den islamischen und jüdischen Bestattungsvorschriften und -praktiken dort eingefügt, wo sie eine sinnvolle Ergänzung darstellten. Für das 10. Kapitel »Die praktische Abwicklung« haben wir einen Auszug aus dem »juristischen Notfallkoffer«, einer Veröffentlichung des Frankfurter Leder Club e.V., übernommen.

Die Bibliographie und der Adressenteil sind für die deutsche Ausgabe erweitert und überarbeitet worden.

Für ein deutsches Publikum schien uns die Publikation des Buches angebracht, auch wenn rechtliche Unterschiede existieren und andere Traditionen und Mentalitäten bestimmend sind.

Das Interview im 3. Kapitel »Gute Reise, lieber Jan« ist ein deutliches Beispiel für diese Unterschiede zwischen den Niederlanden und Deutschland. Denn diese Geschichte berührt die aktuellen Debatten über »Euthanasie«, die in beiden Ländern vor einem anderen historischen Hintergrund geführt werden.

Das niederländische Parlament legalisierte Anfang Februar 1993 die ärztliche Beihilfe zur Selbsttötung. Die drei entscheidenden Bedingungen für die Legalisierung waren folgende: Nur die PatientInnen selbst, nicht etwa die Familie, können den Wunsch äußern und müssen diesen mit Nachdruck vortragen. Die behandelnden MedizinerInnen müssen die Kranken über Alternativen zur Selbsttötung informieren, wie etwa Schmerztherapie oder Sterbebegleitung. Es müssen weitere KollegInnen von den betreffenden ÄrztInnen hinzugezogen werden. Und die Tötung ist dem/r GerichtsmedizinerIn in Form eines Berichts mitzuteilen.[1]

In Deutschland werden diese Fragen auf Grund der historischen Erfahrungen anders diskutiert. Da während des Nationalsozialismus Kranke, Behinderte und sogenannte sozial Schwache und 'Unwerte' unter dem Tarnwort »Euthanasie« massenhaft getötet wurden, berührt die Frage der Hilfe zur Selbsttötung in Deutschland auch immer diese Verbrechen.[2]

Es bleiben also viele Unterschiede und auch offene Fragen, die in diesem Buch nicht erschöpfend behandelt werden. Nicht nur die Konfession spielt eine wichtige Rolle. Auch das Gefälle zwischen Stadt und Land sowie regionale Besonderheiten sind ausschlaggebend für die Möglichkeiten der Gestaltung.

Das Buch gibt Beispiele für die konkreten Schritte und Handlungsmöglichkeiten, die mit dem Abschied vom Körper der verstorbenen Person verbunden sind. Es möchte dazu ermutigen, zwischen der Endgültigkeit des Todes und der Unwägbarkeit der gesetzlichen Vorschriften eigene Formen zu erfinden.

Das Buch wendet sich an alle, die nach Anregungen für die Gestaltungsmöglichkeiten beim letzten Abschied suchen.

Von besonderem Interesse kann es für diejenigen sein, für die es nahezu keine sozialen und kulturellen Vorbilder und rechtlichen Regelungen gibt: Fremde, Alleinlebende, Lesbische Frauen, Schwule Männer, Frauen und Männer in nicht ehelichen Gemeinschaften.

Wichtige Adressaten sind die Professionellen, die beruflich in Krankenhäusern, in medizinischen, sozialen und kulturellen Einrichtungen, in der Aids-Hilfe, in Sterbebegleiteinrichtungen, in Bestattungsunternehmen und anderswo mit Sterben, Tod und Begraben zu tun haben.

Die Bearbeitung für die deutsche Ausgabe wäre ohne die kompetente Hilfe von sehr vielen Menschen nicht möglich gewesen. Wir möchten uns dafür bei ihnen herzlich bedanken: Frau Anhalt (Bestatterin), Herr Thiedt (Julius Grieneisen), Frau Bölke (Bestatterin), Herr Stein (Rabbiner der Jüdischen Gemeinde), Herr Sahin (türkischer Bestatter), Frau Gatz (Private Krankenpflegehilfe), alle Berlin. Behilflich bei den Recherchen waren weiter: Manfred Heßler, Ralf Krüger, Swee Sekhon, Mechtild Upgang (Versicherungsfrau), Herr Bethke (Bundesverband Deutsches Bestattungsgewerbe e.V.), Deutsche und Berliner Aids-Hilfe. Unser herzlicher Dank geht an die

Interviewten, die uns ihre Erfahrungen zur Verfügung stellten und damit das Kapitel »Sterben in der Fremde« ermöglichten.

Berlin, im Juni 1993 Gerdien Jonker
Theresa Wobbe

Teil I

Von links nach rechts: Marjan Sax, Marjo Boer, Knaar Vissar

Dann will ich aber unter einem Baum liegen

Interview mit Marjo

Marjo ist Astrologin, 35 Jahre alt. Eine große Frau in ziemlich sportlicher Kleidung, mit hellen, grauen Augen. Obwohl sie für die spirituellen Seiten des Lebens offen ist, macht sie einen sehr bodenständigen Eindruck. Wenn sie eine Meinung hat, bleibt sie auch dabei: Eine standfeste Frau, die sich nichts gefallen läßt.
Sie wohnt in einer Frauenwohngemeinschaft in einem großen besetzten Haus in Amsterdam. Seit drei Jahren hatte sie eine Beziehung mit Ine, die in einer anderen Wohngemeinschaft im selben Haus wohnte. Ine war schon eine Weile krank, ohne daß klar war, was ihr genau fehlte. Nach vier Monaten im Krankenhaus wurde ihr Anfang 1986 gesagt, sie sei unheilbar an Krebs erkrankt und hätte nur noch einige Wochen zu leben.

»Ich war im Krankenhaus dabei, als sie es ihr erzählten. Wir mußten schrecklich weinen. Aber Ine kam recht schnell zu der Überzeugung: Ich sterbe, also muß einiges geregelt werden. 'Ich möchte auf jeden Fall nach Hause.' Am gleichen Nachmittag noch, oder am nächsten Tag, sagte sie: 'Ich glaube, ich möchte verbrannt werden, das wird ja meist so gemacht.' Ich war damit nicht einverstanden, ich hatte das gleiche schon einmal mitgemacht, mit einem Opa und einer Oma. Ich wollte unbedingt ein Grab, einen Ort, zu dem ich gehen kann. Für sie war das kein Problem, eigentlich gefiel es ihr. Sie sagte sofort: 'Dann will ich aber unter einem Baum liegen.'
Über das Begräbnis haben wir gar nicht mehr weiter gesprochen. Sie hat noch eine Freundin, die auf diesem Gebiet Erfahrung hatte, gebeten, mir bei der Sterbeversicherung und solchen geschäftlichen Dingen zu helfen. Ich habe im nachhinein auch gemerkt, daß sie diese Freundin gleichzeitig gebeten hatte aufzupassen, damit ich nicht zuviel Geld für das Begräbnis ausgebe. Als ich nämlich zwei

Grabstätten kaufen wollte, um ein bißchen mehr Platz zu haben, erzählte sie, Ine hätte sie gebeten, mich ein bißchen zu bremsen ... Ine wollte auch gleich regeln, daß ich ohne Probleme ihr Geld und ihre Sachen bekommen würde. Sie hatte etwa 3.000 Gulden.

Ihre Eltern kamen sehr schnell, und das erste, was Ine ihnen sagte, war: 'Ich sterbe, und ich möchte, daß Marjo alles regelt und auch alles bekommt.' Ihre Eltern waren damit einverstanden, sie hatten mich die letzten vier Monate im Krankenhaus gesehen, und in dieser Zeit hatten wir ein gutes Verhältnis aufgebaut. Davor kannte ich sie kaum. Sie haben mir für fast alles die Verantwortung überlassen und auch mit mir gemeinsam überlegt.

Nach Hause

Danach haben wir dafür gesorgt, daß sie nach Hause kommen konnte. Das war ziemlich schwierig, weil sie am Tropf hing und eine Magensonde zum Absaugen hatte. Die Oberschwester im Krankenhaus hat uns beigebracht, mit so einer Infusion umzugehen.

Zu Hause mußte auch alles mögliche organisiert werden, mein Zimmer und der Flur waren ziemlich chaotisch. Wir mußten einen Fußboden legen, damit sie mit dem Tropf laufen konnte, und ein Badezimmer einrichten. Wir hatten auch das Gefühl, daß wir für die Außenstehenden das Haus ein bißchen herrichten müßten. Um all diese Sachen hat sich das ganze Haus gekümmert, es haben uns sehr viele Menschen geholfen. Innerhalb einer Woche war alles erledigt, und wir hatten auch dafür gesorgt, daß jemand von der Sozialstation und eine Nachtwache kamen.

Von meinen Eltern bekam ich ein Doppelbett, das wir auf Klötze stellten, und einen Schrank für das Verbandszeug und die Infusionsflaschen. Das kam alles aus dem Krankenhaus, ohne offizielle Genehmigung, weil das Einverständnis der Krankenhausdirektion auf dem Verwaltungsweg Monate dauern kann.

Und dann kam sie nach Hause. An dem Tag, an dem ich sie abholte, war sie strahlender Laune. Sie sah ganz anders aus. Es war im ganzen Haus gemütlich, und alles lief wie am Schnürchen.

Ine wollte noch einmal ans Meer. Also haben wir einen Wagen ausgeliehen und sind ans Meer gefahren.

Wir haben auch mit einer Frau über den Tod geredet, von der wir damals annahmen, sie würde mehr darüber wissen. Was passiert, wenn du tot bist? Wie wird es dort sein? So haben wir darüber gesprochen, nicht über praktische Dinge.

Ine begann auch, ihre Sachen zu verschenken oder sagte mir, ich solle notieren: Diese Person bekommt das, und dem möchte ich auch etwas geben, aber ich weiß noch nicht genau, was. Sie fragte mich auch, was ich selbst gerne behalten wollte.

Viele alte Freunde schrieben ihr und fragten, ob sie sie besuchen sollten. Eigentlich wollten sie nur ihren Rat. Ines Kommentar war dann immer: 'Ich werde mich nicht dazu äußern, das ist deine Sache.' An sich war sie nicht der Meinung, daß nur sehr gute Freunde sie besuchen konnten, für sie war es nicht so eine intime Angelegenheit. Sie freute sich auch, wenn Leute kamen, die sie normalerweise nicht jeden Tag sah.

Sie wurde von einem großen Freundinnenkreis versorgt, etwa 10 Frauen, die sozusagen Schichtdienst hatten, die Infusion kontrollierten. Ich brauchte mich nicht darum zu kümmern. Und wir hatten eine Nachtwache.

Was die Finanzen betrifft, gab es noch eine Menge Probleme mit der Sozialhilfe. Die zahlt drei Monate Pflege für einen Patienten im Endstadium. Wer dann noch nicht gestorben ist, muß in ein Pflegeheim. Hin und wieder kam jemand von der städtischen Krankenfürsorge vorbei, um nachzusehen, ob der Aufwand noch zu rechtfertigen war. Als wäre es ein Vergnügen, eine Nachtwache am Bett sitzen zu lassen ... Nachdem die drei Monate vergangen waren, haben wir die Krankenkasse gebeten, die Kosten für eine Nachtwache zu übernehmen. Sie waren unter der Bedingung einverstanden, daß wir es nicht herumposaunten. Wir konnten die Krankenkasse in dieser Sache auch nicht anrufen, denn offiziell gab es die Zahlungen der Kasse überhaupt nicht.

Am Anfang war es schwierig, einzuschätzen, was wir alles selbst auf uns nehmen konnten. Ich habe die täglichen Dinge übernommen, habe sie zum Beispiel gewaschen. Die Freundinnen und die Nachtwache bedienten die Infusion und die Magensonde. Wir konnten hervorragend mit dem Tropf umgehen. Die Nachtwachen machten hin und wieder Bedienungsfehler. Ich habe sogar einmal nachts eine weggeschickt, die sich besonders ungeschickt anstellte. Das trug natürlich nicht zu unserer Beliebtheit bei, weil wir ganz klar sagten, wie wir es haben wollten, wir hatten alles selbst gut im Griff.

Privatsphäre

Den Krankenschwestern ging die sachliche Art, in der wir mit ihnen umgingen, hin und wieder auf die Nerven. Sie hatten ihre eigenen Ideen über Sterbebegleitung, und die schätzten wir manchmal nicht besonders. Nachts sahen wir uns manchmal einen spannenden Film im Fernsehen an oder waren mit etwas beschäftigt, und dann kam so jemand und fragte, wie das denn sei zu sterben, und ob Ine darüber reden möchte. Das wollte sie nicht immer. Sie wußte ganz genau, daß sie dabei war zu sterben, aber sie wollte die verbleibende Zeit auch genießen. Außerdem kannte sie die Pflegerinnen kaum und hatte keine Lust, mit allen möglichen Leuten darüber zu reden. Aber die gingen einfach davon aus, daß es gut für sie wäre, über das Sterben zu reden und ihre Gefühle zu äußern. Eigentlich wollten wir nur, daß sie unsichtbar und lautlos ihre Arbeit machten, sich jede halbe Stunde um den Tropf kümmerten und ansonsten möglichst wenig unsere Privatsphäre störten. Machmal kam jeden zweiten Tag eine andere Pflegerin, und die wollte dann von uns wissen, in was für einem Haus wir denn wohnten, ob es früher eine Schule oder ein Krankenhaus gewesen sei. Das machte mich ganz krank, und ich sagte dann, ich würde dazu ein Rundschreiben verfassen – das war natürlich ziemlich grob, aber ich war durch diese ganze Situation auch gestreßt.

Auch die Schwestern der Sozialstation hatten Schwierigkeiten damit, auf emotionalem Gebiet überflüssig zu sein. Einmal waren wir gerade dabei, Fotos einzukleben, und eine von diesen Schwestern wollte mit uns reden. Ich sagte ihr, wir seien beschäftigt. Sie lief empört in die Küche und kommentierte: 'Diese Frauen sind aber auch introvertiert.' Alle fanden es sonderbar, daß wir in einem Bett schliefen; das scheint nicht üblich zu sein. Meist wird ein Krankenhausbett dazugestellt, so daß das auch gar nicht möglich ist. Aber wir wollten gerne gemeinsam schlafen.

Jede Woche kam die Oberschwester aus dem Krankenhaus vorbei. Ich hatte sie auch gefragt, ob sie mir nach Ines Tod helfen wollte, sie aufzubahren. Ich wollte das selbst machen, ich war Krankenschwester auf der Psychiatrie gewesen, hatte das also früher auch schon gemacht, aber ich wußte nicht mehr genau, wie es geht. Es erschien mir angenehmer mit ihr zusammen.

Ansonsten haben wir wenig über das Sterben geredet. Ine hat mich aber irgendwann gefragt, ob ich mich nicht schon lieber nach einem geeigneten Friedhof umsehen wollte. Weil sie noch lebte, fiel mir das zu schwer. Zwei Freundinnen haben daraufhin nach einem schönen Friedhof in Amsterdam gesucht. Sie fanden den Friedhof *Zorgvlied* in der Nähe von Amsterdam am schönsten. Er hatte viele Bäume, es würde sich also sicherlich ein Baum finden lassen, unter dem Ines Grab liegen könnte. Damit war sie dann zufrieden.

Ine wollte gerne wieder in den Urlaub fahren. Sie war eine Frau, die Aufregung liebte, in diesem Zimmer war es ihr schon bald langweilig. Wir konnten in einem Haus von Bekannten die Tiere hüten; wir wollten mit einer ganzen Clique fahren. Das letzte Mal hatten wir uns einen Kombi ausgeliehen, weil Ine darin liegen konnte und wir den Tropf darin höher aufhängen konnten. Jetzt überlegten wir, uns einen Gebrauchten zu kaufen – wer weiß, wie oft wir noch in Urlaub fahren könnten. Und ich habe auch daran gedacht, daß sie damit zum Friedhof gefahren werden könnte.

An dem Freitag vor der Woche, in der wir wegfahren wollten, habe ich gemerkt, daß es ihr schlechter ging; ich habe gesagt, daß ich gerne den Arzt hinzuziehen wolle. Ine bestimmte immer selbst, wann der Arzt kommen sollte, um ihr Schmerzmittel, Methadon, zu verabreichen. Jetzt war sie sofort damit einverstanden, ihn anzurufen. Der Hausarzt war auch der Meinung, daß es ihr schlecht ging und sie wahrscheinlich bald sterben würde. Von da an war Ine ein bißchen entrückt, manchmal nicht ganz klar. Das war vorher auch hin und wieder der Fall gewesen, wegen der Medikamente, aber jetzt war es anders, sie war abwesend. Ich hatte das Gefühl, daß sie sterben würde. Sie selbst auch, glaube ich, aber wir haben zu dem Zeitpunkt noch nicht darüber geredet. Sie schlief sehr früh. Die Nachtschwester haben wir weggeschickt, eine von uns hat in dieser Nacht die Wache übernommen. Am nächsten Morgen habe ich sie gewaschen, zusammen mit einer Freundin, weil es schwierig war, das alleine zu schaffen, sie war schon sehr schwach. Auf einmal stellte sie sich hin und hielt mich fest. Es war ein ganz besonderer Augenblick. Sie war schon lange nicht mehr gestanden, aber sie hielt mich ganz fest, sie war sehr stark. Ich hatte Angst, sie könnte fallen, und sagte etwas Dummes, daß sie sich wieder hinlegen soll oder so. Den Rest des Tages war sie dann abwesender, als sie es vorher je gewesen war. Alle kamen, ihre Eltern, es waren auf einmal viel mehr Menschen im Haus. Keiner war angerufen oder benachrichtigt worden. Die Stimmung änderte sich sofort, es war den ganzen Tag über sehr hektisch. Am Anfang hatte Ine mir gesagt: 'Wenn der Augenblick kommt, daß ich nicht mehr alles selbst entscheiden kann, mußt du es für mich tun. Du wirst schon fühlen, was ich möchte.' Auf Grund dieser Überlegung habe ich angefangen, für sie zu entscheiden. Es konnten nicht mehr alle gleichzeitig bei ihr sitzen, das war zu unruhig. Auch wenn du stirbst, kann dir die Hektik zuviel werden, wenn die ganze Zeit Menschen kommen und gehen. Ich mischte mich ein, wenn ich der Meinung war, es sei einer zuviel im Zimmer, wenn dadurch ein anderer, der ihr wichtig war, nicht an ihrem Bett sitzen konnte. Später hatte ich damit Probleme, aber damals war ich überzeugt, daß ich so handeln mußte. Ich habe ihren Vater neben sie gesetzt, denn der hat sich diesen Platz nicht von selbst genommen. Ich habe ihn später aber auch gebeten, wieder zu gehen, denn er ist überhaupt nicht mehr gegangen. Ihre Mutter bekam automatisch mehr Raum.

Es war nicht mehr möglich, ihre Hände festzuhalten, denn die Haut war inzwischen so dünn, daß sie schnell aufplatzte. Wenn jemand das nicht merkte, habe ich dafür auch gesorgt.

Am Sonntag sagte sie auf einmal zu mir: 'Verdammt, was ist denn eigentlich los?' Ganz klar. Weiter sagte sie nichts. Ich habe danach stundenlang geredet, über alles, wovon ich annahm, sie könnte darüber sprechen wollen, über den Tod, über uns. Stundenlang.

Bis Montag blieb alles ruhig. Und dann auf einmal, am Montagabend, waren alle im Zimmer; wir haben alle gewußt, daß sie stirbt. Und dann starb sie. In dem Augenblick fing es an zu regnen. Alle weinten, ich auch. Aber ich dachte: 'Ich muß ihr die Augen schließen.' Ich schloß ihr die Augen, und dann gab sie noch ein Geräusch von sich. Ich bin erschrocken, denn ich nahm an, ich sei zu schnell gewesen, aber sie war wirklich tot. Ich glaube, wir sind alle eine Viertelstunde oder eine halbe Stunde im Zimmer geblieben.

Alles regeln

Danach mußte alles mögliche getan werden, wir haben uns alle in die Küche gesetzt. Wir mußten Marjan, die Oberschwester, anrufen, meine Mutter und das Bestattungsunternehmen. Zusammen mit Marjan und dem Hausarzt habe ich Ine aufgebahrt. Marjan hat die medizinischen Dinge übernommen, der Tropf mußte entfernt und ihr der Schlauch der Magensonde aus der Nase gezogen werden. Ich habe sie gewaschen, ihre Haare gekämmt, sie angezogen. Ich hatte eine ihrer Lieblingshosen mit Siebdruck versehen. Die habe ich ihr angezogen und ein Hemd, das sie mochte, einfach die Kleidung, die sie gerne getragen hat. Das Bett haben wir schön zurechtgemacht. Wir hatten das Gefühl, daß sie nicht alleine im Zimmer bleiben sollte, daher war immer eine von uns bei ihr. Inzwischen geschah im Haus eine ganze Menge gleichzeitig. Der Bestattungsunternehmer kam, ich wollte ihn nicht im Zimmer haben, er hatte sie ja nicht gekannt, warum sollte er sie dann jetzt sehen?

Es war unheimlich heiß, mitten im Sommer. Mein Zimmer lag nach Südosten, daher war dort zuviel Sonne. Die Fenster mußten geschlossen und die Gardinen zugezogen werden, um die Sonnenstrahlen abzuhalten. Wir haben Eis aus der Frauenkneipe *Saarein* geholt, es sollten Eis und Weihrauch im Zimmer sein. Ich wollte viele Kerzen, aber das wäre zu warm gewesen, eine einzelne Kerze war aber möglich. In der Zwischenzeit haben zwei Freundinnen mit dem Bestattungsunternehmer geredet. Sie mußten sich anstrengen, ihn zu bremsen, denn er war der Meinung, es sei besser, wenn er sich um alles kümmere: ob das Zimmer in Ordnung sei zum Beispiel, er wollte Ine sehen.

Ich hätte sie gerne in unserem Kombi zum Friedhof gefahren, aber der Bestatter meinte, das sei nicht möglich. Jemand hat noch bei der Gemeinde angerufen, erhielt dort jedoch die gleiche Auskunft. *Später stellte sich dann heraus, daß es doch möglich gewesen wäre.* Der Bestattungsunternehmer hat schließlich einen Wagen besorgt. Über ihn haben wir auch einen Sarg gekauft, einen weißen, so schlicht wie nur möglich.

In der Küche wurde inzwischen besprochen, wie die Trauerkarte aussehen sollte. Ines Eltern waren immer dabei. Sie waren mit allem einverstanden, wohl auch, weil sie Vertrauen hatten. Wir haben sie zwar immer gefragt, aber sie hatten nie etwas dagegen. Der Text der Trauerkarte lautete schließlich: 'Ich liebe das Leben, diese Reise ist vorüber.' So stand es auch in der Anzeige in *de Volkskrant*. Wir haben die Karte mit einem Siebdruckmotiv selbst drucken lassen. Die Trauerkuverts wurden vom Bestattungsunternehmen besorgt. Ohne solche Briefumschläge werden die Karten von der Post nicht schnell genug zugestellt.

Es wurde dann noch sehr spät. Zusammen mit einer Freundin habe ich in dieser Nacht im Zimmer geschlafen. Ich habe mich nicht ins Bett gelegt, sondern auf den Boden.
Ich habe sie oft berührt, einfach angefaßt, festgehalten; es war so irreal. Ich wußte schon so lange, daß sie sterben würde, konnte es mir aber trotzdem nicht vorstellen. Die ganze Periode der Krankheit haben wir zusammen durchlebt; dann ist sie ihren eigenen Weg gegangen, und ich mußte das alleine durchstehen. Ich lebte in Trance, habe aber gleichzeitig auch sehr viel nachgedacht.
Am nächsten Tag waren alle wieder da. Ich pendelte den ganzen Tag zwischen dem Zimmer und der Küche. Es sollte mir keiner etwas sagen, ich wollte alles alleine machen.

Mit zwei Freundinnen bin ich zum Friedhof *Zorgvlied* gegangen, um eine Grabstätte auszuwählen. Ich wußte, daß ich ein Grab kaufen wollte, kein Gemeinschaftsgrab, Geld war dafür da. Aber ich fand die Gräber so klein. Ich überlegte, zwei zu kaufen, dann könnten dort später auch andere begraben und eine Bank aufgestellt werden. Aber das wäre sehr teuer geworden, daher habe ich schließlich nur ein Grab gekauft. Wir sind zusammen mit dem Friedhofsverwalter herumgelaufen, es war schwierig, etwas auszuwählen. Das Grab, das ich schließlich genommen habe, lag unter einem Baum. Der Friedhofsverwalter versuchte hin und wieder, mit mir ins Gespräch zu kommen, aber ich wollte nicht. Er war eigentlich sehr nett.
Als wir wieder nach Hause kamen, war der Sarg inzwischen geliefert worden. Von außen war er gar nicht übel, bis auf die Handgriffe. Innen war er ganz fürchterlich, mit Kunstseide und Karton und einem Plastiksack. Ich dachte gleich: 'Ine soll bestimmt dort hineingelegt werden, aber das lasse ich nicht zu!' Ich habe das Futter herausgerissen und den Sarg mit Pelzen und Decken neu ausgekleidet.

Wir wollten den Sarg selbst tragen. Das war ein bißchen problematisch, denn es können nur sechs Personen den Sarg tragen, und damit entstand so etwas wie eine Hierarchie in der Freundschaft. Schließlich ging es dann von selbst, und es waren fast alles Freundinnen, die Ine schon lange kannten. Der Bestattungsunternehmer hatte uns abgeraten, den Sarg selbst zu tragen, daher dachten wir, wir sollten lieber vorher üben. Im Hausflur hin und zurück, natürlich ohne Ine. Wir mußten dabei unheimlich kichern. Ich dachte die ganze Zeit, wenn jemand in den dunklen Flur kommt, muß das ein merkwürdiger Anblick sein. Der Sarg war überhaupt nicht schwer. Im Gegensatz zu dem Zeitpunkt, als Ine darin lag. Das hatten wir gar nicht erwartet, denn sie war sehr mager. Aber eine Tote ist sehr schwer.

Um das Zimmer zu kühlen, hatten wir inzwischen Eis vom Großmarkt geholt. Solche Eisblöcke in Kisten mit Löchern. Nachts wurde ich in einer Wasserlache wach, weil das Eis angefangen hatte zu schmelzen. Der ganze Fußboden war naß, und ich mußte das Wasser aufwischen.

Wir befürchteten, daß Ine nicht lange dort liegenbleiben konnte, weil es so heiß war und sie soviele Medikamente genommen hatte. Daher hatten wir auch auf sie Eiswürfel gelegt. Ihr Hemd war dadurch naß geworden. Ich habe ein neues Hemd genäht, denn es war nicht mehr möglich, sie aus- und anzuziehen.

Wir hatten geplant, daß am nächsten Tag von sechs bis acht noch Besuch kommen konnte, zum offenen Sarg. Aber das ging nicht mehr, denn aus der Infusionswunde tropfte Wundwasser. Einer der Hausärzte hat uns gesagt, jetzt müsse Schluß sein, es sei gefährlich. Der Sarg mußte daher schon vor dem verabredeten Termin geschlossen werden.

Die Frauen, die den Sarg tragen sollten, haben sie auch in den Sarg gelegt. Wir haben ihr auch Sachen mitgegeben. Sie spielte Saxophon, und sie fuhr gerne Motorrad. Ich habe ihr das Mundstück des Saxophons in den Sarg gelegt, ihre Motorradbrille und noch andere Kleinigkeiten wie Fotos, ihren Teddybär und einen Ring. Den Sarg haben wir dann zugemacht und aufs Bett gestellt.

In der letzten Nacht war alles ganz anders. Ich habe dort noch geschlafen, aber die Gardinen waren offen, die Atmosphäre war ganz anders. Die Tatsache, daß sie jetzt in einem geschlossenen Sarg lag, bedeutete doch einen unwiderruflichen Schritt vorwärts.

Am frühen Morgen kam ein ganzer Waschkorb voller Margeriten und anderer Blumen. Ich habe auch noch Blumen gekauft.

Das Begräbnis

Wir haben sie selbst aus dem Haus getragen, die Treppe hinunter. Es war sehr schwer, zwei Männer aus dem Haus mußten uns beim Tragen helfen. Alle Hausbewohner standen im Treppenhaus.

Der Bestattungsunternehmer hatte gesagt, daß jemand von seiner Firma mit zum Friedhof kommen müßte; der Friedhofsverwalter hatte das bestätigt. Wir hatten erklärt, daß Ine in ihrem Leben mehr mit Frauen zu tun gehabt hatte, und fragten, ob uns nicht eine Frau begleiten könne, wenn das schon sein mußte. Schließlich kam dann aus dem Büro des Bestattungsunternehmens eine Frau, die eigentlich gar keine Erfahrung hatte. Es war ihr deutlich anzusehen, daß sie zum ersten Mal dabei war.[3]

Ich wollte in dem Wagen mit dem Sarg mitfahren. Das sei nicht möglich, das wäre noch nie vorgekommen. Schließlich ging es doch, ich mußte mich zwischen diese Dame und den Fahrer setzen, denn sie wollte unbedingt neben der Tür sitzen. Ich fühlte mich sonderbar zwischen diesen beiden Leuten. Auf dem Friedhof stiegen sie aus dem Wagen, ich blieb allein, mit Ine in ihrem Sarg. Ich wußte gar nicht, was ich tun sollte, sitzenbleiben oder aussteigen? Ich mußte schrecklich kichern, war sehr nervös. Dann kamen die anderen, und wir holten den Sarg aus dem Wagen. Er war schwer, beim Tragen lief ich ganz krumm. Am Anfang standen wir auch noch verkehrt herum, die Köpfe in die falsche Richtung.

Ich wollte nicht zur Trauerhalle, wir gingen sofort zum Grab. Es war sehr schönes Wetter. Wir kamen bei der Grabstelle an. Zwei Freundinnen hatten einen Text für sie geschrieben und lasen den vor. Ines Saxophonlehrer spielte zusammen mit zwei Frauen ein Stück, das er bearbeitet hatte. Das war sehr schön.

Ich wollte den Sarg selbst hinablassen. Madi half mir, aber es gelang uns nicht. Der Friedhofswärter mußte dabei helfen. Danach senkte sich der Sarg langsam. Ich mußte wahnsinnig weinen, viele andere wahrscheinlich auch.

Diese Dame vom Bestattungsunternehmen meinte dann wohl, daß alle nun gehen sollten. Daher versuchte sie, uns zum Gehen zu bewegen. Ich weiß gar nicht, was sie sagte, aber es blieb wirkungslos. Alle liefen chaotisch durcheinander, warfen Blumen in das offene Grab, die Margeriten aus dem Waschkorb. Wir blieben noch lange dort stehen.

Zu Hause tranken wir Kaffee, jemand hatte für Essen und Trinken gesorgt. Alle saßen herum, bis etwa drei Uhr. Ich fand es schön, ich konnte nur nicht so gut reden. Ich überlegte, daß es Ine gefallen würde, wenn wir ans Meer führen, sie liebte das Meer. Wir fuhren mit Autos, insgesamt etwa 12 Menschen. Ich habe auch noch eine Frau eingeladen, die erst überlegte, ob sie mitfahren könne, ob sie zu uns gehöre.

Es gab eine Unmenge Quallen, und dann schwimme ich eigentlich nie. Aber jetzt war ich der Meinung, ich sollte es tun, wie ein Ritual. Danach habe ich mich ganz alleine in den Sand gelegt. So gegen sieben Uhr sind wir dann ins Zentrum von Noordwijk aan Zee gegangen, haben Pommes mit Mayo gegessen, Ines Lieblingsessen. Und Bier, jede Menge Bier. Wir waren am Ende alle betrunken, wie vorlaute Jugendliche, schrien, kreischten, lachten. Wir waren alle ziemlich merkwürdig drauf.

Zu Hause haben wir dann noch eine Weile in der Küche gesessen, und dann mußte ich zum ersten Mal alleine in dem Zimmer schlafen. Das Zimmer war aufgeräumt, sah aus wie vorher, aber doch ganz anders.

Meine Allerliebste

Ich habe überlegt, was für einen Stein ich auf das Grab stellen wollte. In Italien ist es möglich, eigenhändig Marmor aus dem Steinbruch zu holen, und das wollte ich tun, denn unser erster Urlaub war in Italien gewesen. Mit zwei Freundinnen bin ich nach Italien gefahren. Ich dachte, ich würde in diesem Steinbruch sofort einen Stein sehen, der mir gefällt, und den dann mitnehmen. Aber es lagen dort Tausende Bruchstücke herum, es war wirklich schwierig, einen auszusuchen. Außerdem mußte es ein Stein guter Qualität sein, damit er nicht während des Transports kaputtging. Ein Bildhauer hat mir bei der Auswahl geholfen.

Wochen später ist der Stein dann schließlich in Amsterdam angekommen. Ich mußte ihn bei einem Steinmetz gravieren lassen. Er hat mir ein Heft mit Schriftarten gezeigt, aber mir hat keine einzige gefallen. Schließlich habe ich meine eigene Handschrift eingravieren lassen: 'An meine Allerliebste, Allerschönste, Allerstärkste der ganzen Welt' – das habe ich ihr oft gesagt. Ich habe meinen Namen darunter setzen lassen, denn ich wollte, daß die Menschen nicht automatisch annahmen, die Widmung stamme von einem Mann. Es sollte ganz klar sein, daß es sich um eine Beziehung von zwei Frauen handelte. Ich lese selbst oft Inschriften auf Grabsteinen und sehe nur selten etwas, was ich erkennen kann, es sind immer Eheleute, Kinder oder Eltern.

Der Stein ist wirklich schön geworden, ich habe dahinter eine kleine Tanne gepflanzt aus einem Garten, an den Ine und ich ganz besondere Erinnerungen hatten.

Ines Sachen

Auf einmal hatte ich zwei Zimmer, das von Ine und mein eigenes. Im Laufe der Zeit bin ich in Ines Zimmer umgezogen. Die Wohngemeinschaften waren beide einverstanden, es hat mich keine gedrängt, schnell zu entscheiden, wo ich wohnen wollte.

Manche haben sofort etwas von Ine bekommen, was sie vor ihrem Tod für sie ausgesucht hatte. Ine wollte, daß ihre Eltern ihre Wanduhr bekämen; mehr wollten sie nicht haben.

Wir hatten viele Fotos; ich habe sofort Abzüge für alle nachbestellt. Briefe, die einfach zurückgegeben werden konnten, habe ich zurückgegeben. Aber manchmal waren es auch Briefe, die teilweise für mich bestimmt waren, die habe ich behalten.

Zusammen mit einer Freundin habe ich dann entschieden, was ich wem schenken würde. Als ich die Leute fragte, was sie haben wollten, wußten sie es meistens nicht, alle waren ganz vorsichtig. Ich wollte ihnen etwas geben, was Ine lieb gewesen war und was die betreffende Person auch schätzen würde, jedoch nicht etwas, was ich selbst gerne behalten wollte. Einige größere Stücke zum Beispiel wollte ich einer Freundin geben, aber sie sagte: 'Jetzt schau doch erst einmal, ob du das nicht selbst haben möchtest.' Ich habe mich dann doch dafür entschieden, es selbst zu behalten.

Es gab keine Probleme beim Verteilen von Ines Sachen. Aber ich habe mich manchmal aufgeregt, wenn die anderen mit Sachen von Ine, die ich verschenkt hatte, nicht sorgfältig umgingen. Ich hatte zum Beispiel Ines Regenmantel einer Freundin gegeben. Als wir bei einer großen Fete waren, legte sie den Mantel einfach irgendwohin. Das machte mich wütend, er hätte gestohlen werden können. Sie hat dann zwar verstanden, daß sie besser auf den Mantel aufpassen sollte, tat es jedoch nur meinetwegen, weil ich mich darüber aufregte. Ich achtete auch darauf, ob Leute Ines Kleidung, die ich ihnen geschenkt hatte, auch wirklich trugen, und ob sie diese vielleicht Fremden verliehen. Eine Fremde in Ines Pullover, das hätte ich nicht ertragen können.

Das, worüber ich jetzt rückblickend noch lange grübele, hat vor allem mit den Entscheidungen zu tun, die ich für Ine treffen mußte, als sie am Ende immer kränker und müder wurde. Habe ich alles in ihrem Sinn getan? Habe ich jemanden benachteiligt?
Später habe ich dann noch mit verschiedenen Leuten darüber geredet, weil ich vermutete, sie seien vielleicht nicht zufrieden gewesen. Als wir den Sarg verschlossen hatten, war zum Beispiel eine zu spät gekommen, sie hat Ine nicht mehr gesehen. In dem Augenblick ist sie ausgerastet; wir haben später darüber gesprochen. Ich habe auch über die Sachen geredet, die ich ihr in den Sarg mitgegeben habe. Ich hatte erst ein Minimotorrad hineingelegt, das sie irgendwann von jemandem geschenkt bekommen hatte. Später habe ich es wieder herausgenommen und statt dessen ihre Motorradbrille hineingelegt. Zu dem Zeitpunkt war mir nicht bewußt, daß das für die Person, die ihr dieses kleine Motorrad geschenkt hatte, sehr verletzend war.
Ich habe meine Freundinnen gefragt, wie ich es gemacht habe. Alle meinten, es sei in Ordnung gewesen, so schlimm ist es nicht, wenn du einmal etwas falsch machst. Außerdem müssen Entscheidungen getroffen werden, auch wenn du versuchst, so offen wie nur möglich vorzugehen; es können nun mal nicht 30 Leute einen Sarg tragen.

Ich bin aber wirklich froh, daß wir soviel wie möglich selbst haben tun können. Daß sie zu Hause gestorben ist und dort auch aufgebahrt wurde. Es war schön, daß ich den ganzen Tag bei ihr sitzen und sie berühren konnte.
Ein nächstes Mal würde ich alles noch mehr in eigener Hand behalten wollen und kein Bestattungsunternehmen mehr hinzuziehen. Es ist wirklich wichtig, daß alles nach deinen eigenen Wünschen geschieht, so wie es zu dir paßt. Es ist eine sehr intensive Zeit gewesen, die auf mein Leben einen bleibenden Einfluß hat.«

1

Milde Winter, fette Friedhöfe

Ein kurzer historischer Rückblick

Die jüngste Geschichte des Brauchs, unseren Toten die letzte Ehre zu erweisen, ist insbesondere eine Geschichte vom allmählichen Unsichtbarwerden des Todes und allem, was dazu gehört. Dies äußert sich in allen Traditionen, die mit Sterben und Begraben zu tun haben: der Ort, an dem Menschen sterben und aufgebahrt werden, die Begräbnisstätte, die äußerlich sichtbaren Zeichen der Trauer und der Sprachgebrauch in Verbindung mit dem Tod.

Diese Veränderung ist an der Lage der Friedhöfe deutlich abzulesen. Bis ins 19. Jahrhundert wurden die Toten auf Friedhöfen begraben, die mitten in der Stadt oder im Dorf lagen. Im Mittelalter wurden die Menschen sogar in der Kirche beerdigt, wodurch die Kirche ständig den Anblick einer 'Baustelle' bot: Die Menschen mußten sich zwischen den frisch ausgehobenen Gräbern und Erdhügeln ihren Weg bahnen. Platzmangel war für die Kirchenbehörden kein Grund, auf diese lukrative Einnahmequelle zu verzichten. Die Gräber wurden regelmäßig geräumt, und wenn kein Platz mehr war, wurde der Boden wieder höher gelegt. Grabplatten, die manchmal mehrere Meter groß waren, wurden in Stücke geschlagen und fanden als Brunnenabdeckung, Straßenbelag oder Hausgiebel Verwendung. Und das trotz der Tatsache, daß manche Verstorbene sogar in den Grabstein meißeln ließen, ihr Grab dürfe niemals geräumt werden.[4]

In der Kirche wird es damals wohl kaum gut gerochen haben. Hygiene und Geruchsbelästigung waren Gründe, 1825 durch Königliches Dekret Begräbnisse in Kirchen und innerhalb des bebauten Ortskerns zu verbieten. Dennoch war ein Friedhof damals noch ein sozialer Treffpunkt, ein angenehmer Aufenthaltsort, wo Menschen spazierengingen und Kinder spielten.

Um ein Klischee zu benutzen: Der Tod war ein Teil des Lebens, und alle, ob jung oder alt, waren damit vertraut. Der Anblick von Toten, eines Leichnams, der allmählich in Verwesung übergeht, war bis ins

19. Jahrhundert 'normal'; Tote lagen zu Hause aufgebahrt. Vor allem Frauen, die weiblichen Familienangehörigen und Nachbarinnen, verrichteten alle notwendigen Handlungen.[5] Der Leichnam wurde gewaschen und in ein dafür bestimmtes Totenhemd gekleidet. Sie versahen das Haus mit allen äußeren Zeichen der Trauer: Die Spiegel wurden mit Tüchern verhängt, damit die Seele, die aus dem Körper entwichen war, sich nicht darin spiegeln konnte. Uhren wurden angehalten und Laken vor die Fenster gehängt. Noch lange hielt sich die Tradition, alle Lebewesen im Haus, ob Mensch oder Tier, zu wecken, sobald jemand verstorben war. Nach damaligem Glauben befindet sich die menschliche Seele während des Schlafs außerhalb des Körpers; durch das Aufwecken sollte verhindert werden, daß die Seele der Lebenden von der Seele der Verstorbenen mitgeführt wurde.

Es wurde eine Totenwache abgehalten. Familienangehörige und FreundInnen kamen zu Besuch, um ihre Anteilnahme auszusprechen und an der Wache teilzunehmen. Gegen den Leichengeruch gab es bewährte Hausmittel: Schalen mit frischgemahlenem Kaffee wurden unter das Bett gestellt, und Reisigbündel oder Zeitungsstapel nahmen die Flüssigkeit auf, die aus dem Leichnam tropfte. Diese Maßnahmen muten uns heute sonderbar und auch recht drastisch an, da der Umgang mit dem Tod inzwischen eine Angelegenheit von Fachleuten ist, die uns die Sorge für die Toten völlig aus der Hand genommen haben.

Nur noch selten werden Verstorbene zu Hause aufgebahrt, meistens werden sie so schnell wie möglich zu einem Beerdigungsinstitut gebracht.

Die Texte von Todesanzeigen

Anhand der Todesanzeigen der letzten Jahrhunderte läßt sich nachvollziehen, wie sich der Umgang mit dem Tod geändert hat. In den Niederlanden wurde 1793 die erste Todesanzeige in einer Zeitung veröffentlicht.[6] Damals, und noch bis weit ins 19. Jahrhundert hinein, wurden Todesmeldungen bei den Menschen zu Hause von einem Ausrufer oder einem Leichenbitter angesagt. Daneben kam es, vor allem in gehobeneren Kreisen, in Mode, eine Todesanzeige aufzugeben. Es waren ausführliche Mitteilungen, in denen das Todesdatum, der Krankheitsverlauf, die Anzahl von hinterbliebenen Kindern genannt und das Leid der Hinterbliebenen wortreich beschrieben wurden. Gleichzeitig wurde Gottes Gnade angerufen und ein Platz im Himmel erfleht. Der Zeitgeist der Romantik spiegelt sich in Ausdrücken wie »unser inniggeliebter Sohn« oder »zutiefst schmerzlicher Verlust«. Ein Mann schrieb über den Verlust seiner Ehefrau: »Ihr Tod raubt mir auf einen Schlag die süße Freude meines Lebens, da sie mich in zehn langen Jahren aufs höchste beglückt hat.«[7]

Oft nahm eine Witwe die Gelegenheit wahr, in der Todesanzeige die Weiterführung des Geschäfts anzukündigen oder ihren Sohn als Nachfolger zu empfehlen.

In den Anzeigen wurden leidenschaftliche Emotionen und tief religiöse Gefühle zur Schau gestellt, ohne Scheu vor eindeutigen Worten. Gott und Tod »rauben« die geliebte Person, oder »entreißen« sie oder ihn den Hinterbliebenen. Auch die Todesursache wurde ausführlich beschrieben, vom Krankheitsverlauf bis zum Todeskampf und dergleichen mehr.

Allmählich wurde der Ton in den Anzeigen etwas nüchterner, und die Ausdrucksweise veränderte sich. »Heute verstarb« lautete die am meisten benutzte Formulierung, und etwa ab 1925 kamen Worte wie »dahingehen«, »verscheiden« oder »entschlafen« häufiger vor. Immer öfter wurde das Sterben mit Euphemismen wie »Abschied nehmen«, »die letzte Reise antreten« oder »verlassen« umschrieben. Langsam verschwand der Tod aus dem Blickfeld.

Neben einer Verschiebung im Sprachgebrauch können wir den Texten der Todesanzeigen auch Änderungen der Beerdigungsrituale entnehmen. Anfang des 19. Jahrhunderts wurde erstmals der Wunsch geäußert, keine Kondolenzbriefe zu schicken. Dafür gab es handfeste finanzielle Gründe, denn damals mußten die EmpfängerInnen das Briefporto bezahlen. Aber nach und nach erschienen auch andere einschränkende Bestimmungen in der Zeitung; ohne Umschweife wurde mitgeteilt, BesucherInnen, Trauerkleidung oder Blumen seien nicht erwünscht. Nicht länger war jeder Trauergast willkommen; die nähere Verwandtschaft wählte aus, wer kommen durfte und wer nicht. Die Verstorbenen und die Trauer um die Toten wurden so von der Außenwelt abgeschirmt.

Seither ist der Tod immer weniger eine häusliche Angelegenheit, in die alle einbezogen sind. Krankenhäuser und Bestattungsunternehmen übernehmen die Pflichten der Angehörigen. Seit etwa 1960 ist es üblich, die Verstorbenen nicht mehr zu Hause aufzubahren, sondern sie in die Leichenhalle eines Beerdigungsinstituts zu bringen. Die Spuren des Todes sind im Haus nicht mehr sichtbar, die Familie empfängt die Trauergäste nicht mehr zu Hause – Trauer und Kummer werden in unpersönliche Bestattungsunternehmen verlegt. Dort kann zu festgesetzten Zeiten »Abschied genommen« werden. »Gelegenheit, das Beileid auszusprechen«, gibt es dann meist nur nach der Beerdigung oder Feuerbestattung.

Bis auf wenige Ausnahmen bestehen die Todesanzeigen größtenteils aus Standardformulierungen: »In tiefer Trauer teilen wir mit«, »mit großer Anteilnahme« oder auch »tief betroffen«. Krankheit, Sterbeprozeß oder Todesursache werden nicht mehr erwähnt. Diese Entwicklung zu mehr Distanz und Sachlichkeit führt zu der Mitteilung: »Das Begräbnis hat in aller Stille stattgefunden.« Das Sterben und Begraben wird dadurch ausschließlich auf den engsten Familienkreis beschränkt, und Personen, die nicht eingeladen worden sind, bleiben nachdrücklich ausgeschlossen.

Johanna Fortuin weist darauf hin, daß in dem gesamten Prozeß, bei dem »die Verstorbenen außer Haus gegeben werden«, ein wesentlicher Bestandteil der Trauer verlorengeht.[8] Um den Kummer verarbeiten zu können, um glauben zu können, daß eine geliebte Person nicht mehr da ist, müssen wir allmählich von ihr Abschied nehmen. Wir müssen mit eigenen Augen sehen können, daß diese Person nicht mehr da ist, und uns langsam mit diesem Gedanken abfinden. Es hat sich herausgestellt, daß bei Flugzeugkatastrophen oder Unfällen, bei denen die Leiche nicht gefunden wird, der Tod für die Hinterbliebenen schwerer zu akzeptieren ist, weil sie keinen *Beweis* für den Tod haben. Sie hoffen weiter. Nach Fortuin macht die heutige geschäftliche Durchführung, bei der die Hinterbliebenen bei der Gestaltung des Begräbnisses keine aktive Rolle mehr spielen, aus »unseren Toten Vermißte«. Wir berauben uns damit selbst der Möglichkeit zur Trauerarbeit.

Feuerbestattungen

Eine wichtige Veränderung in der Tradition von Trauer und Begraben stellte gegen Ende des vorigen Jahrhunderts die Feuerbestattung dar. International entstand eine fortschrittliche Bewegung von Freidenkern und Atheisten, die den Gedanken der Leichenverbrennung propagierten. Dabei wurde vor allem das Bild der läuternden Flammen als hygienische Alternative zu Grabstätten mit den von Würmern angefressenen Leichen betont.

Vor allem christliche Kreise widersetzten sich lange Zeit, da die Idee der Leichenverbrennung als direkter Angriff auf die Werte des Christentums betrachtet wurde. Ein wichtiger Einwand war außerdem, daß die Auferstehung durch die Kremation unmöglich gemacht wurde, weil die zu Asche verbrannten Toten nicht wieder zum Leben erweckt werden konnten.[9] Trotz des Widerstandes wurde schließlich 1914 in Velsen in der Provinz Noord-Holland das erste Krematorium in den Niederlanden eröffnet, dem Beispiel Mailands und Dresdens folgend.

Auch die Arbeiterbewegung verbreitete den Gedanken der Feuerbestattung. Fünf Jahre nach der Eröffnung des Krematoriums in Westerveld in der Nähe von Amsterdam wurde von der Amsterdamer Gewerkschaft der Diamantarbeiter der »Arbeiterverein für Leichenverbrennung«, die AVVL, gegründet.[10] Mit der regelmäßigen Zahlung der Beiträge erhielten die Mitglieder das Recht auf ein ordentliches Begräbnis ohne Zuzahlung. Zugleich wurde das Argument vertreten, daß durch eine solche Selbstorganisation die kapitalistischen Bestattungsunternehmen nicht auch noch an der Leiche des Arbeiters verdienen konnten.

Wie es in den Niederlanden so üblich ist, wurden Feuerbestattungen bis 1955 nur 'geduldet' und erst dann ausdrücklich gesetzlich erlaubt. Seitdem nimmt der Anteil der Kremationen stetig zu, 1984 machten sie etwa 40% aller Bestattungen aus.[11]

Die zunehmende Zahl der Feuerbestattungen trug auch dazu bei, daß das Ritual des Begrabens immer distanzierter wurde. Vor allem die in den letzten 20 Jahren gebauten Krematorien sind Musterbeispiele von Effizienz und kalter Sachlichkeit – nicht unbedingt Orte, an denen Gefühle, welcher Art auch immer, zugelassen oder geäußert werden können.

Außerdem geschah die Zunahme der Kremationen in einer Zeit, in der sich der Trend durchsetzte, von Ritualen und emotionalen Äußerungen im Zusammenhang mit dem Tod Abstand zu nehmen. Der traditionelle Ablauf des Begräbnisses, der im Lauf der Zeit immer weiter vereinfacht wurde, konnte für die Feuerbestattungen nicht ohne weiteres übernommen werden. Es gab auch keine Ansätze zu einer Entwicklung neuer Rituale. Der Zeitgeist beeinflußt die Gestaltung eines Begräbnisses in hohem Maße: Heute sind es Distanz, Konservenmusik und das Absenken des Sarges in einen darunter liegenden Raum; zum Schluß wird für die Trauergäste im Kondolenzraum noch eine Tasse Kaffee mit einem Stück 'Beerdigungskuchen' serviert. In vielen Fällen wird sogar das mechanische Absenken des Sarges als zu emotional oder zu unecht empfunden; die Hinterbliebenen verlassen den Saal schon vorher, während der Sarg zunächst noch stehenbleibt.

Ein umfangreiches Verbrennungsritual auf einem Scheiterhaufen mit knisternden, lodernden Flammen, wie es manchen Feuerbestattungsromantikern vorgeschwebt haben mag, wird in unseren äußerst zweckmäßig ausgestatteten Krematorien wohl niemals stattfinden.

Kaum Erfahrung

Jährlich stirbt ungefähr 1% der niederländischen Bevölkerung, d.h. ungefähr 120000 bis 125000 EinwohnerInnen. Dieser Prozentsatz liegt sehr viel niedriger als z.B. vor 100 Jahren, als ansteckende Krankheiten wie Tuberkulose oder Cholera eine große Zahl von Opfern forderten und zudem die Kindersterblichkeitsrate sehr hoch war. Die Lebenserwartung eines Menschen beträgt zur Zeit über 75 Jahre und ist damit mehr als doppelt so hoch wie noch vor 100 Jahren. Das hat zur Folge, daß Menschen in unserer Zeit nur noch einige Male in ihrem Leben mit dem Tod konfrontiert werden. Selbst wenn wir davon absehen, wie wir mit dem Tod umgehen, bedeutet das, daß wir auch relativ weniger Erfahrung mit dem Tod haben. Die Vertrautheit mit dem Tod, wie sie Menschen aus früheren Jahrhunderten besaßen, fehlt uns heute.

Als Kinder lernen wir nichts über den Tod, da ein allgemeiner Konsens darüber besteht, der Tod sei nichts für Kinder. Wie oft hören Kinder, Opa sei »verreist« oder »im Himmel«. Das sah in früheren Jahrhunderten anders aus. Franke zitiert eine Geschichte aus einem Kinderbuch von 1833, das wegen seines vorbildlichen Erziehungswerts gelobt wurde:

»Es geht um den kleinen Willem, der im Wohnzimmer sitzt, während seine verstorbene Großmutter im Raum nebenan aufgebahrt liegt. Aus diesem Zimmer hört der Junge ein Ticken, das immer schneller wird. Er bekommt es mit der Angst zu tun, hört auch noch knarrende Geräusche und ist überzeugt, hinter der Lampe einen Schatten zu sehen. Er ruft seine Mutter und beschreibt ihr die beunruhigenden Erscheinungen. Die Mutter öffnet die Tür zu dem Nebenzimmer und sieht sofort, was dort vor sich geht. Sie ruft ihren Sohn: 'Komm, Willem!' und beruhigt ihn mit folgenden Worten: 'Habe keine Angst und schau doch mal her, was dieses Ticken verursacht.' Daraufhin geht sie in das Zimmer und stellt sich neben den Sarg. 'Schau hin, mein Kind!' sagt seine Mutter. 'Dort kommen Tropfen aus dem Sarg, die auf den Steinboden fallen, hör mal: tick, tick. Das Wasser kommt aus dem Körper der Großmutter, was nicht weiter verwunderlich ist, denn die gute Frau war sehr dick, als sie starb; und davor hast du nun eine solche Angst gehabt!'[12]

Eine derartige Erfahrung wird ein kleiner Willem heutzutage wohl nicht mehr machen können, denn es ist sehr wahrscheinlich, daß seine Mutter nunmehr genausoviel Angst vor den unheimlichen Geräuschen haben wird wie er selbst.

Erkennungszeichen

Wir kennen heute kaum noch soziale Traditionen im Zusammenhang mit dem Tod. Äußerliche Erkennungszeichen, wie zum Beispiel das Tragen eines Trauerflors, die auf einen Sterbefall in der Familie verweisen, finden keine Verwendung mehr. Das gilt auch für die Trauerkleidung, die früher von der Familie und den nächsten Angehörigen getragen wurde. Wir können den Menschen nicht mehr ansehen, daß sie »in Trauer sind«. Das hat zur Folge, daß Trauernde, die ihr Herz ausschütten oder gerne erzählen möchten, wie es ihnen geht, selbst das Thema ansprechen müssen. Das kann eventuell schwierig sein, weil ihre Umgebung in manchen Fällen abweisend reagiert.

Im Laufe der Zeit haben wir das Gefühl für die Selbstverständlichkeit des Todes verloren. Dennoch finden sich Zeichen, die auf eine allmähliche Veränderung schließen lassen. In den Zeitungen wird der Ton in den Todesanzeigen wieder gefühlsbetonter, weniger distanziert und formalisiert. Auf Grund der Diskussion über »Euthanasie« und wegen der Aids-Problematik wird in der Öffentlichkeit in jüngster Zeit häufiger über Sterben und Tod gesprochen. Es sieht ganz danach aus, daß sich die Situation ändert und der Tod langsam wieder zu einem Bestandteil des Alltagslebens wird.

Bin ich nicht zu aufdringlich?

Interview mit Knaar

Knaar wohnt in Amsterdam und arbeitet dort in einer Kneipe. Sie ist klein und blond und macht einen zurückhaltenden, aber entschlossenen Eindruck. Im Blick auf intime Angelegenheiten ist sie ziemlich verschlossen, nicht gerade eine Frau, die leicht über ihre Gefühle spricht.

1980 hatten sie und Lin sich kennengelernt und ineinander verliebt. Lin wohnte einige Zeit bei Knaar, aber das lief nicht so gut, unter anderem weil Lin wieder Heroin nahm. Sie zog aus, aber beide blieben gute Freundinnen. Sie hatten fast jeden Tag Kontakt, sei es auch nur telefonisch.

Ende 1982 machte Knaar zwei Monate Urlaub in Spanien. In dieser Zeit hat Lin Selbstmord begangen.

»Wir hatten schon mal darüber geredet, weil Lin früher, lange bevor ich sie kannte, einen Selbstmordversuch gemacht hatte. Anscheinend beschäftigte sie das immer noch sehr, denn ein halbes Jahr vor diesem letzten, erfolgreichen Selbstmordversuch hatte sie einen Abschiedsbrief geschrieben. Peter, bei dem sie damals wohnte, hatte diesen Brief gefunden und panisch reagiert. Dann stellte sich jedoch heraus, daß Lin nicht wirklich vorgehabt hatte, Selbstmord zu verüben. Sie hatte gekichert und gesagt, der Brief sei doch noch gar nicht fertig ... Danach haben wir zwar darüber gesprochen, aber nicht besonders tiefgehend.

Als ich nach Spanien ging, schenkte sie mir ein Buch von Gabriel García Márquez, 'Chronik eines angekündigten Todes'. Mir ist das damals gar nicht aufgefallen, aber im nachhinein habe ich mich oft gefragt, ob sie es mir in irgendeiner Weise ankündigen wollte.

Am Samstag wollte ich mit Willem, einem Freund, mit dem ich in Spanien war, nach Holland zurückfliegen. Donnerstagabend, gerade als wir mit Freunden zum Abschied essen gehen wollten, kam die Nachricht: 'You have to call Peter, very, very urgent – Du mußt ganz dringend Peter anrufen.' Ich wußte sofort, was los war. Alle Geschäfte hatten bereits geschlossen, daher mußte ich zu einer Telefonzelle gehen, Kleingeld suchen und so, das war natürlich furchtbar umständlich. Das einzige, an das ich mich noch erinnern kann, ist, daß Peter sagte, Lin sei tot. Den Rest habe ich einfach vergessen.

Danach wußte ich nicht mehr genau, was wir tun sollten. Unsere spanischen Freunde warteten in unserem Apartment auf uns, um essen zu gehen. Ich dachte, wir sollten trotzdem mitgehen. Ich traute mich auch nicht zu sagen, daß ich eigentlich lieber nicht mitkommen wollte. Ich konnte einfach nicht mehr denken. Es war alles sehr unwirklich, auch weil ich so weit weg und mit Menschen zusammen war, die Lin nicht gekannt hatten, die meinen Kummer nicht teilen konnten. Nur Willem war ihr einmal begegnet, und er war auch ziemlich betroffen.

Der Rückflug war ziemlich problematisch, weil wir anscheinend keine Buchung hatten. Der Mann vom Reisebüro, der dafür verantwortlich war, sagte am Telefon äußerst lakonisch: 'Schade, aber ich kann daran auch nichts ändern.' Ich habe ihn dann ziemlich angemacht, ihn angeschrien, ich *müsse* unbedingt zurückfliegen! Einerseits hatte ich ein Gefühl von Auch-das-noch, aber andererseits war es gar nicht so schlecht, sich über etwas aufzuregen.

Als wir im Flughafen Schiphol ankamen, warteten viele Freunde auf uns. Sie erzählten, was Lin in den letzten Tagen getan hatte, und versuchten dabei herauszufinden, was sich genau ereignet hatte. Alle suchten eine Art Gewißheit. Weil sie an einer Überdosis gestorben war, wollten alle wissen, ob sie es mit Absicht getan hatte. Wenn es ihre eigene Entscheidung gewesen war, konnten wir das respektieren, es gewissermaßen auch bewundern. Wenn es sich nur um eine 'normale' Überdosis gehandelt hatte, wäre es nur traurig gewesen. Sie hatte es nachts gemacht, in der Toilette oben in der Akademie, in der Peter arbeitete. Sie hatte Peters Schlüssel genommen. Weil sie ihren Paß dabei hatte und daher identifiziert werden konnte, wurde uns klar, daß es ihre Absicht gewesen war, sich umzubringen. Peter hatte ihren Ausweis nämlich hinter Schloß und Riegel in einer

Schatulle weggeschlossen. Sie hatte das Schloß aufgebrochen, um ihren Paß herauszunehmen.

Ich glaube, sie wurde vom Reinigungspersonal gefunden. Sie wußte, daß Peter sie nicht selbst finden würde. Nach unserem Eindruck war das auch nicht ihre Absicht, sie wollte aber doch an einem vertrauten Ort sterben.

Die Akademie hat daraufhin die Polizei verständigt, und die hat sie dort abgeholt. Ich nehme an, daß sie dann sofort zu einer Leichenhalle gebracht worden ist.

In den ersten Tagen haben wir zu fünft viel Zeit miteinander verbracht. Wir waren alle Freunde, die Lin gut gekannt hatten, und waren auch vorher schon so eine Art Clique gewesen. Das hatte damit zu tun, wie wir mit Lin umgingen, als sie noch lebte. Wir hatten uns zusammengetan, Lin war süchtig, und es war schwierig zu entscheiden, ob wir ihr helfen konnten oder nicht, und wie wir das tun sollten. Ihre Freunde teilten sich in zwei Gruppen, die unterschiedlicher Meinung darüber waren, wie wir am besten mit Lin umgehen sollten. Die eine Gruppe war davon überzeugt, die andere Gruppe würde sich nicht richtig verhalten.

Als Lin tot war, wurde die Gruppe, die eine andere Meinung vertreten hatte, ausgeschlossen. Es hatte öfter heftigen Streit gegeben, daher blieben die zwei Gruppen unversöhnlich.

Wer ist am traurigsten?

Ich war in einer etwas seltsamen Situation. Weil ich in den letzten zwei Monaten nicht dagewesen war, fühlte ich mich ein bißchen isoliert. Die anderen mußten mir alles erzählen, und ich konnte eigentlich nichts einbringen, weil ich erst diese Informationslücke schließen mußte. Diese merkwürdige Position stimmte eigentlich nicht mit der Tatsache überein, daß Lin und ich wirklich sehr intim miteinander befreundet gewesen waren.

Es war nicht so, daß jemand mir etwas verboten hätte, aber ich wurde auch nichts gefragt. Alles mögliche wurde geregelt, es gab Kontakte zu den Eltern, und Peter hat das alles erledigt. Er hat kein einziges Mal gefragt, was ich davon hielte, welche Vorstellungen ich hätte. Und ich kam nicht darauf, dagegen zu protestieren. Ohne daß es ausgesprochen wurde, bekam ich das Gefühl, Peter wollte uns eigentlich vermitteln, *er* sei ihr bester Freund gewesen, *er* sei am traurigsten, und *er* würde die ganze Angelegenheit regeln. Wir seien zwar auch wichtig, aber nicht so traurig wie er selbst.

Zu dem Zeitpunkt war ich mir dessen nicht bewußt, ich habe mich auch nicht dagegen gewehrt. Es hat weh getan, aber es war schwierig zu erkennen, was eigentlich den Schmerz verursachte. Peter hat zum Beispiel, ohne uns zu fragen, eine Anzeige für Lin aufgegeben, und darunter stand: 'Peter und die anderen Freunde'. Ich fand es wirklich schrecklich, aber ich traute mich nicht zu fragen, warum er mit Namen genannt wurde und wir nicht. Es gab mir das Gefühl, daß wir nicht wichtig genug waren, um namentlich aufgeführt zu werden. Mit dieser Anzeige hat er eine Trennung zwischen sich und uns vollzogen. Es wäre nicht so kränkend gewesen, wenn er nur seinen eigenen Namen darunter gesetzt hätte.

Erst später merkte ich, wie sehr mich das verletzt hat.

Es gab eine festgelegte Besuchszeit, während der wir Lin in dem Trauersaal, in dem sie aufgebahrt lag, anschauen konnten. Der Besuch sollte nur zu diesem Termin erfolgen, kein Mensch hat uns gesagt, daß wir auch zu einem anderen Zeitpunkt hätten hingehen können.

Ich traute mich nicht, allein hinzugehen, denn ich hatte noch nie eine Tote gesehen. Aber ich wollte auch nicht mit allen fünf Freunden dort sein. Ich bin nicht eine, die sich in Gesellschaft leicht äußern kann.

Es war auch festgelegt, wer kommen durfte. Andere Menschen wußten gar nicht, daß sie hätten hingehen können. Es war ein sehr kleiner Kreis, und es war ganz offensichtlich, daß andere nicht dabei sein sollten. Wir fünf und die Eltern von Lin. Ich fühlte mich den Eltern gegenüber unwohl, weil ich sie kaum kannte.

Ich wußte nicht so richtig, wie ich mich dort verhalten, sie anschauen sollte ... Aber es erschien mir gut, sie noch einmal zu sehen, weil ich so weit weg gewesen war, als sie starb. Ich dachte: 'Ich muß unbedingt hingehen, sonst kann ich niemals glauben, daß sie wirklich tot ist.'

Und es war schon irgendwie beruhigend, weil ich ganz klar erkennen konnte, daß sie nicht mehr da war, nur ihr Körper dort lag.

Aber ansonsten fand ich, daß sie fürchterlich aussah. Ihre Haare waren nicht gut zurechtgemacht. Mit all den Blutergüssen sah sie auch schrecklich aus. Aber mich hat vor allem die Frisur sehr gestört, sie sah damit sehr kleinbürgerlich aus.

Eigentlich hatte ich die ganze Zeit das Gefühl, ich hätte nicht das Recht, für mich etwas zu fordern. Deswegen habe ich auch nicht die Initiative ergriffen. Das war bei der Anzeige so und später auch beim Besuch im Trauersaal. Ich war auch nicht an der Organisation von allen anderen Angelegenheiten beteiligt. Der Zeitpunkt der Feuerbestattung stand fest, im Einvernehmen mit den Eltern war bereits eine Trauerkarte gedruckt. Es war wirklich eine schöne Karte, mit einem Text, der Lin anscheinend etwas bedeutet hatte. Peter hatte ihn ausgesucht. Es war auch ein Foto von ihr darauf, das war gewissermaßen Lins eigene Idee, denn sie hatte einmal gesagt, das sei das einzige wirklich schöne Foto von ihr.

Kalter Krieg

Ja, und dann kam die Feuerbestattung ... Die Bestattungsgenossenschaft, zu der die Polizei sie gebracht hatte, war bereits eingeschaltet und hat dann auch das weitere übernommen. Ich nehme schon an, daß sie verbrannt werden wollte. Aber wir hatten uns nie darüber unterhalten, in meiner Anwesenheit ist niemals angesprochen worden, ob sie es vorgezogen hätte, verbrannt oder begraben zu werden. Peter hat das alles mit den Eltern besprochen, in B., wo sie wohnten. Mir ist der Gedanke einfach nicht gekommen, ihn zu fragen, ob ich mit ihm mitgehen könne, und er hat auch niemals etwas gesagt.

Die Feuerbestattung war schrecklich, vor allem weil auch diese anderen Sachen eine Rolle spielten: die unerfreuliche Rivalität zwischen den zwei Gruppen der Freunde, die beide bei der Bestattung waren. Dadurch war die Atmosphäre unheimlich gespannt, alle waren auf Abstand bedacht. Ich meine damit nicht, daß es wirklich unfreundliche Bemerkungen gab, aber es herrschte eine Art Kalter Krieg.
Und dann dieses Bestattungsunternehmen, das hat mir auch das Gefühl gegeben, nicht dazuzugehören. Mit solchen Sätzen wie: 'Will die Familie sich jetzt dort vorne hinstellen?' Ich war im Zweifel, ob ich mich auch dorthin stellen sollte oder durfte. Ich war schon der Ansicht, daß ich da vorne stehen sollte; zuerst die Eltern, aber dann Peter und ich sofort dahinter. Das habe ich dann auch gemacht, ich habe mich hinter die Eltern gestellt. Aber ich habe mir die ganze Zeit überlegt: 'Bin ich nicht zu aufdringlich?'

Wir haben vorher nicht darüber gesprochen, ob jemand am Sarg etwas sagen sollte, aber ich glaube, Peter hat dann als einziger etwas gesagt. Ich weiß es nicht mehr so genau, ich war äußerst angespannt, nicht sosehr durch die Trauer um Lin, sondern vor allem durch die Umstände. Ich wußte auch nicht, wie ich mich den Eltern gegenüber verhalten sollte. Ich kannte sie nicht besonders gut. Ich hatte sie ein paarmal getroffen und sie einmal besucht. Ihr Vater war ein sehr zurückhaltender Mann, aber obwohl ich wußte, daß er mich nett fand, hatte ich nicht den Mut, auf ihn zuzugehen.

Es gab eigentlich niemanden, bei dem ich meine Trauer offen hätte zeigen können. Das kam auch, weil Peter so etwas ausstrahlte wie: 'Ich bin traurig und ihr nicht, oder zumindest nicht so sehr.' Es war wie ein Wettkampf um die Frage, wer am traurigsten ist. Bei einigen Leuten hatte ich stark den Eindruck, sie wollten *beweisen*, wieviel sie mit Lin zu tun gehabt hatten und daß sie auch wirklich sehr traurig waren. So verstärkte sich alles gegenseitig, und schließlich konnte ich es keinem wirklich glauben. Sie machten mir gegenüber auch wenig rücksichtsvolle Bemerkungen wie: 'Bist du dafür extra aus Spanien zurückgekommen?' Das gab mir das Gefühl, daß sie einfach nicht kapierten, was es für mich bedeutete. Im nachhinein glaube ich, daß sie vielleicht einfach nur etwas Freundliches sagen wollten. Wenn Menschen auf mich zukamen und sagten, wie schlimm sie es fänden, bekam ich das Gefühl, sie nähmen mir etwas weg. Es schien, als ob *alle es nur für sich selbst taten, in einer Art Wettkampf.* Unbewußt machte ich auch mit.

Irgendwann wurde das Foto von Lin, das auf der Trauerkarte war, vergrößert. Verschiedene Leute wollten ein Bild haben, und natürlich entschied Peter, wer eins bekommen sollte. Bei manchen fragte ich mich, warum ausgerechnet sie das Foto bekamen, sie hatten Lin nur einmal gesehen. Später habe ich mir überlegt, daß ich so reagiert habe, weil ich mich in meiner Trauer nicht anerkannt fühlte und deswegen den Eindruck hatte, sie nähmen mir etwas weg.

Später habe ich mich gewundert, daß ich mich nicht stärker eingebracht habe. Ich hätte auch selbst die Initiative ergreifen, mehr fordern können. Ich hätte zum Beispiel selbst eine Anzeige aufgeben können. Das hätte ich tun sollen, gleichgültig, ob es den anderen unangenehm gewesen wäre oder nicht. Auch hätte ich mich bei allen Entscheidungen, die getroffen werden mußten, einschalten sollen.

Aber andererseits wußte ich auch nicht so recht, was nun genau geschehen sollte. Es war alles längst entschieden und geregelt, bevor ich selbst etwas in diese Richtung hätte unternehmen können. Wenn es etwas mehr Rücksprache gegeben hätte und über alles mehr gesprochen worden wäre, hätte ich eher das Gefühl gehabt, daß für mich in dem Geschehen auch eine Aufgabe vorgesehen war. Dann hätte ich mich wahrscheinlich auch mehr eingebracht. Das einzige, worüber wir damals geredet haben, waren die Ereignisse in den Tagen vor Lins Tod.

Abschiedsbrief

Lin hatte eine eigene Wohnung, aber dort war sie fast nie. Sie wohnte die letzte Zeit bei Peter. Ihre eigene Wohnung hatte sie zwar eingerichtet, dort standen ihre Sachen herum, aber irgendwann hatte sie die Wohnung jemand anderem überlassen. Ihre persönlichen Dinge lagen alle bei Peter. Ich weiß noch, daß Peter einmal sagte, er würde zu Lins Wohnung gehen, um dort aufzuräumen. Ich fragte ihn, ob ich ihm dabei helfen könne, aber er sagte, er würde es lieber allein machen. Und zwar in so einem Ton, daß ich mich nicht traute, ihm zu widersprechen. Ich habe mich zunächst nur ein paarmal nach Lins Sachen erkundigt, vor allem nach ihrem Abschiedsbrief. Ich wußte, daß es diesen Abschiedsbrief gab, den sie nie zu Ende geschrieben hatte, denn das hatte sie mir selbst erzählt. Und auch, daß er an mich adressiert war. Außerdem wußte ich, daß sie eine Art Tagebuch geführt hatte, das wollte ich gerne lesen. Ich habe mich schon fast nicht mehr getraut, nach diesem Tagebuch zu fragen. Durch alles, was geschehen war, hatte ich das Gefühl, ich hätte keinen Anspruch darauf; das Tagebuch war schließlich nicht an mich gerichtet. Aber ich wollte es gerne lesen, um zu begreifen, was wirklich geschehen war. Ich wollte sehen, was Lin selbst darüber geschrieben hatte, statt immer nur von Peter zu hören, was er darüber dachte.

Aber dieser Abschiedsbrief war an mich adressiert, darauf hatte ich ein Recht, also habe ich ihn ausdrücklich danach gefragt. Er sagte zwar nicht direkt, ich würde ihn nicht bekommen, aber es geschah einfach nichts. Dreimal habe ich nachgefragt. Schließlich bekam ich meine eigenen Briefe, die ich an Lin geschrieben hatte, zurück. Ich fand es schön, sie wiederzubekommen, aber ich kannte sie bereits; das war nicht, was ich wollte. Dann habe ich ihn noch einmal gefragt, eigentlich ganz höflich. Ich traute mich nicht anzurufen, deswegen habe ich einen netten Brief geschrieben: 'Lieber Peter, ich hätte so gerne den Abschiedsbrief.' Ich war im Grunde wütend, daß ich so lange nachhaken mußte. Ich habe ihm auch noch angeboten, ihm bei der Suche danach in ihren Sachen zu helfen, aber das wollte er unter keinen Umständen.

Ein Jahr später habe ich den Brief dann doch bekommen. Er hat ihn zu meiner Arbeitsstelle geschickt, denn angeblich hatte er meine Anschrift verloren. Als hätte er die nicht mit einem einzigen Anruf herausfinden können ... Es war ganz schlimm. Ich war bei der Arbeit, dachte nicht weiter darüber nach und riß das Kuvert auf. Ich las zwei Zeilen und dachte dann sofort: 'Scheiße, das kann ich jetzt wirklich nicht lesen.' Es war nicht der geeignete Moment, bei der Arbeit. Ich war der Ansicht, daß er alles in allem äußerst unsorgfältig handelte, aber ich habe nie ein Wort darüber verloren.

Die Sachen von Lin hat er zur Heilsarmee gebracht. Ich fand das schlimm, denn es waren Sachen dabei, die ich haben wollte. Es gab etwas, was ich sehr gerne gehabt hätte: einen blauen Overall. Ich dachte erst, meine Schwester hätte ihn bekommen, und bei ihr traute ich mich, wütend an der Haustür zu klingeln! Sie hatte zwar einige Sachen von Lin, aber darum ging es mir nicht, mir ging es um den Overall. Meiner Schwester fällt es leicht, Kleider von anderen zu tragen, daher befürchtete ich, sie demnächst bei einer Geburtstagsparty in diesem Overall zu sehen. Und daher kreuzte ich richtig empört bei ihr auf. Aber sie hatte ihn nicht und wußte auch nicht, wo er geblieben war. Das glaubte ich ihr damals aber nicht.

Ich hatte zwar einige Dinge von Lin, weil sie eine Zeitlang bei mir gewohnt hatte. Eine Bluse, Briefe und kleine Geschenke, die ich von ihr bekommen hatte. Aber ich habe mir nichts aus ihren Sachen aussuchen können.

Erst später, beim Begräbnis einer Freundin, habe ich gesehen, daß es auch anders geht. Da ist mir erst bewußt geworden, wie schlimm es für mich war. Ich verspürte zwar eine Art Wut und Haß, aber ich hatte mich selbst auch an diesem Wettkampf beteiligt. Ich ging davon aus, daß so ein Konkurrenzkampf dazu gehört, wenn jemand stirbt. Das gehörte zusammen, das war einfach so. Erst bei dieser Freundin habe ich dann gesehen, daß es nicht so laufen muß.«

2

Recht auf Trauer

»Erst später, beim Begräbnis einer Freundin, habe ich gesehen, daß es auch anders geht«, sagt Knaar im Interview über das Begräbnis ihrer früheren Geliebten. Sie hatte sich damals völlig ausgegrenzt gefühlt. Wenn unsere GesprächspartnerInnen von den Frustrationen erzählten, die bei der Beerdigung einer geliebten Person entstanden sind, bemerkten sie häufig, daß sie ihre Gefühle erst bei einer anderen Bestattung einigermaßen verarbeiten konnten, wenn zum Beispiel die Oma oder eine Tante verstorben war.

Die Unzufriedenheit, die Menschen oft erst nach der Beerdigung oder der Feuerbestattung fühlen, hat nicht nur mit dem Ablauf der Bestattung an sich zu tun, sondern auch damit, inwieweit sie in die Vorbereitungen einbezogen waren. Es ist ein wichtiger Aspekt der Trauerarbeit, daß die Hinterbliebenen *aktiv am Abschiedszeremoniell mitwirken können*. Beschäftigt sein, teilhaben an den notwendigen Handlungen, das gemeinsame Nachdenken darüber, was zu tun ist, eine klar definierte Rolle bei Beerdigung oder Feuerbestattung einnehmen – das alles weist den Hinterbliebenen eine Funktion in dem Geschehen zu. Dadurch wird es auch möglich zu realisieren, was eigentlich geschehen ist, und nach und nach die ersten Schritte im Trauerprozeß zu tun.

Die heutige Begräbnispraxis scheint eher auf das Gegenteil ausgerichtet zu sein. In der Regel übernehmen die Bestattungsunternehmen alle erforderlichen Formalitäten und wickeln die Beerdigung oder die Feuerbestattung effizient ab. Die Hinterbliebenen spielen im Geschehen praktisch keine aktive Rolle mehr. Sie sehen die Verstorbenen nur noch ganz kurz – meist im Trauerzentrum, oft unter einer Glasplatte, was es darüber hinaus noch unheimlich macht. So ist es beinahe unmöglich zu begreifen, daß eine geliebte Person tot ist. Gerade diese glatte, ›moderne‹ Vorgehensweise, die den Hinterbliebenen alles aus der Hand nimmt, gibt ihnen nicht die Möglichkeit, den Verlust zu sich durchdringen zu lassen. Wegen des scheinbar emotionslosen Verschwindens unserer Toten können Probleme mit der Trauer entstehen.

Das Äußern von Emotionen

Neben der aktiven Teilnahme am Abschiedszeremoniell gibt es noch einen anderen Faktor, der bei der Trauerarbeit eine Rolle spielt: *Das Recht auf Trauer* – sich zu erlauben, Kummer zu empfinden, und das auch nach außen hin zeigen zu können. Das klingt einfacher, als es in Wirklichkeit ist. Im allgemeinen haben wir uns angewöhnt, unsere Trauer nicht zu zeigen und vor allem auch, andere damit nicht zu belästigen. Denn die meisten Menschen finden so etwas 'lästig', sie wissen nicht so recht, was sie tun sollen, wenn jemand weint, möchten eigentlich am liebsten, daß es bald wieder vorbei ist.

In diesem Zusammenhang ist es vielleicht erwähnenswert, daß im jüdischen Glauben der Talmud vorschreibt, bei Trauerfällen gar nicht erst zu versuchen, die Trauernden bis zum Begräbnis zu trösten. Sie sollen ihren Kummer ohne Hemmungen äußern, und es sollte nicht versucht werden, den Kummer zu lindern, denn das würde sowieso nicht helfen. Ein weiser Rat. Menschen werden so häufig in einer Weise getröstet, die ihnen gleichzeitig vermittelt, daß sie ihre Trauer nicht zeigen sollten: »Weine nicht.« Als spräche etwas dagegen zu weinen.

Eine Krankenschwester aus Surinam erzählte uns:

> »Eines der ersten Dinge, die mir hier im Krankenhaus auffielen, war, daß die Menschen nicht weinen, wenn jemand gestorben ist. In Surinam war der Tod wirklich ein Drama, wir weinten vom Eingang des Krankenhauses bis zu der Krankenstation und bis zum Mortuarium.«

In der Öffentlichkeit zu weinen gehört bestimmt nicht zu den Qualitäten, die in der niederländischen, calvinistisch geprägten Kultur besonders gut entwickelt sind. Ob das vor anderen oder eher im privaten Rahmen geschieht, ist dabei nicht einmal besonders wichtig. Es geht vor allem darum, daß Menschen sich selbst oft nicht erlauben, Kummer und Schmerz zu empfinden. Das zweifelhafte

Eine Mauer mit Überresten jüdischer Grabsteine aus dem 15. und 16. Jahrhundert, die während des zweiten Weltkriegs zerstört worden waren und von nicht jüdischen StudentInnen zusammengefügt wurden; Rema Friedhof, Krakow

Kompliment, sie oder er hatte »sich nicht gehen lassen«, deutet darauf hin, daß Menschen äußerlich keine Rührung zeigen, »sich nichts anmerken lassen«. Gerade das Äußern von Emotionen wird aber in den meisten Trauertherapien als eine wesentliche Voraussetzung für das Verarbeiten von Tod oder Verlust gesehen.

Anerkennung

Ein weiterer Aspekt beim »Recht auf Trauer« ist, daß die Außenwelt auch diejenigen, die nicht direkte Familienmitglieder sind, in ihrer Trauer über den Tod anerkennen sollte. Praktisch entstehen oft Probleme, wenn die Verstorbenen in nicht traditionellen Beziehungen gelebt haben. So gibt es Eltern, die homosexuelle PartnerInnen ihres Kindes nicht sehen möchten, Eltern und Angehörige, die den Freundeskreis der oder des Verstorbenen nicht berücksichtigen, FreundInnen, die wiederum andere FreundInnen ausgrenzen.

Diese Problematik läßt sich am Begräbnis einer lesbischen Frau illustrieren, die 1980 bei einem Unfall plötzlich verstarb. Die Eltern waren von der Polizei informiert worden und kümmerten sich um das Begräbnis. Die Freundin, mit der die Verstorbene eine Beziehung hatte, wurde von den Eltern völlig ignoriert. Sie wurde einfach nicht einbezogen, saß nicht in einem Begleitfahrzeug des Leichenzuges, stand nach dem Begräbnis nicht zusammen mit der Familie am Grab, um die Beileidsbezeugungen entgegen zu nehmen. Es wurde der Eindruck erweckt, als ob es niemals ein lesbisches Leben und eine lesbische Beziehung gegeben hätte. Das Begräbnis war daher eine schmerzliche Konfrontation zwischen der Familie und den Freundinnen, die dieses ganze Zeremoniell, in der ihre lesbische Lebensweise und die ihrer verstorbenen Freundin einfach nicht vorkam, verbittert über sich ergehen ließen. Für die Lebensgefährtin war diese ganze Periode ein Trauma, das sie noch jahrelang nicht in Ruhe gelassen hat.

Von der Umgebung als Trauernde anerkannt zu werden und auch als Hinterbliebene erkenntlich zu sein sind wichtige Voraussetzungen, um den Tod akzeptieren zu können. Es erleichtert die Aufgabe, eine geeignete Form zu finden, mit der Trauer umzugehen. Es ist nicht mehr so einfach wie früher, als Hinterbliebene erkannt zu werden, weil Trauerkleidung heute kaum noch getragen wird.

Das Unterzeichnen der Trauerkarten und Todesanzeigen ist für Menschen, die nicht in traditionellen Beziehungen leben, eine der wenigen Möglichkeiten, nach außen hin zu zeigen, daß sie eine besondere Beziehung zu den Verstorbenen hatten. Deswegen ist es manchmal so ein harter Schlag, wenn der Name nicht mit aufgeführt wird, wie Knaar in ihrem Interview sagte:

»Für mich war es wirklich schrecklich, daß mein Name nicht unter der Anzeige stand, sondern daß ich als 'eine der Freunde' aufgeführt worden war. Es war für mich die einzige Möglichkeit, nach außen hin zu zeigen, daß ich eine besondere Beziehung zu Lin hatte.«

Wenn die Beziehung von den Außenstehenden anerkannt wird – gleichgültig, ob es sich dabei um eine Liebesbeziehung oder eine besondere Freundschaft handelt –, bedeutet das, im Abschiedszeremoniell eine eigene Position zu erhalten. Es schafft auch die Möglichkeit, von anderen in Form von Briefen, Blumen, einem Gespräch oder Besuch Trost und Sympathie zu erhalten, je nachdem, wie die Trauergäste ihr Beileid zeigen möchten.

Weil es den Menschen nicht mehr anzusehen ist, ob sie »in Trauer sind«, müssen die Trauernden – oder wie wir sie auch nennen wollen – das Thema oftmals selbst ansprechen. Viele Menschen wagen es nicht, selbst danach zu fragen, weil sie Angst haben, die Privatsphäre der betreffenden Person zu verletzen, oder sie schweigen, weil sie nicht wissen, wie sie anfangen sollen. Das ist schade, weil die Hinterbliebenen es meist erleichternd finden, darüber zu sprechen. Aber sie trauen sich ihrerseits manchmal auch nicht, davon zu reden, weil sie fürchten, daß alle anderen sie allmählich als 'langweilige' GesprächspartnerInnen einschätzen. Vieles bleibt also unausgesprochen, und zwar hauptsächlich aus Unsicherheit.

Menschen nicht als Trauernde anzuerkennen ist aber nicht nur eine Angelegenheit zwischen der Familie einerseits und den Freundinnen und Freunden der Verstorbenen andererseits. Auch unter den Angehörigen oder im Freundeskreis kann Konkurrenz aufkommen, wenn es um die Antwort auf die Frage geht, wer denn eigentlich am traurigsten ist, wen der Verlust am schwersten trifft. Mink van Rijsdijk weist darauf hin, daß es oft so etwas wie eine Rangordnung gibt, die darüber entscheidet, wer am traurigsten ist oder sein darf. Sie zitiert aus einem Brief:

> »Als mein Großvater starb, war ich fünfzehn Jahre alt. Als ich weinte, wurde ich damit getröstet, daß das Ganze für meine Großmutter doch noch sehr viel schlimmer sei als für mich und ich mich deswegen zurückhalten sollte. Beim Tod meiner Schwester sollte mein Kummer geringer sein als der meiner Eltern. Als ich beim Tod meiner besten Freundin aufrichtig trauerte, wurde mir zu verstehen gegeben, daß ich mich nicht so anstellen sollte, denn ihr Mann und ihre Kinder hatten den unersetzlichen Verlust erlitten. Nicht ich, ich hätte doch sicherlich noch andere Freundinnen.«[13]

Van Rijsdijk stellt fest, daß wir uns so sehr an den Konkurrenzgedanken gewöhnt haben, daß wir sogar bei Trauer und Schmerz eine Meßlatte anlegen: »Nicht in erster Linie, um festzustellen, wer der Weltmeister in Traurigkeit ist, sondern um diejenigen, die weniger Anspruch auf Trauer haben, zum Schweigen und Stillhalten zu bewegen.«[14]

Auch in der Literatur zum Thema Trauerarbeit gibt es zahllose Untersuchungen zu der Fragestellung »Welcher Verlust trifft jemanden am schwersten«: Ist der Tod eines Kindes ›schlimmer‹, oder trifft uns das Sterben der Partnerin oder des Partners mehr? Anne Polet stellt fest, daß bisher zum Beispiel kaum untersucht worden ist, welche Auswirkungen der Tod einer Schwester oder eines Bruders hat. Sie zitiert einen Forscher, der bemerkt, daß Schwestern und Brüder offensichtlich die ›übersehenen‹ Trauernden sind – auch einander und sich selbst gegenüber.[15]

In schwulen und lesbischen Lebensbezügen sind Freundschaften sehr wichtig. Gerade in einer solchen Situation kann unbemerkt ein ›Wettkampf‹ in der Trauer entstehen, weil die Position von Freundinnen oder Freunden nicht klar definiert ist. Denn wer »die beste Freundin«, »eine gute Freundin« beziehungsweise eine »gute Bekannte« der Verstorbenen war, kann nicht anhand einer Heiratsurkunde entschieden werden. Marjo:

»Wir wollten den Sarg selbst tragen. Das war ein bißchen problematisch, denn es können nur sechs Personen den Sarg tragen, und damit entstand so etwas wie eine Hierarchie in der Freundschaft. Schließlich ging es dann von selbst, und es waren fast alles Freundinnen, die Ine schon lange kannten.«

Ob es einen Anspruch darauf gibt, den Sarg zu tragen oder vorne am Grab zu stehen, ist eine Frage von Absprachen und Eigeninitiative. Manchmal unterlassen es Menschen, für die eigenen Interessen einzutreten. Oft haben Freundinnen oder Freunde das Gefühl, sie seien aufdringlich. Gerade weil sie keine klar definierte Position haben, neigen sie eher dazu, den anderen die Initiative zu überlassen. Aber das kann dir später leid tun.

Die Anerkennung als Hinterbliebene ist besonders wichtig, wenn es um Selbstmord geht. Nach einem Selbstmord sind die Weiterlebenden oft auf der Suche nach dem Warum. Was hat diejenige, die Selbstmord begangen hat, dazu bewogen? Miteinander reden und das Analysieren der Ereignisse der letzten Zeit stillen ein wenig das Bedürfnis, ein Motiv zu finden. Briefe und Tagebücher können manchmal einen Anhaltspunkt bieten; in der Wohnung der betreffenden Person umherzulaufen oder deren Sachen durchzusehen können das wesentliche Bedürfnis, eine Antwort auf die eigenen Fragen zu erhalten, befriedigen.

Die niederländische Schriftstellerin Renate Dorrestein beschreibt, wie sie gemeinsam mit ihrer älteren Schwester die Wohnung der jüngsten Schwester aufräumte, die von einem Hochhaus gesprungen war:

»Und was trafen Mare und ich an, als wir am Tag vor dem Begräbnis ihr Zimmer (...) aufräumten? Wir fanden das, was sie selbst immer so genannt hatte: Meine Planung. (...) Jetzt sah ich diesen Plan zum ersten Mal mit eigenen Augen. Er umfaßte Dutzende von Seiten eines alten Kassenbuchs. Vom Montag bis zum Sonntag hatte meine Schwester exakt festgelegt, wie jede Minute ihres Lebens verbracht werden sollte. (...)
Es hat uns beide völlig aus der Fassung gebracht zu realisieren, wie wenig wir von der Unerträglichkeit des Alltags unserer Schwester wußten. Wenn wir ihr Leben schon nicht verstanden,

wie konnten wir dann je hoffen, ihren Tod zu begreifen. Schnell begannen wir, über die Dinge zu sprechen, die wir von ihr wußten, uns dabei in Wissen und Einsichten übertreffend.«[16]

Vor allem bei einem Selbstmord ist Offenheit sehr wichtig, und diejenigen, die der verstorbenen Person nahestanden, müssen die Gelegenheit haben, darüber zu sprechen und sich auszutauschen. Keine/r sollte das Gefühl haben, von wichtigen Informationen ausgeschlossen zu sein oder zu Sachen oder Aufzeichnungen keinen Zugang zu bekommen, die vielleicht Aufschluß über das Motiv geben. Ob eine Antwort dann tatsächlich gefunden wird, ist eine andere Frage. Jede Person sucht und konstruiert eine eigene Antwort, die auf den eigenen Fragen und dem eigenen Schuldgefühl basiert.

Die oben aufgelisteten Punkte – nicht als Hinterbliebene anerkannt zu werden, keine klar definierte Position einnehmen zu können, die Konkurrenz der Trauernden in der Frage, wer am traurigsten sei, ein Mangel an Offenheit – sind alle Folgen der Art und Weise, wie wir im allgemeinen mit dem Tod und der Bestattung umgehen.
Wenn wir das ganze »Geschehen um den Tod« offener angehen, wird es für alle Beteiligten einfacher, den Platz zu finden, der zu der eigenen Position und den eigenen Gefühlen paßt.

Ausgegrenzt

Wenn der letzte Wille von Verstorbenen nicht bekannt ist, treffen die nächsten Familienangehörigen meist die Entscheidungen. In vielen Fällen nehmen sie Kontakt zu dem Bestattungsunternehmen auf und organisieren alles. Für andere Hinterbliebene wie FreundInnen und LebensgefährtInnen, die eine weniger formale Beziehung zu der verstorbenen Person hatten, bedeutet das in manchen Fällen, ausgegrenzt zu werden.
Es gibt manchmal Uneinigkeiten darüber, was nach dem Tod getan werden soll – auch wenn es relativ selten zum offenen Streit kommt, weil es dafür nicht der richtige Zeitpunkt ist. Bei Unklarheiten bestimmt fast immer die Familie. Auf Grund eines ungeschriebenen Gesetzes gehen alle – sowohl die Familie als auch der Freundeskreis – davon aus, daß die Familie »die ältesten Rechte« hat. Die anderen treten fast automatisch einen Schritt zurück. Aus Respekt, aus Gewohnheit, weil 'die Familie' und 'die Angehörigen' in unserer

Gesellschaft nun einmal eine klar definierte Position einnehmen. In vielen Fällen setzen sich alle zusammen und treffen akzeptable praktische Vereinbarungen. Manchmal geht es jedoch schief, wie in dem Fall der lesbischen Frau, die tödlich verunglückte.

Vor allem wenn die Verstorbenen zu den nächsten Verwandten keine besonders gute Beziehung hatten, kann das Verhalten der Familie zu unerfreulichen und für die FreundInnen sehr verletzenden Situationen führen.

Die meisten Menschen gehen einfach davon aus, daß die Familie auch laut Gesetz das Recht hat, das Begräbnis von verstorbenen Angehörigen zu regeln. Das ist jedoch nicht gesetzlich festgelegt. Um solche Schwierigkeiten zu vermeiden, ist es daher ratsam, ein Testament zu verfassen, in dem die eigenen Wünsche genau festgelegt sind und bestimmt wird, wer die Durchführung auf sich nehmen sollte.

Abschied im Palmenhaus

Interview mit Esther

Esther ist 41, eine Frau mit Durchsetzungsvermögen, die immer alle Hände voll zu tun hat. Sie ist klein, hat lockige Haare und redet ganz fröhlich drauflos, jedoch mit einem sarkastischen Unterton.
Zusammen mit drei Freundinnen wohnte sie in einem Haus an einer Amsterdamer Gracht.
Marthe wohnte dort seit etwa fünf Jahren und war eine gute Freundin von Esther. In den letzten Jahren litt Marthe immer öfter unter Depressionen mit anschließenden hyperaktiven Phasen – der psychiatrische Fachausdruck dafür ist 'manisch depressiv'. Nach einer extrem manischen Periode, die mit viel Streit und Spannungen einherging und während der eigentlich keine mehr wußte, wie sie ihr helfen konnten, war Marthe wieder eingezogen. Sie war trübsinnig, verschlossen, hatte kaum Kontakt zu anderen Menschen und sah keinen Ausweg mehr. April 1987 setzte sie ihrem Leben ein Ende.

»Ich hatte gerade Pflanzen für den Garten gekauft und alles aus dem Kofferraum geladen, als plötzlich zwei Männer im Flur standen. Ich bin sehr erschrocken, denn es ist öfter vorgekommen, daß unverschämte Kerle bei uns eingedrungen waren, daher reagierte ich sofort sehr aggressiv. Es stellte sich jedoch heraus, daß es Polizeibeamte waren, die wissen wollten, ob Marthe in diesem Haus wohnte. Ich nahm an, sie hätte etwas angestellt, weswegen sie gesucht wurde, daher wollte ich diese Polizisten so schnell wie möglich loswerden. Daraufhin berichteten sie, daß Marthe in Bijlmermeer, einem Vorort von Amsterdam, von einem Hochhaus gesprungen war. Sie war tot.
Es war ein unglaublicher Schock für mich, ich war auf so etwas überhaupt nicht vorbereitet. Ich hatte sie zwar jeden Tag gesehen, aber hätte niemals vermutet, daß sie anscheinend versuchte, den Mut für ihren Selbstmord aufzubringen. Im nachhinein habe ich

viel Respekt für den Mut, ihren Plan in die Tat umzusetzen, weil sie für sich keine Zukunft mehr sah. Aber in diesem Augenblick war ich völlig erschüttert.

Fannie, eine meiner Mitbewohnerinnen, war auch zu Hause. Wir haben daraufhin gleich unsere andere Hausbewohnerin bei der Arbeit angerufen und auch eine gute Freundin, die sofort kam.

Als erstes mußten wir Marthes Eltern anrufen. Wir hatten die ganze Zeit einen guten Draht zu ihren Eltern gehabt. Vor allem Marthes Mutter kam regelmäßig nach Amsterdam. Es sind ganz nette Leute, die in einem katholischen Dorf in der Provinz Brabant, im Süden der Niederlande, wohnen. Sie sind jedoch aufgeschlossen genug zu akzeptieren, daß ihre Tochter Lesbe war. Marthe redete immer ganz offen über ihr Leben, nahm auch ihre Freundinnen mit zur Familie. Einige Monate zuvor hatten sie noch eine Weile hier gewohnt, weil sie versuchen wollten, Marthe zu helfen. Sie waren sehr betroffen und machten sich große Sorgen um Marthe.

Das Telefonat war natürlich grauenhaft. Wir mußten uns überlegen, was jetzt geschehen sollte. Marthe hatte keinen Hinweis hinterlassen. Sie hatte ihre Wohnung zwar ordentlich aufgeräumt, aber keinen Abschiedsbrief zurückgelassen, nichts. Wir hatten keine Ahnung, was sie wollte, ob sie verbrannt oder begraben werden wollte; aber wir waren schon der Ansicht, sie sollte begraben werden, und zwar hier in Amsterdam.

Obwohl es uns furchtbar schwerfiel, mußten wir ihre Eltern doch noch einmal anrufen, um das weitere Vorgehen mit ihnen zu besprechen. Dabei stellte sich jedoch heraus, daß sie davon ausgingen, Marthe würde in Brabant begraben werden. Ich konnte zunächst gar nicht reagieren, damit hatte ich überhaupt nicht gerechnet, denn Marthe wohnte bereits seit 20 Jahren in Amsterdam. Ihr ganzes Leben, ihre Freundinnen, ihre Arbeit, alles hatte sich hier abgespielt. Aber für ihre Eltern war es anscheinend genauso selbstverständlich, daß sie in Brabant begraben werden sollte. Obwohl ihr Vater es nicht aussprach, hatte er etwas Vorwurfsvolles – gegen uns, gegen die Stadt, gegen die andere Art zu leben, für die Marthe sich entschieden hatte. So etwas wie: 'Da sieht man mal wieder, was dabei herauskommt, wenn eine Frau lesbisch wird und ausschließlich mit Frauen lebt, das kann einfach nicht gut gehen, das ist der eigentliche Grund für alles.' Wenn es nach ihnen gegangen wäre, wären sie am liebsten am gleichen Tag noch mit einem VW-Bus vorbeigekommen, um Marthe aus diesem Sündenbabel herauszuholen und mitzunehmen.

Zwischen uns gab es den absoluten Kurzschluß am Telefon, wir waren völlig überrascht und wußten nicht mehr, was wir tun sollten. Aber auf der anderen Seite waren die Eltern außer sich vor Kummer, es war nicht der richtige Augenblick, sich zu streiten. Wir fühlten uns vollkommen machtlos. Wir haben noch einige Male angerufen, es war alles unsäglich mühsam. Immer wieder war es Marthes Vater, der den Hörer abnahm, und mit ihm konnten wir nichts bereden, er war völlig unzugänglich und wollte nichts von einem Begräbnis in Amsterdam wissen.

Mit unendlicher Mühe bekamen wir dann schließlich Marthes Mutter ans Telefon. Es war schwierig, mit ihr zu reden, denn sie mußte die ganze Zeit fürchterlich weinen. Sie wollte eigentlich nichts damit zu tun haben. Im Gespräch mit ihr stellte sich jedoch heraus, daß dort inzwischen eine Diskussion zwischen Marthes Eltern und ihren Brüdern und Schwestern darüber entbrannt war, wie es nun weiterginge, ob sie in Amsterdam oder in Brabant begraben werden solle. Die Familie war geteilter Meinung. Ihre Mutter sagte, daß sie darüber gesprochen hatten und es vielleicht eine gute Idee sei, wenn wir eine Art Trauerfeier in Amsterdam organisierten und Marthe dann anschließend in Brabant begraben werden würde. Wir verstanden anfänglich nicht genau, was damit gemeint war. Aber es war sozusagen das letzte Angebot, daher konnten wir dem nur zustimmen. Es war nicht möglich, darüber noch einmal in aller Ruhe zu sprechen.

Beim nächsten Anruf wurde uns dann klar, daß sie planten, mit der ganzen Familie nach Amsterdam zu kommen; hier sollte die einzige Trauerfeier stattfinden und in Brabant nur noch das Begräbnis, ohne weitere Feierlichkeiten. Das war eigentlich eine ziemlich radikale Lösung, mit der wir schon gar nicht mehr gerechnet hatten und die uns einige Magenschmerzen bereitete. Denn in diesem Fall mußten wir die Familie doch weitaus mehr berücksichtigen, als wenn nur Freundinnen und Freunde unter sich wären.

Ich habe die halbe Nacht nicht geschlafen, weil ich die Feier nicht in so einem Allerwelts-Trauerzentrum stattfinden lassen wollte. Diese kühlen, sogenannten modernen Gebäude aus 'Naturstein' finde ich gräßlich, jede Emotion wird dort fachkundig erstickt. Wenn wir etwas organisieren wollten, das mehr mit Marthes Leben und unserem eigenen Empfinden im Einklang stand, sollte es doch auf jedem Fall an einem Ort sein, wo unser Gefühl angesprochen werden konnte.

Modern

Am nächsten Morgen kamen Marthes ältester Bruder und eine ihrer Schwestern, um zusammen mit uns und dem Bestattungsunternehmen die Trauerfeier und alles Weitere zu organisieren. Der Bestatter entsprach voll und ganz meinen sämtlichen Vorurteilen. Er pries die Vorteile der angenehmen, beruhigenden Atmosphäre des Trauerzentrums und die warmen Farben der Stühle. Er zeigte uns ein Bild von einem kahlen Gelände mit so einem vorbildlichen, modernen Gebäude. Ich dachte mir noch: 'Das entspricht nun wirklich haargenau dem, was ich nicht will.' Er benahm sich auch so, als ob er unseren Wunsch nach einem persönlicheren Ort für den Abschied nicht ernst nahm.

Daraufhin haben wir uns mit der Hausgemeinschaft ans Telefon gehängt, um uns nach anderen Räumlichkeiten zu erkundigen: das *Shaffy Theater*, das *Frascati*, das *Odeon*, alle mitten in der Stadt. Das Gute dabei war, daß sie zum Beispiel im *Odeon* unseren Wunsch ganz freundlich aufnahmen. Sie waren überrascht: 'Wir sind eigentlich nicht gewohnt, so etwas zu organisieren.' Aber im Prinzip waren sie nicht dagegen. Sie fragten uns, ob es gesetzlich gestattet sei, eine Frage, auf die wir keine Antwort parat hatten. Es gab keine gesetzlichen Hindernisse, mußte der Bestattungsunternehmer schließlich zugeben. Es war wirklich lästig, daß er unsere einzige Informationsquelle war. Denn es war eigentlich nicht in seinem Interesse, uns zu unterstützen.

Das *Odeon* war an diesem Morgen nicht frei, aber daß die Menschen dort so freundlich reagiert hatten, gab uns den Mut weiterzusuchen. Wir standen unter einem fürchterlichen Zeitdruck, wir mußten alles innerhalb von einer Stunde regeln, denn die Trauerkarten mußten gedruckt werden. Inzwischen waren Marthes Bruder und der Bestatter gemeinsam dabei, den Sarg auszusuchen und das Begräbnis zu organisieren.

Und dann rief eine Freundin an – es riefen übrigens dauernd Leute an –, und sie hatte die phantastische Idee, den Hortus Botanicus, den

Botanischen Garten der Amsterdamer Universität, zu fragen. Marthe hatte dort im Palmenhaus einige Male Fotos gemacht. Es war ein Ort, an dem sie sich immer gerne aufgehalten hatte. Außerdem ist es dort sehr schön. Wir haben sofort im Hortus angerufen; ein ganz freundlicher Mann nahm den Hörer ab. Er meinte zwar, es sei eine sehr ungewöhnliche Bitte, konnte sich aber nicht vorstellen, warum es nicht möglich sein sollte. In fliegender Eile sind wir dann zusammen mit Marthes Schwester zum Botanischen Garten gefahren, um die Örtlichkeiten in Augenschein zu nehmen. Das Palmenhaus ist ein schönes, besonders großes Glashaus aus dem Ende des vorigen Jahrhunderts, voller hoher Palmen und kleiner Wasserfälle. Zwischen den Bäumen schlängelt sich ein schmaler Pfad, und es gibt eine kleine, offene Terrasse, wo wir den Sarg aufstellen konnten. Aber es war alles viel zu eng, es gab nicht annähernd genügend Platz für die etwa 100 Menschen, die wir erwarteten. Der Mann vom Botanischen Garten sah darin jedoch überhaupt kein Problem und sagte: 'Dann werden wir diese Bäume einfach mal ein bißchen zur Seite rücken', während er auf einige gigantische Palmen wies, 'und dann werden wir hier sicherlich noch ein bißchen mehr Platz schaffen können.' Er sah es genau vor sich. Dann stellte sich heraus, daß sich gegenüber von dem Palmenhaus ein ungenutztes Seminargebäude mit einer großen Eingangshalle befand. Wir konnten diese Halle unter der Bedingung, daß wir selbst dort Ordnung schaffen würden, nutzen. Das war die Lösung, es war ein großer Raum, in dem wir uns alle versammeln und von dort aus gleich in den Botanischen Garten zu dem Palmenhaus gehen konnten.

Wir waren alle begeistert, auch weil der Mann im Botanischen Garten uns so ermutigt hatte. Marthes Schwester war auch davon überzeugt, daß Marthe es genauso hätte haben wollen. Damit stand die Entscheidung fest. Zu Hause konnten wir dem Bestattungsunternehmer dann triumphierend mitteilen, daß wir einen geeigneten Platz gefunden hatten und die Karten gedruckt werden konnten: Am Donnerstag eine Trauerfeier im Botanischen Garten, und am nächsten Tag das Begräbnis in Brabant.
Es war wirklich eine große Erleichterung für mich, daß wir dieses Problem gelöst hatten. Ich fand es außerordentlich wichtig, zusammen, mit all ihren Freundinnen und Freunden, auf eine gute Weise Abschied von Marthe zu nehmen.

Abgesehen davon war ich auch ganz froh darüber, daß wir uns nicht von dem Bestattungsunternehmer hatten einschüchtern lassen. Wir machten mit ihm aus, daß er den Sarg zum Botanischen Garten überführen würde.

Berühren

Am Abend sind wir dann zu dritt zum Trauerzentrum gefahren. Wir wurden in einen kleinen Raum geführt, in dem der Sarg stand, mit einem Glasdeckel darüber. Ich fand es unheimlich, ich befürchtete, Marthe würde schrecklich aussehen. Das war aber Gott sei Dank nicht der Fall, auch wenn sie einen harten Zug um den Mund hatte, mit nach unten gezogenen Mundwinkeln eines Menschen, der sich zusammengenommen hat, um etwas Schreckliches auszuführen. Aber ansonsten sah sie ganz normal aus; ihr Haar saß nicht richtig, und sie hatte ihre Brille nicht auf, die war zerbrochen. Wir haben schließlich darum gebeten, den Glasdeckel zu entfernen, damit wir ihre Haare in Ordnung bringen konnten. Das war für mich wirklich unheimlich, ich habe mich nicht getraut, sie zu berühren. Fannie hat sie gekämmt. Es war wirklich eine große Erleichterung, als Marthe wieder wie gewohnt aussah. Danach haben wir noch hin und her überlegt, ob wir ihr die Brille wieder aufsetzen sollten, so daß sie aussah wie zu ihren Lebenszeiten. Schließlich haben wir es doch nicht getan, denn eine Brille vor geschlossenen Augen hätte auch merkwürdig ausgesehen. Wir haben noch lange am Sarg gesessen, dann war es auch gar nicht mehr unheimlich.
Es kamen immer einige Menschen vorbei, das war sehr angenehm. Zum Beispiel eine Freundin von Marthe. Ich dachte dann sofort, mein Gott, es kommt Besuch, aber sie hat sich einfach dazugesetzt und mit uns zusammen überlegt, was zu tun sei. Wir bildeten so eine Art Komitee für die Gestaltung der Trauerfeier, das war eine ganz praktische Art, mit unserem Schreck und dem Kummer umzugehen. Wir haben Tische und Stühle gemietet, und Kolleginnen von Marthe aus der Frauenkneipe *Saarein* sorgten für Essen und Getränke, darüber mußten wir uns also gar keine Gedanken machen. Wir mußten Blumen und Musik für den Saal bestellen und ein Programm zusammenstellen, wer etwas sagen würde.

Inzwischen hatte sich die Familie in Brabant um die Karten und die Anzeige gekümmert. Nachdem ihr Bruder und die Schwester hier gewesen waren, hatte es sich ganz natürlich entwickelt, daß wir alles zusammen überlegten, die Spannung war vorüber. Sie riefen uns an, um den Text der Karte vorzulesen, und fragten, ob wir einverstanden wären und ob wir auch genannt werden wollten. Natürlich waren wir einverstanden, aber es war vor allem gut, daß sie uns miteinbezogen hatten.

Wir wollten selbst auch eine Anzeige in den Tageszeitungen aufgeben. Es hat endlos gedauert, sich einen guten Text auszudenken. Inzwischen mußten wir eine Adressenliste erstellen, um die Karten zu versenden. Es ist seltsam, wenn du so einen Kalender durchsiehst, dann denkst du leicht: 'Ach nein, die brauchen wir nicht einzuladen', oder auch: 'Na, mit dem hat sie zuletzt doch gar keinen Kontakt mehr gehabt.' Das hat dann auch wieder Stoff für Diskussionen geliefert; das sei nicht der richtige Ansatz, es sei im Gegenteil wichtig, eine solche Nachricht möglichst vielen Menschen zuzuschicken.

An diesem Nachmittag haben wir hart gearbeitet, um den Saal etwas schöner zu machen. Marthe war Fotografin, daher haben wir überall große Fotos aufgehängt, die sie gemacht hatte. Es waren viele Freundinnen dabei, die uns geholfen haben, das lief alles wie von selbst.

Palmenhaus

Am Morgen kam Marthes Familie aus Brabant zuerst zu uns nach Hause, um Kaffee zu trinken. Für sie war der Besuch sehr emotional geladen; sich in Marthes Etage zu bewegen, wider besseres Wissen auf der Suche nach einem Brief oder einer Nachricht.

Danach sind wir mit unseren eigenen Autos zum Botanischen Garten gefahren. Der Bestattungsunternehmer hatte den Sarg bereits hingebracht. Den haben wir dann in das Palmenhaus gestellt, zwischen die Palmen, mit vielen Blumen darum herum. Es war schön und auch ganz ruhig, all das Grün und all die Blumen und das Geräusch von tropfendem Wasser. Ich hatte wirklich das Gefühl, daß sie hier gut lag.

Das Personal vom Botanischen Garten war sehr hilfsbereit, sie hatten die Palmen verschoben und die Temperatur im Glashaus gesenkt, damit es nicht allzu warm war. Es blieb immer jemand bei Marthe.

Im Saal waren inzwischen eine Menge Menschen versammelt; dort haben wir dann die Trauerfeier gehalten: einige Freundinnen haben etwas vorgelesen, etwas über Marthe erzählt, Musik gespielt und chinesisches Feuerwerk angezündet. Marthes Bruder hat einen Text vorgelesen. Es war ein warmes, intimes Treffen. Wir saßen da alle zusammen mit unserer Trauer und unserer Ohnmacht. Ich bin nicht jemand, der so leicht öffentlich weint, aber ich habe dort ununterbrochen geweint. Wahrscheinlich, weil die Umgebung ganz normal war, nicht steif; es war nicht schwer, sich dort seinen Gefühlen zu überlassen. Es war irgendwie ganz tröstlich, daß wir dort alle zusammen saßen, Freundinnen, Freunde, Marthes Familie.

Danach konnten alle durch den Botanischen Garten in das Palmenhaus gehen, um Abschied von Marthe zu nehmen. Es war eine lange Menschenschlange, die am Sarg vorbeiging. Manchmal blieb jemand eine Weile auf einer Bank sitzen oder lief durch den Botanischen Garten und kam wieder zum Glashaus zurück. Es war schönes Wetter, und während wir zum Glashaus gingen, ging ein Brautpaar in den Botanischen Garten, um Fotos machen zu lassen. Das fand ich phantastisch, die Absurdität von Leben und Tod, wirklich beruhigend, Marthe hätte es bestimmt auch schön gefunden.

Es war gut, daß der Sarg so lange dort stand, daß jede sich hinsetzen konnte, sie berühren, etwas in den Sarg legen, sich einfach Zeit lassen konnte. Es war möglich, sich langsam mit dem Gedanken vertraut zu machen, daß sie nicht mehr da war, sie war kalt, die Seele war nicht mehr da. Ich denke eigentlich, daß viele von uns noch nie eine Tote gesehen hatten. Aber weil sie einfach da war und nicht in so einer komischen Leichenhalle lag, wo dir nicht klar ist, was erlaubt ist und was nicht, war es weniger entfremdend.

Nach etwa anderthalb Stunden hat Marthes Familie sich verabschiedet, und wir haben den Sarg geschlossen. Ich hatte mir vorher nicht klargemacht, daß der Augenblick, in dem der Sargdeckel geschlossen wird, so schwer ist. Die Tote entschwindet einfach deinem Blickfeld, sie ist wirklich weg. Es wurde auf einmal sehr feierlich. Wir waren 10 oder 12 Personen, und alle faßten einen Teil vom Deckel an. Wir haben ihn gemeinsam auf den Sarg gelegt und anschließend die Schrauben angezogen.

Danach wurde der Sarg vom Bestattungsunternehmen abtransportiert und bis zum nächsten Tag wieder in die Leichenhalle gebracht. Marthes Familie fuhr dann wieder nach Hause. Sie waren natürlich ziemlich traurig, aber auch dankbar, weil es so ein schöner Abschied gewesen war. Trotz Marthes abschreckendem Tod hatten sie doch die

Liebe und die Wärme gespürt, die da waren. Marthes ältester Bruder, der sich vorher immer sehr kühl und distanziert benahm, sagte, daß alle Emotionen, die er um sich gesehen und verspürt hatte, ihm sehr geholfen hätten. Er konnte sich nicht an ein Begräbnis erinnern, bei dem geweint worden war. Von dem Augenblick an war er sehr offen und sehr nett.

Der Bestattungsunternehmer erzählte uns später, daß die zuständige Behörde sich im Botanischen Garten umgesehen hatte, um zu kontrollieren, ob auch alles seine Richtigkeit hatte. Für sie war es auch etwas Neues; sie hatten uns gelobt, es war alles in Ordnung ... Das haben wir dann einfach als Kompliment aufgefaßt.

Verschwörung

Früh am nächsten Morgen sind wir mit einem ganzen Autokorso vom Trauerzentrum aus hinter dem Sarg nach Brabant gefahren. Wir waren etwa 20 Frauen.

Wir hatten verabredet, daß der Sarg am Eingang der Kirche stehen sollte und wir uns dann sammeln würden, um zum Friedhof neben der Kirche zu gehen. Marthe war überhaupt nicht religiös, sie hatte sich ganz eindeutig von der Kirche und allem, was damit zusammenhing, losgesagt. Ein Gottesdienst war daher nicht angebracht. Aber es kam alles ganz anders. Der Sarg wurde auf einen kleinen Wagen gestellt und in die Kirche gefahren, zum Altar. In der Kirche war es voll. Anschließend fand eine Art Messe statt, mit einem Priester, der mit lauter Stimme verkündete, daß Gott den Sündern vergebe, auch wenn es sich um Selbstmörder handele. Ich fand es schrecklich und auch erniedrigend, gerade weil Marthe niemals etwas mit der Kirche zu tun haben wollte. Aber aus Respekt vor Marthes Eltern, die anscheinend wirklich Trost in diesem Ritual fanden, haben wir es bis ans Ende der Messe ertragen.

Daraufhin wurde der Sarg aus der Kirche zum Friedhof gefahren. Marthes Familie holte uns wirklich dazu, um den Sarg zu begleiten. Auf dem Friedhof war eine kleine Kapelle, bei der der Leichenzug innehielt. Der Pfarrer fing aufs neue an zu beten und die Vergebung der Sünden zu erflehen. Der Bestattungsunternehmer machte einen Versuch, die Sache wieder in den Griff zu bekommen, und sammelte uns in einem Kreis um den Sarg herum. Wir standen da eine Weile, und dann war es auf einmal zu Ende. Es wurde uns langsam klar, daß wir jetzt alle gehen sollten und der Sarg mitten auf dem Friedhof zurückbleiben würde.

Niemand von uns war damit einverstanden, daher nahmen wir den Bestattungsunternehmer zur Seite und sagten ihm, daß wir den Sarg zum Grab bringen und ihn dann absenken wollten. Der Bestatter, der sich seit dem vorigen Tag eigentlich auf unsere Seite geschlagen hatte, machte sich daran, dies zu regeln. Es stellte sich heraus, daß es überhaupt nicht üblich war, den Sarg zu begleiten, und es entwickelte sich eine Art Streit zwischen 'unserem' Bestattungsunternehmer und dem Friedhofsverwalter. Es war eine komische Situation, sie ähnelte einer Verschwörung: Wir hatten uns überall auf dem Friedhof versteckt und warteten, bis alle anderen Menschen gegangen waren. Dann sagte der Bestattungsunternehmer so etwas wie: 'Kommen Sie, meine Damen, die Luft ist rein', und wir wagten uns wieder aus dem Versteck. Marthes ältester Bruder mit seiner kleinen Tochter und die jüngste Schwester kamen auch wieder zurück, und dann haben wir den Sarg zum Grab gebracht, etwas weiter weg. Dort war noch ein Friedhofsarbeiter beim Ausgraben, er ist furchtbar erschrocken, so etwas hatte er noch nie erlebt. Anschließend haben wir alle zusammen den Sarg mit Seilen abgesenkt, das war sehr schwer und etwas unheimlich. Das Loch war sehr tief, und wir mußten aufpassen, nicht hineinzufallen. Aber es war befriedigend, das ganze Zeremoniell zu beenden und Erde auf den Sarg zu streuen. Wir standen noch eine Weile dort herum und warfen immer wieder eine Handvoll Erde oder einige Blumen nach unten. Auf einmal kam der Küster schreiend angerannt. Es wäre eine Schande, was wir dort machten, was bildeten wir uns ein, es wäre eine Entweihung dieses heiligen Ortes. Ich weiß nicht genau, was er alles schrie, er war wütend. Wir haben gekichert, sind dann aber so schnell wie möglich gegangen. Zusammen mit Marthes Bruder, der in dem Dorf zu den Honoratioren gehört, wurden wir wie freche Kinder vom Friedhof gejagt. Aber es störte uns nicht besonders, wir hatten getan, was wir gerne tun wollten. Irgendwie war es auch ganz angenehm, sich an diesem fürchterlichen Gottesdienst zu rächen.

Familie

Am schwierigsten an der ganzen Angelegenheit fand ich das Verhältnis zu ihrer Familie, vor allem zu ihren Eltern. Wir waren 'nur' die Freundinnen, und uns stand formal noch nicht einmal das Recht zu, überhaupt etwas zu wollen. Marthe war schließlich ihr Kind, und ich glaube, sie hatten ganz stark das Gefühl, daß sie die Entscheidungen treffen sollten. Als wir sagten, daß sie hier in Amsterdam begraben werden könnte, und auch später, als wir Abschied von ihr nehmen wollten, so wie wir uns das vorstellten, waren wir von ihrem Wohlwollen abhängig. Hätten sie nicht zugestimmt, hätten wir nichts dagegen tun können. In so einem Augenblick kannst du dich wirklich nicht streiten. Glücklicherweise ist alles gut gegangen, aber das ist der Offenheit von Marthes Familie zu verdanken, die schließlich einsah, daß Marthes Leben sich zum größten Teil in Amsterdam abgespielt hatte, und daß sie das nicht einfach ignorieren konnten. Im nachhinein habe ich mich damit abgefunden, daß sie in Brabant begraben worden ist. Es ist schließlich das Dorf, in dem sie geboren wurde und wohin sie trotz aller Schwierigkeiten immer noch gerne kam. Außerdem glaube ich, daß es für ihre Familie sehr wichtig ist, das Grab besuchen zu können, und daß es bei ihnen in der Nähe ist.«

3

Mit dem Tod umgehen

Sterben und Tod sind Themen, die Menschen zu allen Zeiten und in allen Kulturen gemeinsam waren. Es heißt, der Unterschied zwischen Menschen und Tieren liege hauptsächlich in der Tatsache, daß Menschen sich ihrer Sterblichkeit, ihres gewissen Todes bewußt sind. Die ersten Spuren, die von menschlichen Wesen gefunden wurden, hatten mit Ehrbeweisen für die Toten zu tun: Gräber in den Grotten prähistorischer Menschen, Hünengräber und Pyramiden. Aus den Zeichnungen und den gefundenen Grabbeigaben läßt sich schließen, daß es nicht nur bestimmte Rituale beim Begräbnis gab, sondern auch Vorstellungen über das Leben nach dem Tod: eine Unterwelt, eine bessere Welt oder etwas Ähnliches. Es war die Aufgabe der Lebenden, durch ein geeignetes Abschiedsritual die Toten auf ihrem Weg in die andere Welt zu unterstützen, damit ihre Seelen nicht herumirren mußten. Den Toten wurde auch praktisch geholfen mit Nahrung, Geld für den Fährmann, der sie über den Totenfluß setzte, mit Waffen, Kleidung, Werkzeugen, SklavInnen, und manchmal mußten sogar die Ehefrauen sterben, um ihre Männer zu 'begleiten'.[17]

In verschiedenen Zeiten und Kulturen wurden immer wieder Rituale gefunden, um mit der Angst vor dem Tod und dem Unbekannten umgehen zu können. Auffallend ist das gemeinsame Bedürfnis nach »etwas, was danach kommt«, um die Bedrohung zu bannen und eine Antwort auf die offenbar allgemein menschliche Frage zu finden, was nach dem Tode geschieht.

Exodus aus den Kirchen

In der westlichen Welt hat das Christentum jahrhundertelang das Denken über den Tod bestimmt: Dem Leben folgen Lohn oder Strafe, Himmel oder Fegefeuer. Das Leben ist eine Pflicht, die erfüllt werden muß, ein vorübergehender Aufenthaltsort oder ein Schritt auf

Pinguinsammler in dem Kostüm, das ihm als Totenhemd dienen soll

dem Weg zum ewigen Leben. Wie auch immer, das wahre Ende des Lebens ist schließlich die Auferstehung und das ewige Leben, eine schöne Perspektive. Es darf dabei aber nicht unerwähnt bleiben, daß für 'SünderInnen' oder Menschen, die ein den Vorschriften der Kirche nicht entsprechendes Leben führten, die Aussichten auf ein Leben nach dem Tod sehr viel weniger rosig sind. Die Kirche bot jedoch in der Vergangenheit mit ihren klaren Aussagen und sichtbaren Ritualen eine Stütze.

Indem der Einfluß der Kirche abnimmt, werden auch die Vorstellungen über das Jenseits und ein besseres Leben nach dem Tod unklarer. Übrig bleibt das große NICHTS: Nach dem Leben folgt nichts mehr, es gibt keine andere Bestimmung nach dem Tod. Fragen nach dem Sinn des Lebens bleiben ohne Antwort, das tägliche Leben ist alles, was es gibt. Die Kluft zwischen Leben und Tod ist sehr tief geworden, es ist eine Frage des Alles oder Nichts. Der Abstand ist fast unüberbrückbar. Dadurch kann der Tod furchterregend werden, ein Thema, mit dem wir uns so wenig wie möglich auseinandersetzen möchten. Und genau das ist auch in den Nachkriegsjahren geschehen. Alle sichtbaren Zeichen des Todes sind allmählich verschwunden: das Tragen von Trauerkleidung, Geschäfte mit Trauerartikeln, Begräbniszüge. Menschen reden nicht mehr über den Tod.

Einige Trauergebräuche in den Vereinigten Staaten sind beredte Beispiele dafür, was geschieht, wenn der Tod so weit wie möglich geleugnet wird. Trauerzimmer werden *slumberrooms*, 'Schlummerzimmer' genannt, und der gesamte Prozeß des Abschiednehmens ist darauf ausgerichtet, den Eindruck zu erwecken, *die Toten seien noch am Leben*. Die Toten dürfen vor allem nicht wie Leichen aussehen: Menschen werden beispielsweise auf einem Stuhl sitzend aufgebahrt oder, im Falle eines Musikliebhabers, am Klavier sitzend. Ein niederländischer Bestattungsunternehmer berichtete darüber in der Zeitung *Trouw*:

>»In Amerika beseitigt der Unternehmer mit der Formalinspritze auch noch das letzte Fältchen. Manchmal erkennen die Hinterbliebenen nicht einmal mehr den Verstorbenen. Eine Großmutter mit 89 Jahren liegt nach der Einbalsamierung da wie eine Frau in der Blüte ihrer 54 Jahre. In den Niederlanden steht ein solches Vorgehen auch im Widerspruch zu den ethischen Normen des nüchternen Calvinisten.«[18]

In diese Richtung wird die Entwicklung in den Niederlanden gewiß nicht gehen. Aber die Angst vor und die Unvertrautheit mit dem Tod, die in den Vereinigten Staaten recht extreme Formen angenommen haben, haben auch in den Niederlanden deutliche Spuren hinterlassen.

Die medizinische Wissenschaft

Die Entwicklung der Medizin in den letzten 30 Jahren ist einer der Faktoren, der die Leugnung des Todes begünstigt hat. Lange Zeit hatte es den Anschein, als seien die Möglichkeiten des medizinischen Wissens und Könnens grenzenlos. Die ärztliche Ethik, das Leben um jeden Preis zu verlängern, paßte gut zu der Gewohnheit, den Tod soweit wie möglich zu ignorieren. Solange ein Mensch noch atmete, bestand Hoffnung auf Genesung. Das Leben konnte immer weiter hinausgezögert werden, die technischen Hilfsmittel schienen unerschöpflich: Fast konnte der Mensch den Tod besiegen. Um noch ein amerikanisches Beispiel zu nennen: Reiche AmerikanerInnen ließen sich unmittelbar nach ihrem Tod einfrieren. Sie waren davon überzeugt, daß in nicht allzulanger Zeit die Medizin Mittel und Wege finden werde, sie wieder aus ihrem Todesschlaf zu erwecken.

Diese Möglichkeit ist bis heute nicht gefunden. Aber dennoch sind die MedizinerInnen immer öfter diejenigen, die über Leben und Tod entscheiden. Der Tod wird nicht länger als unvermeidlich betrachtet oder als 'Gottes Wille' akzeptiert. Er scheint eher das Ergebnis eines Scheiterns der medizinischen Wissenschaft zu sein als ein natürliches Geschehen. Wenn Menschen unserer Meinung nach zu früh sterben, wird das beinahe als ein Irrtum oder als ein großes Unrecht angesehen: »Hätte nicht noch etwas getan werden können?« Wir können es manchmal nicht fassen, daß es keine Heilung, keine medizinischen Möglichkeiten mehr geben soll. Die Vorstellung einer grenzenlosen medizinischen Erkenntnis hat dazu beigetragen, daß wir den Tod immer mehr aus unserem Bewußtsein verdrängen konnten.

Erziehung

Kinder werden heutzutage wenig mit dem Tod konfrontiert, der Tod kommt in einem Kinderleben nicht mehr so oft vor. Und wenn es doch geschieht, häufig beim Tod der Großmütter oder Großväter, versuchen die Erwachsenen meistens, sich vor klaren Aussagen zu drücken. Bis vor einigen Jahren galt allgemein die Auffassung, es sei nicht gut, mit Kindern über den Tod zu reden, es sei kein Thema, das zu einer unbeschwerten Jugend gehöre. »Oma kommt nicht mehr wieder« oder »Oma ist in Urlaub« sind die vagen Mitteilungen, mit denen sich Kinder zufriedengeben sollen. Sie werden nicht zur Beerdigung mitgenommen, aber unlogischerweise später trotzdem mit zum Grab. Dort »liegt Oma« dann – eine verwirrende Erklärung, die viele Kinder ohne Nachfrage akzeptieren. Kein Wunder, daß wir als Erwachsene nicht richtig wissen, wie wir mit dem Tod umgehen sollen. Als Kinder lernen wir nichts über den Tod oder darüber, wie Kummer oder Trauer bewältigt werden können. Die einzige Botschaft, die uns im Zusammenhang mit dem Tod vermittelt wird, ist in vielen Familien die Bedeutung einer Begräbnisversicherung: Die Finanzen müssen auf jeden Fall geregelt sein. Ansonsten haben wir nur gelernt, über den Tod zu schweigen und dieses Thema soweit wie möglich aus unserem Leben zu verbannen.

Veränderung in der Denkweise

In den letzten Jahren setzt langsam eine Veränderung in der Anschauungsweise ein. Kritik am Funktionieren der medizinischen Wissenschaft wird laut. Das bedenkenlose Verlängern des Lebens stößt immer häufiger auf Einwände, wenn die *Qualität* des Lebens nicht mehr als ausreichend angesehen wird: Wenn die Gehirnfunktionen ausgefallen sind, ist das dann noch Leben? Darf ein Leben immer weiter verlängert werden, wenn keine Aussicht auf Heilung besteht? Wir sind viel kritischer gegenüber solchen Errungenschaften der Medizin geworden. Wir würden es vorziehen, den schrankenlosen Einsatz der Apparatemedizin in seine Grenzen zu weisen. Einem Patienten im Endstadium, der im Sterben liegt, möchten wir keine Penizillinbehandlung gegen eine neu aufgetretene Lungenentzündung zumuten. Das Leiden darf nicht ohne guten Grund verlängert werden.

Die Euthanasiediskussion* hat einen neuen Aspekt in die Debatte gebracht: Es ist nicht in jedem Fall besser weiterzuleben, wenn dieses Leben keine Zukunft mehr hat. In manchen Fällen ist der Tod dem Leben vorzuziehen.

---

* Zur Euthanasiediskussion in den Niederlanden und Deutschland vgl. das Vorwort zur deutschen Ausgabe.

Über den Tod und darüber, was mit der Seele oder dem Geist nach dem Tod des Körpers geschieht, wird wieder häufiger gesprochen und nachgedacht. Die Aufmerksamkeit für paranormale Erscheinungen nimmt zu: Es erscheinen Bücher, die aus anderen Dimensionen diktiert wurden, und es gibt Menschen, die von Kontakten mit Verstorbenen erzählen. Es werden immer mehr Berichte von Menschen über ihre Erfahrungen nach dem klinischen Tod bekannt. Das Interesse für andere, nicht westliche Religionen hat ebenfalls zugenommen; der Reinkarnationsgedanke verbreitet sich und damit die Vorstellung, daß dieses Leben nur eines von vielen darstellt. In der Universitätsklinik Amsterdam wurden 'Winti-Säle' für Menschen aus Surinam eingerichtet, die ihre Zeremonien bei Geburten und in Sterbefällen vollziehen wollen.[19]

So gibt es wieder mehr Menschen, die an die Unsterblichkeit der Seele glauben oder zumindest davon überzeugt sind, daß es mehr gibt als nur das sterbliche Leben. Daraus folgt, daß der Tod nicht länger voller Angst aus dem Alltagsleben verbannt wird und die Neugierde darauf wieder zunimmt, was es nach dem Tod noch geben könnte.

Elisabeth Kübler-Ross hat sehr viel über den Sterbeprozeß geforscht. Sie untersuchte mit einem Forschungsteam in verschiedenen Kulturen 20 000 Fälle von Menschen, die nach ihrem klinischen Tod wieder ins Leben zurückkamen. Sie gelangte immer wieder zu dem gleichen Ergebnis, daß nämlich Menschen das Verlassen ihres Körpers als ein angenehmes Gefühl beschreiben, als würden sie neu geboren. Die meisten Menschen waren ganz begeistert von den schönen Dingen, die sie gesehen hatten, und kannten auch keine Angst mehr vor dem Sterben.[20]

Durch derartige Informationen und die Berührung mit anderen Erfahrungen und Ideen wird bei vielen Menschen die Angst vor dem Tod geringer. Langsam entsteht eine etwas größere Offenheit in den Gesprächen darüber, es gibt Vorträge, Ausstellungen und Fernsehprogramme, die den Tod bei uns oder in anderen Kulturen, bzw. in der Vergangenheit, zum Thema haben.

Das Interesse an Trauerarbeit und Sterbebegleitung nimmt zu.[21] Menschen beginnen erneut, den Wert darin zu entdecken, im Krankheitsfall zu Hause gepflegt zu werden und in der eigenen Umgebung sterben zu können statt im Krankenhaus, wie das bis vor kurzem noch selbstverständlich war.

Auch die Vorstellungen, wie Kindern gegenüber mit Sterben und Tod umgegangen werden soll, haben sich in den letzten Jahren drastisch verändert. Zur Zeit ist Offenheit die Devise. In den vergangenen Jahren sind zahllose Kinderbücher für verschiedene Altersstufen erschienen, in denen der Tod im Mittelpunkt steht und die Kindern eine Hilfe beim Verarbeiten von Erfahrungen mit dem Tod sein können.[22] *Het Uitvaartwezen*, die niederländische Fachzeitschrift der Bestattungsunternehmen, widmete dem Thema *Kinder und Tod* eine Reihe von Artikeln, in denen diskutiert wurde, wie Erwachsene Kindern dabei helfen können, eine solche Erfahrung zu verarbeiten.

»Ein vierjähriges Mädchen wollte ein Glas Bier in den Sarg ihres Großvaters gießen. Als sie gefragt wurde, weshalb sie das tue, antwortete sie: 'Er ist vor Durst gestorben', einer von Opas Lieblingssprüchen.

Solche Ideen werden manchmal als morbide oder auch als amüsant angesehen, aber es sind Beispiele einer gesunden und normalen Neugier. In solchen Fällen sollten die Worte sehr sorgfältig gewählt werden, um das Kind nicht in noch größere Verwirrung zu stürzen oder es zu verängstigen. Wenn beispielsweise jemand gestorben ist, weil er 'sehr krank' war, wird ein Kind bei seinen nächsten Halsschmerzen unnötig Angst haben. Genauso wie 'Einschlafen' als Synonym für Sterben zu Ängsten vor dem Schlafengehen führen kann. Eltern sollten lieber ruhig und geduldig erklären, was tot sein bedeutet.«[23]

Auf Grund dieser Beobachtungen schließt der Autor dieses Artikels, daß es stark von der eigenen Haltung zum Tod abhängt, ob Eltern ihren Kindern gut erklären können, was Sterben und Tod bedeuten.

Der Tod wird wieder mehr zu einem Bestandteil des Lebens. Es tritt ein Schneeballeffekt ein: Je mehr Menschen zu Hause sterben, desto größer ist die Gruppe der Hinterbliebenen, die den Sterbefall aus nächster Nähe miterlebt hat. Die eigene Erfahrung mit dem Tod von Geliebten, Eltern, Freundinnen oder Freunden bringt eine gewisse Vertrautheit mit sich und erleichtert den Umgang mit dem Sterben. Denn je 'normaler' der Tod zum Leben gehört, desto weniger Gründe gibt es, über ihn zu schweigen oder ihn zu negieren.

Gute Reise, lieber Jan

Interview mit Adelheid

Adelheid und Jan wohnten im selben Haus. Weil sie beide beim Theater arbeiteten, verkehrten sie etwa in den gleichen Kreisen. Sie waren gut befreundet und tranken abends vor dem Schlafengehen meist noch ein Glas zusammen.

Jan hatte eine Zeitlang in Amerika gewohnt und ließ Anfang 1987 sicherheitshalber einen Aidstest machen. Es stellte sich heraus, daß er HIV-positiv war. In der ersten Panik versuchte er, sich umzubringen; es mißlang. Danach konzentrierte er sich mit Hingabe auf alternative Farbtherapie und die Kristallehre. Allmählich nahm er auch sein Künstlerleben wieder auf.

»Jan sollte an einem Programm über Jacques Brel mitarbeiten, dafür war er Feuer und Flamme. Davor ging er in Urlaub, um sich noch einmal richtig zu entspannen, nach Gomera, eine der Kanarischen Inseln. Er kam braungebrannt zurück, zeigte aber die ersten Anzeichen von Aids. Nach und nach nahm seine Widerstandskraft ab, er bekam eine Hirnhautentzündung, aber mit eiserner Willenskraft erholte er sich jedesmal wieder. Als sich dann abzeichnete, daß es dem Ende entgegenging, hat Jan selbst den Tag bestimmt, an dem er sterben wollte, den 4. Dezember.

Es war eine sehr schwere Zeit. Jan und ich kamen wirklich gut miteinander aus, ich war eigentlich die Person, die ihm am nächsten stand, deshalb besprach er alles mit mir. Er wollte, daß ich mit allem einverstanden war, alles richtig fand. Ich bin auf eine halbe Stelle gegangen, habe meine Therapeutin angerufen und gesagt: 'Ich komme jetzt jede Woche, denn ich weiß nicht, wie ich das schaffen soll, aber ich muß es gut hinbekommen, es ist ganz wichtig, daß ich das gut mache.'

Ich wußte eigentlich nicht so genau, was ich davon halten sollte. Ja, Abtreibung und Euthanasie freizugeben, das fordert sich so leicht,

wir sind ja schließlich links. Aber wenn es dich dann selbst trifft ...
Ich wollte darüber kein Urteil fällen. Das war am allerschwersten:
daß du dich eines Urteils über jemanden enthalten sollst, der dir so
nahesteht. Mir war es eigentlich zu früh, oder ich wollte Jan nicht
verlieren, oder ich fand es unheimlich, oder ich konnte es nicht ver-
kraften, daß das Datum näher rückte. Ich habe eine ganze Skala von
Meinungen durchlebt. Wir waren auch so sehr miteinander ver-
schmolzen, daß ich mich fast nicht lösen konnte.

Es war eine seltsame Erfahrung, ich hatte das Gefühl, daß ich zum
ersten Mal in meinem Leben etwas tat, was mir niemand jemals beigebracht hatte. Über den Tod sprichst du nicht, auch wenn er noch
so nah ist. Es war ungefähr wie bei einem Kind, das laufen lernt: Du
machst ein Schrittchen und noch ein Schrittchen, und du weißt
nicht, ob die Richtung stimmt, aber du gehst doch immer weiter.

Sein Hausarzt war ein Anthroposoph, der keine Sterbehilfe leisten
wollte, daher mußten wir erst einen anderen Arzt suchen, der bereit
war, das zu akzeptieren.

Wir haben tagelang geredet, Kaffee getrunken, sind in den Zoo gegangen. Endlose Gespräche über die Frage Begräbnis oder Feuerbestattung, er wollte erst gar nichts, keinen Gottesdienst, einfach in
einen Müllsack und weiter kein Getue.

Allmählich fing er an, Entscheidungen zu treffen; ich bekam jede
Menge DIN-A4-Seiten, auf denen stand, welche Dinge er wem geben
wollte. Er war eine Zeitlang sehr bitter, hatte das Keiner-liebt-mich-
Gefühl. Du willst doch der König der Welt sein: 'Wenn ich schon
sterbe, muß doch ganz Holland kopfstehen: Neben meinem Bett
müssen Abertausende Blumen und Pralinenschachteln sein, und die
Blaskapelle muß vor meinem Fenster aufspielen.' Es ist furchtbar,
denn abgesehen von deiner Krankheit haben natürlich alle ihre eigenen Sorgen. Das Loch in dir ist so ungeheuer groß, daß das Dutzend
Menschen um dich herum es unmöglich ausfüllen kann. Für mich
war es auch kompliziert, ich wurde mehr oder weniger in den Abschied hineingezogen, den Jan vom Leben nahm. Ich mußte mich
irgendwann wirklich mit Gewalt losreißen, ich gehörte schließlich
noch zum Leben.

Auf die Reise gehen

Die letzten Wochen haben wir ununterbrochen 'geplant', wie es sein würde, am Tag davor, am Tag selbst, wer alles dabei sein sollte. Jan selbst saß den ganzen Tag am Telefon und regelte alles mögliche. Ich hörte ihm vor allem zu, äußerte nicht so sehr Meinungen oder Urteile. Ich war der Ansicht, es sei seine eigene Angelegenheit. Durch das Reden fand er selbst die Gründe, warum er etwas tat oder nicht tat – zum Beispiel bei der Frage, ob er jemandem einen Brief schicken sollte. Dann fing ich einfach an zu fragen 'Was für eine Beziehung hast du zu dieser Person, warum ist es wichtig, das zu tun? Was würde geschehen, wenn du es nicht tust?' In den meisten Fällen kam er dann selbst zu einem Entschluß. Manchmal war es wirklich schwierig, genau zu wissen, wer Jan und wer ich selbst war, aber ich wollte ihm soweit wie möglich die Freiheit lassen, seine eigenen Entscheidungen zu treffen.

Er fing damit an, seine Wohnung auszuräumen und alle möglichen persönlichen Gegenstände wegzuwerfen. Seine Kleidung gab er einem Freund, es wurde immer leerer im Haus. Langsam begann er auch, merkwürdig auszusehen, er war wirklich am Weggehen. Wir nannten es auch immer 'auf Reise gehen', Jan wird verreisen.

Schließlich wollte er doch eine Gedenkfeier, in der kleinen Kirche auf dem Begijnhof. Wir sind hingegangen, und die Leute dort haben uns gefragt, was für eine Feier wir veranstalten wollten. Das war ein seltsamer Augenblick, wir konnten keinen Ton herausbringen. Die Kirche war jedoch in der betreffenden Woche ausgebucht. Am Ende haben wir dann die Nicolaaskirche beim Hauptbahnhof gewählt.

An dem Tag, bevor Jan starb, am 3. Dezember, wollte ich noch einmal kurz in der Kirche anschauen, wie alles aussah. Da sagte Jan: 'Ich komme mit.' Hut auf, Sonnenbrille aufgesetzt, und wir mit dem Taxi zur Nicolaaskirche. Der Pfarrer fragte uns, für wen noch mal die Feier war. Ich wurde rot, Jan wurde rot. 'Für meinen Bruder', antwortete Jan dann. 'Jung verstorben?' fragte der Pfarrer. 'Ja', sagte Jan, 'er ist viel zu früh gegangen.' Das war ein sehr anrührender Augenblick. Ich dachte, ich würde durchdrehen. Sobald wir wieder zu Hause waren, hatte Jan sofort 42 Grad Fieber, von der einen Sekunde zur nächsten; diesen Satz auszusprechen war wirklich zuviel für ihn gewesen, glaube ich. Nach dem Besuch in der Kirche haben wir im Barbizon Hotel einen Kaffee getrunken, mit diesem ganzen weißen Marmor und den weißen Stühlen. Wir saßen einander am Tisch gegenüber, und dann war es ganz klar, es war einfach getan. Alles war geregelt, wir hatten alles in perfekter Zusammenarbeit bis ins kleinste Detail ausgearbeitet. Wir saßen uns gegenüber, wir schauten uns an, und wir hatten nichts mehr zu sagen. Wir fragten uns gegenseitig: 'Hast du noch Fragen?' 'Nein, gar nichts mehr.' Es gab einfach nichts mehr zu sagen, es war gelungen. Das war unser Augenblick.

An dem Abend waren wir zu viert japanisch essen. Jan fing an, Witze zu reißen, in dem Ton: 'Geben Sie mir zum letzten Mal noch so ein Süppchen.' Nach dem Essen wußte ich nicht so recht, ob wir nun gehen sollten, oder ob das einen zu endgültigen Eindruck machen würde, aber Jan behielt das Ruder in der Hand. Als wir zu Hause waren, wollte er bei mir oben noch etwas trinken. Er hatte noch ein Geschenk für uns, das sollten wir sofort auspacken. Und dann ging er ins Bett.

Champagner

Am nächsten Morgen frühstückten wir mit Champagner und Kaffee und belegten Brötchen. Wir hatten alle unsere schönsten und farbigsten Sachen angezogen. Zu einem bestimmten Zeitpunkt sagte Jan: 'Jetzt will ich.' Es gab keinen Weg mehr zurück. Ich war schrecklich nervös. Er legte sich ins Bett, wir setzten uns alle um ihn herum. Jan hörte nicht auf, alles zu regeln, ob er nun so oder so liegen solle, mit der Decke oder doch lieber nicht. Ich wollte gerne, daß er die Decke über sich zog, sonst liegt da so ein ganzer Körper, der stirbt. Ich wollte Jan noch behalten, wollte keine Leiche.

Wir öffneten den Champagner, tranken alle ein Glas: 'Jan, gute Reise.' Er schaute jede von uns noch einmal an und nahm dann das ganz große Glas und trank es leer.

Wir hatten vorab alles mögliche überlegt, aber wir hatten nicht daran gedacht, daß dieses Zeug so unglaublich scheußlich schmecken würde. Das ist dann so phantastisch vom Leben, daß du dich zwei Minuten, bevor du stirbst, noch damit beschäftigst, keinen fiesen Geschmack im Mund haben zu wollen. Wie die Verrückten haben wir alle nach einem Pfefferminz gesucht. Jan saß aufrecht im Bett, lutschte es schnell zu Ende, weil er Angst hatte, daß er sonst daran ersticken würde. Danach legte er sich wieder hin. Er hat noch einmal die Augen geöffnet: 'Ich bin noch da.' Alle lachten und weinten.

Danach murmelte er: 'Wer war das noch mit dem Giftbecher? O ja, Sokrates ... dann bin ich ja in guter Gesellschaft. Wenn sie später fragen, was meine letzten Worte waren, könnt ihr sagen: gute Gesellschaft.' Daraufhin hat er die Augen geschlossen.

Ich habe noch nie so konzentriert auf jemanden geblickt. Ich hatte Jan vorher gefragt: 'Macht es dir etwas aus, wenn ich bis zum Ende zuschaue? Ich bin nämlich so schrecklich neugierig, ich möchte alles sehen, was es zu sehen gibt.' 'Natürlich', hatte er damals geantwortet, 'das würde ich im umgekehrten Fall genauso machen.' Jan fiel in einen tiefen Schlaf. Der Arzt sagte, wir könnten von da an wieder ganz normal reden, er würde aus diesem Schlaf nicht mehr aufwachen.

Ich habe mich hingesetzt und meditiert, ich wollte es einfach spüren. Ich weiß jetzt, was der Ausdruck 'du wirst geholt' bedeutet, es ist wirklich so. Ich war in einer weißen Stadt, alles war weiß, so ein nebliges Weiß. Durch die Stadt führte eine große Allee – ich denke, sie war ein Symbol für Jan. Ich kam an eine Ecke, und in dem Augenblick, in dem ich um die Ecke bog, kam ein unheimlich kräftiger Orkan – nicht aggressiv, ein sanfter Wind, aber mit einer unglaublichen Kraft. Ich klammerte mich an eine Laterne: Das war Jans Energie, die vorbeikam.

Es war, als ob eine Rauchsäule entstehen würde, etwa so wie beim Start einer Rakete zum Mond, alles Feuer, aber weiß, um Jans Bett, und dann nach oben. Ich konnte einfach den Übergang sehen, sozusagen zuschauen, wie jemand aus seinem Körper trat.

Ich habe meinen Freund an der Schulter gepackt und ihn ganz hart gekniffen, das habe ich selbst gar nicht gemerkt.

Wir hatten Jans Schlafzimmer völlig leer geräumt. An der Wand stand 'Gute Reise', mit vielen Regenbogen drum herum. Überall standen Blumen und Kerzen in allen Farben, und ein Kassettenrecorder spielte ununterbrochen Musik von Bach. Es war wie eine kleine Kirche.

Vorher hatten wir die Zustimmung der Staatsanwaltschaft eingeholt, das ist vorgeschrieben. Nach anderthalb Stunden kam die Polizei und nahm die Zeugenaussagen zu Protokoll. Es kam auch ein Amtsarzt, der den Tod feststellen mußte. Als all diese Leute verschwunden waren, haben wir uns neben Jan ins Bett gelegt. Ich wollte ihn immerzu anfassen. Du fragst dich doch, wie das sein kann, es ist Jan, und doch ist Jan weggegangen. Darüber haben wir den restlichen Tag gesprochen: Wie es nur möglich ist, daß er da ist und gleichzeitig nicht da ist.

Am Abend haben wir seine Familie angerufen. Jans Zwillingsbruder war die ganze Zeit dabeigewesen. Seine Eltern haben danach auch noch eine Stunde bei ihm gesessen. Jemand hatte Suppe gekocht, es gab eine Menge Champagner. Es war wie bei einer italienischen Familie, es kamen immer wieder andere Freunde vorbei. Wir saßen die ganze Zeit am Bett und haben viel gegessen und getrunken: 'Das war Jans Wunsch, er ist verreist. Es ist unheimlich schade, aber es ging nicht anders.' Es wurde viel getrunken, irgendwie mußten wir unsere Emotionen doch äußern. Wir haben drei Tage so gelebt, immer über Jan gesprochen, über seine Jugend, seine letzten 10 Jahre. Ich bin nicht aus dem Haus gewesen. Es war phantastisch, in diesem Zimmer war eine andere Welt.

Den Fuß in die Tür

Einer von uns hatte schon vorher alle Bestattungsunternehmen angerufen; schließlich haben wir dann eins davon ausgewählt, und zwar ein Unternehmen, das die Kosten einzeln aufführen wollte. Gerade Bestattungsunternehmen sollten alle Posten genau ausweisen, damit du nicht lange überlegen mußt und sofort weißt, was damit gemeint ist. Es ist in so einer Situation sowieso schon schwierig nachzudenken. Daß Bestattungsinstitute oft nichts Genaues sagen, finde ich äußerst unsympathisch. Die Hinterbliebenen bezahlen häufig einfach die Rechnung, weil sie Angst haben, als geizig zu gelten, wenn sie sich danach erkundigen, für welche Leistungen sie welchen Preis bezahlen müssen. Dann bekommst du obendrein noch Schuldgefühle.

Jan wollte das Allerbilligste - nicht, weil es ihm das Geld nicht wert war, sondern weil er auch so gelebt hat: Manchmal ein teures Stück Sahnetorte, aber gleichzeitig mit seinem Geld auskommen. Er hatte deswegen alles ganz genau festgelegt und auch gefragt: 'Was kostet eine Tasse Kaffee? Einverstanden. Und ein Stück Kuchen?' Er wollte kein komplettes Standardbegräbnis, denn so etwas kostet locker Tausende von Mark, und die hatte er nicht. Er nahm auch den billigsten Sarg, denn die Griffe werden anschließend doch wieder abmontiert.

Wir wollten alles in eigener Regie durchführen. Du mußt immer wieder fragen: 'Wozu ist das nötig, was wollen Sie damit?' Bei solchen Sachen, auch bei der Polizei und beim Amtsarzt, mußt du den Fuß in die Tür stellen. Es sind alles nette Leute, darum geht es nicht, aber sie sind es gewohnt, selbst zu handeln, weil die Hinterbliebenen normalerweise nicht wissen, was sie tun sollen, verzweifelt weinen und alles mit sich machen lassen. Und später denken sie dann: 'War das wirklich mein Wunsch, daß der Leichnam einfach so abtransportiert worden ist? Wollte ich wirklich, daß ...' Es geschieht einfach, diese Leute haben sich das angewöhnt, es ist ihre Arbeit. Daher haben wir alles gemeinsam besprochen, auch, daß wir uns nicht überrumpeln lassen wollten. Wir mußten Jan auch versprechen, daß wir ihn nicht selbst waschen würden. Er fand es peinlich, sich das vorzustellen, und er wollte nicht, daß wir ihn so in Erinnerung behielten. Daher hat das Bestattungsunternehmen das besorgt. Danach sollte er in den Sarg gelegt werden. Zunächst haben wir alle Kreuze und Handgriffe vom Sarg abmontiert. Wir haben den Deckel nicht draufgetan, wir haben einfach seine Bettdecke über den Sarg gelegt. Aber irgendwann kommt der schreckliche Augenblick, in dem der Sarg aus der Wohnung muß, dann ist das Märchen zu Ende.

Bevor der Sarg herausgetragen wurde, haben wir für die Mitarbeiter des Bestattungsunternehmens eine Tasse Kaffee gekocht: 'Einen Augenblick noch, bitte.' Dann haben wir in voller Lautstärke *I did it my way* von Frank Sinatra spielen lassen, die Boxen nach draußen gerichtet, und haben alle laut mitgesungen.

Jan ist im Krematorium Velsen verbrannt worden. Es waren nur wenige Menschen dabei. Er wollte nicht, daß wir zusahen, wie der Sarg abgesenkt wurde, also blieb er stehen. Dieser Augenblick war für mich der schwerste, ich dachte: 'Das ist mein Sarg, das ist unser Jan, ich möchte ihn noch nicht verlieren.' Ich kann mir gut vorstellen, Tote eine Woche oder länger aufzubahren, wie im Nahen Osten. Du könntest so viel verarbeiten, denn du bist noch zusammen.

Jan war protestantisch erzogen, für seine Eltern war es daher ziemlich schockierend, daß er von einer katholischen Kirche begraben werden wollte. Mit dem katholischen Glauben hatte das für ihn nichts zu tun. Es war zum einen eine Herausforderung, zum anderen hat ihm diese festliche Atmosphäre mit all den Kerzen, dem

Weihrauchduft und den Farben sehr zugesagt. Eine katholische Kirche eignet sich dafür, mit all diesen Bildnissen an der Wand gibt es einen sehr schönen Gesamteindruck.

Auf Jans Wunsch hatten wir besondere Wunderkerzen gekauft, so groß wie eine Zigarette, aber viel dicker, daumendick. Die geben einen riesigen Sternenregen, es ist Kaltfeuer, Zauberer benutzen es. Wir hatten 200 Stück. Ich habe die erste Wunderkerze angezündet und ganz laut durch die Kirche gerufen: 'Lieber Jan, gute Reise!' Das haben dann alle gerufen. Das war meine Art, mich von Jan zu verabschieden, zusammen mit all den anderen, mit all unseren Freunden. Alle Menschen, die dort eine Rede hielten oder etwas aufführten, haben einen Aspekt von Jan beleuchtet, nicht nur seine guten Seiten, sondern auch seine eifersüchtige Seite, seine weniger guten Charaktereigenschaften. Alles in allem hat es so etwa 75 Minuten gedauert. Nachher haben wir uns noch lange in der Kirche aufgehalten und seiner Familie unser Beileid ausgesprochen.

Familie

Der Kontakt zur Familie ist ganz gut gelaufen. Das schwierige ist, darauf zu achten, sich nicht auf einen Machtkampf einzulassen. Als seine Familie an diesem Samstagabend kam, hatten wir zwar alle den Gedanken: 'Diese Stunde mit ihm allein, das ist eure Stunde. Es ist euer Sohn und euer Bruder. Die Zeit ist euch von Herzen gegönnt, aber die Zeit ist begrenzt. Ein Mensch wird erwachsen, er stammt aus einer Familie, aber seine Freunde wählt er selbst aus. Das ist kein unveränderliches Gesetz, aber meistens ist es so. Jan hat sich dafür entschieden, hier zu liegen, er liegt nicht bei euch, sondern bei uns, das war seine Entscheidung.' Seine Eltern respektierten seine Freundinnen und Freunde auch wirklich, sie waren froh, daß er so gut und so schön versorgt dalag. Sie waren uns auch sehr dankbar dafür. Das finde ich nicht notwendig, sie können sich darüber freuen, aber müssen nicht dankbar sein. Mir hat es schließlich auch sehr viel gegeben. Jan hatte mir aufgetragen, mich um einige Dinge zu kümmern, die er absolut nicht wollte. Aber ich habe ihm gesagt, daß ich kein Schiedsrichter sein wollte. Ich würde das alles so gut wie nur möglich erledigen, aber alles läßt sich nicht verhindern. Jan wollte sogar noch über seinen Tod hinaus die Kontrolle über alles behalten. Darüber haben wir damals noch gesprochen, und ich habe ihm gesagt: 'Dann bist du nicht mehr da, Schatz, dann mußt du loslassen.'

Über die Anzeige habe ich mich sehr aufgeregt. Wir hatten sie gemeinsam mit Jan aufgesetzt; er hatte uns den Text diktiert. Am Schluß stand: 'Bitte keine schwarze Kleidung, denn am Ende ist das Licht.'
Als Jan gestorben war, habe ich alle Zeitungen angerufen, weil ich keinen schwarzen Trauerrand wollte, sondern einen roten Rand. Nun, das ist unmöglich, nur ein breiter, violetter Rand ist erlaubt, eine andere Farbe darf nicht sein. Das könnte andere Menchen verletzen ... Das macht mich so müde, daß 'andere Menschen' vorgeschoben werden. Die Todesanzeigen mit ihren schwarzen Rahmen symbolisieren für mich alle geschlossene Zellen, geschlossene Einheiten, und so leben wir nicht. Wir leben nun einmal anders als 'andere Menschen'. Ich finde es wirklich merkwürdig, daß ein solcher Wunsch verletzend sein kann, Geburtsanzeigen könnten mich dann auch verletzen ...

Jan fehlt mir nicht, es ist gelaufen, wie es laufen sollte: Er ist verreist, und ich bin hier. Wir haben sein Bild im Flur aufgehängt, mit Kerzen. Er ist hier bei uns willkommen, und er kann hier herumschweben, wenn er möchte, aber er muß zu Hause schlafen, das haben wir fest mit ihm ausgemacht. Nicht, daß er mit unerledigten Angelegenheiten noch bei uns herumgeistert. Das würde Jan zwar niemals tun, aber sicherheitshalber haben wir es doch vereinbart. Manchmal quatsche ich ein bißchen mit ihm: 'So ein Hundewetter heute ...', oder: 'Der oder dem geht es nicht besonders gut ...' Ich beschäftige mich natürlich nicht den ganzen Tag mit ihm, aber er ist doch da.«

4

Neue – alte Rituale

»Wir machen keine neuen Rituale, sie entstehen von allein«, sagt Ruud Spruit. Wenn wir nach neuen Ritualen suchen, sollten wir seiner Meinung nach nicht mit übertriebener Nostalgie in die Vergangenheit blicken. Zahlreiche Traditionen aus früherer Zeit waren bereits damals inhaltsleer geworden und nur noch äußere Fassade. Als Beispiel dafür nennt er die Begräbniszüge, für die schon im 17. Jahrhundert Unsummen ausgegeben wurden. Die genaue Position der einzelnen Personen im Trauerzug mußte vollkommen mit ihrer oder seiner gesellschaftlichen und politischen Stellung in Einklang sein. Das hatte mit Trauer oder Kummer nichts mehr zu tun, nur noch mit gesellschaftlichem Ansehen.[24]

Wie sich die Tradition im Einzelfall auch gestaltet, nirgendwo werden Tote einfach so, ohne jedes Ritual in die Erde gelegt. Es wird immer eine Zeremonie oder feierliche Handlung verrichtet, die den Tod und den Abschied markiert. Rituale haben eine sichtbare Funktion: Sie kennzeichnen die verschiedenen Schritte in einem Prozeß und helfen den Menschen, von einer Phase zur nächsten weiterzugehen. Sie geben denjenigen, die am Ritual teilnehmen, einen Halt, weil sie den Emotionen einen Rahmen bieten.[25] Der Tod stellt einen wichtigen Moment im Leben dar und löst intensive Gefühle aus. Das Sterben eines Menschen bringt häufig weitreichende Veränderungen für die Hinterbliebenen mit sich.

Auf dem langen Weg vom Sterben eines geliebten Menschen bis zum Verarbeiten und Annehmen des Verlustes scheinen Rituale, symbolische Handlungen, eine nützliche Funktion für diejenigen zu erfüllen, die zurückbleiben. Ein Begräbnis oder eine Feuerbestattung gehört zu den Ritualen, die dem endgültigen Abschied vom Körper eines Menschen Ausdruck verleihen. Ein englischer Forscher, der sich mit Trauerarbeit beschäftigt hat, stellt fest, daß viele der früher üblichen Trauerrituale und -gebräuche verschwunden sind. Dadurch entstehen bei den Trauernden und ihrer Umgebung Unklarheit und Unsicherheit.[26]

Das Beispiel einer jungen Frau, die ihren Mann bei einem Autounglück verlor, veranschaulicht die Bedeutung eines Abschiedsrituals. Die Trauerfeier im Krematorium ging mehr oder weniger an ihr vorüber. Sie ließ andere bestimmen, was geschehen sollte, hatte nur die Musik selbst ausgesucht. Nach 10 Jahren kam sie zu dem Schluß, daß sie den Tod ihres Mannes emotional noch immer nicht verarbeitet hatte. Zusammen mit Freundinnen und Freunden organisierte sie eine erneute Trauerfeier im Krematorium. »Zu diesem späten Zeitpunkt habe ich die Rede gehalten, die ich vor 10 Jahren hätte halten wollen. Es war gut, diese Rede vorzutragen. Ich hatte dabei das Gefühl: Jetzt nehme ich richtig von ihm Abschied.«[27]

In den Niederlanden wurden Rituale im Zusammenhang mit Tod und Sterben im Laufe der Zeit immer weiter reduziert. Die Handlungen, die uns geblieben sind – das Aufbahren in einem Trauerzentrum, der Gang zum Krematorium oder zum Friedhof, die Trauerfeier –, sind durch eine gewisse Unpersönlichkeit charakterisiert, weil alles von professionellen Kräften ausgeführt wird und die direkt Betroffenen keinen aktiven Beitrag mehr leisten. Der Text der Todesanzeige und der Trauerkarte, die Grabreden und die Musikauswahl sind im allgemeinen die einzigen persönlichen Akzente, die wir zu einer Beerdigung noch setzen. Gefühle werden zurückgehalten, ganz in Übereinstimmung mit dem emotionslosen Stil der Begräbnisse.

Die meisten Beerdigungen sind von einer gewissen 'anständigen Bürgerlichkeit' gekennzeichnet. Die vornehme Zurückhaltung, auf die sich die Bestattungsunternehmen so gerne berufen (»perfekt und stilvoll«), spiegeln eine kleinbürgerliche Norm wider, die keineswegs für alle gleichermaßen zutrifft.

»Das Begräbnis hat in aller Stille stattgefunden«

Manchmal wird das bereits stark reduzierte Trauerzeremoniell auch noch auf einen kleinen Kreis von engen Freundinnen und Freunden beschränkt. Besuche im Trauerzentrum sind nicht gestattet, und die Beerdigung oder Feuerbestattung hat bereits »in aller Stille stattgefunden«.

Ute Lechner: Schreine, 1987

Untersuchungen über Todesanzeigen von Johanna Fortuin aus dem Jahr 1979 zeigen, daß das Phänomen von geschlossenen Beerdigungen und Feuerbestattungen, die nicht vorher bekanntgegeben werden, am wenigsten bei Menschen vorkommt, die sich einer Religionsgemeinschaft zugehörig fühlen.[28] ProtestantInnen und KatholikInnen finden sichtlich einen Halt in den Traditionen, die ihnen ihr Glaube vorgibt; insbesondere die katholische Kirche kennt ein umfangreiches Zeremoniell mit Nachtwache, Eucharistiefeier und verschiedenen Arten von Gedenkgottesdiensten und Seelenmessen. Geschlossene Begräbnisse werden meist von jungen Menschen ohne kirchliche Bindung, die überwiegend in den Großstädten im Westen der Niederlande wohnen, organisiert. Fortuin kritisiert diese Gewohnheit scharf. Wenn eine Beerdigung in aller Stille stattfindet, wird es Menschen, die nicht zur nächsten Verwandtschaft gehören, unmöglich gemacht, sich von einer geliebten oder geschätzten Person zu verabschieden. Die Familie benimmt sich, als hätte sie ein Monopol auf die Verstorbenen, und alle, die nicht zum kleinen Kreis der intimen Freundinnen und Freunde zählen, werden ausgeschlossen. Bei einer öffentlichen, angekündigten Beerdigung haben dagegen heimliche Geliebte, außereheliche Partnerinnen und Partner oder auch weitläufig entfernte Bekannte die Gelegenheit, unauffällig an der Trauerfeier teilzunehmen. Es ist die Frage, ob diese geschlossenen Begräbnisse immer noch so beliebt sind. Dazu existieren keine neueren Forschungen.

Aber es gibt Veränderungen im Umgang mit dem Tod. In den Medien wird häufiger über den Tod berichtet, das Thema ist heute viel weniger tabuisiert als noch vor etwa 10 Jahren. Auch in den Krankenhäusern sprechen Ärztinnen und Ärzte ehrlicher und offener mit ihren todgeweihten Patientinnen und Patienten. Die Floskel »Ihnen fehlt weiter nichts«, die früher sterbenden PatientInnen zugemutet wurde, scheint der Vergangenheit anzugehören. Weiter kann beobachtet werden, daß die Zahl der Menschen zunimmt, die es vorziehen, zu Hause gepflegt zu werden und die auch zu Hause sterben wollen.[29]

»Neue Rituale«

Verändern sich auch die Rituale um den Tod? Werden wir uns mehr Zeit für die emotionale Verarbeitung des Verlustes lassen und der Trauerarbeit mehr Aufmerksamkeit widmen? Wir haben den Eindruck, daß das Bedürfnis danach zunimmt. Es war relativ einfach, Menschen zu finden, die sich für dieses Buch interviewen lassen wollten. Offenbar ist es keine Seltenheit mehr, daß Menschen dem Abschied von ihren Lieben ein eigenes Gesicht geben wollen und das Bedürfnis nach eigenen, passenden Ritualen verspüren.

Die Aussage, wir machen keine neuen Rituale, sie entstehen von allein, trifft tatsächlich zu. Langsam bilden sich neue Rituale und Zeremonien heraus. Häufig sind sie nicht wirklich neu, sondern gehen zurück auf alte Traditionen oder auf Rituale aus anderen Kulturen. Das Waschen und Versorgen der Toten ist zum Beispiel im jüdischen, moslemischen und hinduistischen Glauben ein wichtiges Ritual. Zahlreiche Völker kennen eine Totenwache, bei der die Verwandten und die Freundinnen und Freunde in dem Zimmer zusammensitzen, in dem die oder der Tote aufgebahrt ist. Es wird gesungen, gegessen und geredet. Die Toten werden in die kommende Welt begleitet, und es ist gleichzeitig tröstlich für die Hinterbliebenen, die nicht allein gelassen werden. Viele Religionen haben eine zeitlich festgelegte Trauerperiode, die zu einem bestimmten Zeitpunkt abgeschlossen ist. Häufig findet ein Jahr später nochmals ein Trauerzeremoniell statt. Beispiele aus der Tradition anderer Kulturen können uns inspirieren oder dabei helfen, die eigenen Gedanken klarer zu fassen. In dem Interview über den Tod ihres kleinen Kindes erzählen Iwan und Maria, wie sie bereits zwei Jahre früher die gleiche Tragödie miterleben mußten, als das Baby einer guten Freundin starb. Diese Freundin und ihr Mann hatten das Baby trotz der Einwände ihres Hausarztes selbst begraben. Dieses Beispiel half Iwan und Maria beim Nachdenken darüber, wie sie das Begräbnis ihres Kindes gestalten wollten.

In den Interviews, die wir gemacht haben, zeigt sich, daß langsam wieder Rituale entstehen. *Die Toten zu Hause aufzubahren* kann ein wichtiges Element im Verarbeitungsprozeß bilden. Die Möglichkeit, die Toten zu sehen, zu berühren und zu fühlen, trägt dazu bei, den Tod nicht mehr verdrängen zu können. Die noch andauernde physische Anwesenheit ist eine Konfrontation mit dem Tod einer bestimmten Person. Indem wir immer wieder aufs neue erfahren, daß diese Person auch Stunden und Tage später wirklich tot ist, kann die Wirklichkeit des Todes zu uns durchdringen.

Ein derartiger Prozeß kann in der Trauerhalle des Bestattungsinstituts nicht stattfinden. Eigentlich kann in einer Trauerhalle, die nur eine Stunde täglich für Besucherinnen und Besucher geöffnet ist, gar nichts geschehen außer festzustellen, daß die aufgebahrte Person wirklich tot ist. Es gibt keine Möglichkeit, sich die Zeit zu nehmen und bei den Toten zu sitzen, mit ihnen das Gespräch zu suchen oder den Tod mit in das Leben aufzunehmen. Eine Trauerhalle in einem Bestattungsunternehmen ist ein kalter Ort, der ganz und gar nicht dazu einlädt, seine Emotionen zu zeigen. Schon die Atmosphäre zwingt zu Zurückhaltung und Flüstern. Lautes Reden, Lachen, Wutausbrüche, Herausschreien, Weinen, das geht alles viel besser zu Hause in der eigenen, vertrauten Umgebung.

Die Anwesenheit eines toten Menschen zu Hause fordert die Neugier nach dem Tod, nach dem Wesen des Todes heraus: »Wie kann es nur sein, daß jemand da ist und doch nicht da ist?« Das ist eine Frage, die zwar nicht gelöst werden kann, für die jedoch eine physische Antwort gegeben wird. Spüren und mit eigenen Augen sehen, daß der Geist den Körper verlassen hat, kann dem Tod ein wenig von seinem Geheimnis nehmen.

Das Aufbahren zu Hause ermöglicht auch, bei der toten Person zu *wachen.* Viele Menschen haben die Vorstellung, daß die Verstorbenen vor der Beerdigung oder Feuerbestattung nicht allein gelassen werden sollten. Solange der Körper noch über der Erde, mit anderen Worten bei uns ist, müssen wir ihm Gesellschaft leisten. Wenn alle zusammensitzen, geschieht es manchmal von selbst, daß Erinnerungen an die verstorbene Person lebendig werden und sich alle Geschichten aus deren Leben erzählen. Das normale Leben geht inzwischen weiter: Es wird gegessen und getrunken und geredet; manchmal ist es sogar ganz gemütlich. Die Menschen sind auf jeden Fall zusammen.

Manche nehmen es sogar auf sich, *den Sarg für das Begräbnis selbst zu schreinern* oder den Sarg zu bemalen, weil die traditionellen Särge nicht dem Geschmack und der Lebensweise der Verstorbenen entsprechen. Es ist wirklich auffällig, wie klein die Auswahl an Särgen ist. Fast alle Särge haben die sogenannte 'klassische' Form, mit dazugehörigen 'klassischen' Handgriffen und Ornamenten. Bei Menschen, die während ihres Lebens in einer High-Tech-Umgebung gewohnt und modernes Design sehr geschätzt haben, erscheint es sonderbar, daß sie in einem 'gotischen' Sarg ihre letzte Ruhe finden sollen. Es ist zu hoffen, daß sich in Zukunft auch einmal italienische Designerinnen und Designer mit dem Entwerfen von Särgen beschäftigen. Bis dieser Wunsch in Erfüllung geht, ist es wirklich nicht leicht, einen Sarg nach eigenen Entwürfen anfertigen zu lassen. Schreinereien schrecken vor einem solchen Auftrag zurück und überlassen so etwas lieber den Sargfabriken.

Zu den rituellen Handlungen können auch das *Schließen des Sarges* und das *Mitgeben von geliebten Gegenständen* gehören. Etwas »für unterwegs« mitzugeben oder ein Symbol für die Dinge in den Sarg zu legen, die der oder die Verstorbene schätzte, gibt uns das Gefühl, sie nicht so ohne weiteres gehen zu lassen. Wie Hayo beim Interview sagt:

> »Kurz bevor der Deckel festgeschraubt wurde, sah ich, daß ich ihm noch einiges mitgeben mußte, die Kuschelkissen, seinen Teddybär und Blumen. Ich wollte alles mögliche hineinlegen, dachte aber gleichzeitig auch: 'Nein, das brauche ich selbst, gerade das möchte ich für mich behalten', und habe diese Dinge wieder herausgenommen.«

Den Sargdeckel zu schließen ist so schwierig, weil es unwiderruflich ist; das gilt vor allem, wenn Tote zu Hause aufgebahrt sind. Viele Menschen sehen in dem *eigenhändigen Tragen des Sarges* aus dem Haus und bei der Trauerfeier einen wesentlichen Beitrag im Erweisen der letzten Ehre. Diese Handlung bekundet mit Nachdruck die Absicht, die Toten nicht Fremden zu übergeben, sondern sie oder ihn mit eigenen Händen zu ihrem Bestimmungsort zu bringen. Darüber hinaus hat das Tragen des Sarges auch eine symbolische Bedeutung: Die oder der Tote wird beim Hochheben auf die Schultern der TrägerInnen noch einmal über die Menschen erhoben, ehe sie oder er in das Grab gelegt wird.
Für Menschen, die es nicht gewöhnt sind, einen Sarg zu tragen, ist das harte Arbeit, denn ein Sarg ist schwer. Das Tragen selbst ist schon deshalb nicht einfach, weil die Menschen unterschiedlich

groß sind. Einer der von uns Interviewten hat die Handgriffe am Sarg in unterschiedlicher Höhe montiert, um dieses Problem zu vermeiden.

Inzwischen ist eine deutliche Reaktion auf den (in den Niederlanden üblichen) Brauch eingetreten, den Sarg bei einem Begräbnis auf dem Grab stehen zu lassen, statt ihn in die Erde zu senken. Dieser Brauch, der vor allem im Süden der Niederlande noch sehr oft praktiziert wird, ist sogar in einigen Fällen in die Gemeindevorschriften aufgenommen worden. Den Sarg in Anwesenheit der Trauergäste nicht zu versenken, soll zu große Gefühlsausbrüche von Hinterbliebenen verhindern.

Die meisten unserer InterviewpartnerInnen haben jedoch *den Sarg in das Grab hinuntergelassen*. Am häufigsten mit Seilen und aus eigener Kraft, weil der mechanische Lift als zu unpersönlich erlebt wurde.

Neben dem Versenken des Sarges entspricht auch der Brauch, *das Grab ganz mit Erde zu füllen*, einem Bedürfnis, die Handlung des Begrabens so weit und so vollständig wie möglich selbst auszuführen. Hayo:

> »Ich hatte um eine große Schaufel gebeten und erst meine Blumen in das Grab geworfen. Dann habe ich wie ein Verrückter angefangen, Sand auf den Sarg zu schaufeln. Ich hatte völlig vergessen, daß um mich herum Menschen waren, wie ein Besessener stand ich da und schaufelte, wütend auf Ivo, weil er tot war und mich allein zurückließ. Aber auf einmal hatte ich ein Gefühl, als sei ein Schalter umgelegt – es war genug. Der Mann vom Bestattungsunternehmen sagte lakonisch: 'Meine Damen und Herren, Sie sehen, was Ihre Aufgabe ist, fangen Sie an.' Alle begannen daraufhin, kräftig zu schaufeln, Sand und Blumen, und allmählich wurde der Sarg bedeckt.«

Auch in der Weise, wie der Abschied gestaltet wird, entstehen neue Varianten – Begräbnis oder Verbrennung verlaufen nicht mehr nach dem gleichen eingefahrenen Muster. Es wird fröhliche Musik gespielt, Gedichte werden vorgelesen, oder es wird bei der Beerdigung getanzt.

In den Interviews war auch von einer gesonderten *Abschiedsfeierlichkeit* für FreundInnen und Verwandte die Rede. Dieses Treffen findet unabhängig von dem tatsächlichen Begräbnis oder der Feuerbestattung statt. Zu den Charakteristika gehören eine vertraute Atmosphäre und eine gewisse Lockerheit: Es gibt Ansprachen, Musik wird gemacht oder ein Feuerwerk angezündet, es wird gegessen und getrunken. Auch hier gilt, daß eine intime, persönliche Stimmung, losgelöst von dem offiziellen Bestattungswesen, eine Voraussetzung dafür zu sein scheint, den Verlust miteinander teilen zu können.

Vielen Menschen ist es wichtig, nicht einen x-beliebigen *Grabstein* auszusuchen, sondern einen ganz besonderen, persönlichen Stein aufzustellen. Ein Grabstein markiert die Stelle, an der ein Mensch die letzte Ruhe gefunden hat und ist nicht zuletzt auch der Beweis dafür, daß die verstorbene Person wirklich gelebt hat. Gleichzeitig ist es eine Ehrenbezeugung, ein Ausdruck des Gefühls für die Verstorbenen.

Eine unserer GesprächspartnerInnen holte eigenhändig einen Marmorblock aus Italien, ein anderer wollte einen Findling. Hayo:

> »Über einen Stein hatten wir nie gesprochen. Nach einer Weile spürte ich das vage Gefühl, daß ich dort gerne einen Findling hätte, aber wie kommst du zu einem Findling? Eines Tages stellte sich heraus, daß ein Bekannter, ein Bildhauer, welche auf seinem Gelände hatte. Einen davon habe ich ausgesucht und bearbeiten lassen. Der Stein wurde ausgehackt, mit drei glatt polierten Flächen, die sich in einer kleinen Spitze treffen. Ganz von selbst bleibt ein bißchen Wasser darin stehen, und es ist sehr schön, wenn sich Himmel und Sonne darin spiegeln.«

Einen Stein auszusuchen gehört noch zu der 'Fürsorglichkeit', die wir den Verstorbenen angedeihen lassen. In vielen Fällen ist das Aufstellen des Steins die letzte gegenständliche Handlung, die Hinterbliebene für die Verstorbenen noch tun können. Auch dieses Aufstellen des Steins kann eine kleine Zeremonie sein, das Abschließen einer Periode; es findet vielleicht am Geburtstag der Verstorbenen statt oder ein Jahr nach dem Todestag. Eine Reihe von Personen, mit denen wir gesprochen haben, überließ das Aufstellen nicht den FriedhofswärterInnen, sondern nahm es selbst in die Hand. Je nach

Größe des Steins brachten sie ihn in einer Fahrradtasche oder mit dem Auto hin.

Das Verlangen nach einem *rituellen Tag*, einem Augenblick, in dem eine Periode abgeschlossen werden kann, findet sich häufig im Trauerzeremoniell nichteuropäischer Kulturen. »Ein zweites Begräbnis«, der Übergang zu den Vorfahren, markiert in Ghana den Abschluß der Trauerperiode. KreolInnen kennen den 40. Tag, Menschen hinduistischen Glaubens haben nach sechs und nach 12 Monaten eine weitere Trauerzeremonie. Da solche Gebräuche bei uns unbekannt sind, müssen wir uns selbst etwas ausdenken, wenn wir das Bedürfnis danach verspüren. Der Todestag, der Geburtstag der Verstorbenen, oder irgendein anderer Tag, an dem der Stein aufgestellt wurde, kann dafür geeignet sein. Marjo:

»Ich wollte gerne Ines Geburtstag feiern, als eine Art Abschluß, aber ich traute mich nicht. Ich befürchtete, bei anderen unangenehme Gefühle zu wecken, denn ich wußte auch nicht genau, wie sie damit umgingen, ob sie daran erinnert werden wollten oder nicht. Schließlich habe ich alle zum Kaffee eingeladen, ohne den Grund dafür genau zu nennen. Während wir an der Kaffeetafel saßen und Kuchen aßen, fiel plötzlich einer ein, daß doch Ines Geburtstag sei. Es wurde sehr gemütlich, wir haben viel über Ine geredet, aber auch über andere Themen. Ich bin froh, daß ich das gemacht habe.«

Aids Memorial Day

Ein offenkundig neues Zeremoniell ist die offizielle Gedenkfeier für Aids-Tote. Seit 1986 wird in Amsterdam jedes Jahr im Mai, am 'Aids Memorial Day', eine Gedenkveranstaltung gehalten. Es ist eine öffentliche Demonstration der Trauer und gleichzeitig auch ein Verarbeiten der Trauer, das in der Öffentlichkeit stattfindet.

Ein fester Programmpunkt der Gedenkfeier ist das Ausrufen der Namen der Verstorbenen, damit sie nicht vergessen werden: Die Personen, die ihnen am nächsten standen, lassen mit leiser Stimme oder gerade mit besonderer Stimmgewalt deren Namen durch die hohlen Gewölbe der Kirche erklingen.

Nach amerikanischem Vorbild werden auch 'quilts' gemacht, Decken aus appliziertem Stoff, auf denen der Name der Verstorbenen steht, und dann aufgehängt oder ausgestellt.

Trends

Ganz zum Schluß möchten wir den Veränderungen im Text der *Todesanzeigen* noch einige Worte widmen. Vor allem in *de Volkskrant* finden sich immer mehr unorthodoxe Todesanzeigen. Auffallend ist übrigens auch der unterschiedliche Anteil der Anzeigen für Frauen und Männer. Johanna Fortuin kam zu dem Schluß, daß »viel mehr Anzeigen für verstorbene Männer als für Frauen erscheinen und darüber hinaus die durchschnittliche Zahl von Todesanzeigen pro verstorbenem Mann höher liegt als für verstorbene Frauen«[30]. Daß im Durchschnitt weniger Anzeigen für Frauen erscheinen, ist vielleicht nicht so verwunderlich, weil noch immer weniger Frauen als Männer (hohe) gesellschaftliche Funktionen innehaben; daher gibt es auch weniger Instanzen, die eine Anzeige in Auftrag geben. Aber es ist hervorhebenswert, daß die absolute Zahl von verstorbenen Frauen, für die eine Todesanzeige in die Zeitung gesetzt wird, niedriger ist als die der Männer; es sterben schließlich nicht weniger Frauen als Männer. Die Untersuchung Fortuins stammt aus dem Jahr 1979. Vielleicht wird in den von uns angezeigten Veränderungen auch so etwas wie eine Höherschätzung von Frauen sichtbar.

In den Texten der Todesanzeigen sind einige Trends ablesbar: In einigen Fällen wird etwas mehr über die Todesursache ausgesagt; in den Formulierungen werden mehr Gefühle zum Ausdruck gebracht, und häufig sind Todesanzeigen – in stärkerem Maße als vorher – ein Ehrbeweis für die Verstorbenen.

Im Vergleich zu den vorangehenden Jahren fällt auf, daß immer häufiger Hinweise auf Selbstmord gegeben werden. »Du hast die Ruhe gefunden, die du gesucht hast«, »wir respektieren deinen Entschluß« sind Formulierungen, die ohne große Mühe als Hinweise auf eine Selbsttötung zu deuten sind.

Auch Aids wird als Todesursache genannt. Dies ist zweifellos auch ein Ausdruck der gesellschaftlichen Bewußtwerdung, so daß die Angehörigen nicht mehr gezwungen sind, geheimnisvolle Andeutungen zu machen. Totzdem wird es meist nicht unverblümt ausgedrückt, sondern beispielsweise die Formulierung gewählt: »Am Aids Memorial Day verstarb ...«

Todesursachen wie Verkehrsunfälle oder Abstürze von BergsteigerInnen werden auch genannt, doch damit hört die Mitteilungsbereitschaft der InserentInnen meist auf. Es scheint fast, als genierten sich die Angehörigen ein bißchen zu berichten, was die Todesursache war. Manchmal finden sich Formulierungen auf der Anzeigenseite, die wirklich neugierig machen können, wie zum Beispiel: »Seinem Leben wurde plötzlich ein schreckliches Ende gesetzt.« Was ist dieser Person wohl widerfahren, wurde sie vielleicht ermordet? Die Hinterbliebenen haben offensichtlich das Bedürfnis, ihrer Abscheu und ihrer Trauer Ausdruck zu verleihen, aber es wird als ungehörig betrachtet, über die genaue Todesursache Auskunft zu geben.

Klischees werden in den Texten jedoch immer häufiger vermieden. Statt dessen wird nach einer neuen Weise der Mitteilung gesucht, wie wichtig die Verstorbenen für ihre nächsten Angehörigen waren und was sie oder er im Leben erreicht hat. Gedichtzeilen werden häufig zitiert. Anstelle des traditionellen »In ihr verlieren wir eine wertvolle Mitarbeiterin« finden sich heute auch längere Texte wie: »Sie setzte sich mit ihrer ganzen Kraft und Leidenschaft für das Entstehen und Funktionieren unserer Sozialstation ein.«

Die Anzeigen haben nach und nach wieder eine erweiterte Funktion bekommen. Sie sind nicht mehr nur die knappe Mitteilung des Todes mit der Aufforderung, am Begräbnis oder der Feuerbestattung teilzunehmen, sondern werden wieder zu einer Möglichkeit, öffentlich Gefühle und Ehrbeweise auszusprechen – wie es auch vor zwei Jahrhunderten der Fall war.

Deutlich ist, daß es keine neuen, festgelegten Zeremonien gibt, die die Lücke unserer verlorengegangenen ritualisierten Trauerverarbeitung füllen können. Aber immer mehr Menschen verhalten sich unorthodox und suchen eine besondere Form für die Trauerarbeit und auch für Beileidsbezeugungen. Wir können vielleicht sagen, daß eine Individualisierung in Gang gekommen ist und dabei nach Zeremonien und Ritualen gesucht wird, die zur Lebensart der Verstorbenen und der Hinterbliebenen passen.

Ein roter Sarg

Interview mit Ria

Marieke starb mit 22 Jahren an Aids. Eine kräftige und lebenslustige Frau, die in ihrem kurzen Leben viel durchgemacht hatte. Fünf Jahre zuvor ist sie drogenabhängig gewesen, aber nach einem langen Weg durch alle möglichen sozialen Einrichtungen aus eigener Kraft clean geworden.

Sie wohnte in Frankreich, als sie schwanger wurde. Der Aidstest, den sie zu aller Sicherheit hatte machen lassen, war positiv. Unmittelbar darauf ließ sie einen Schwangerschaftsabbruch vornehmen. Ihr französischer Freund hatte sie heiraten wollen, die Karten waren schon verschickt. Als er erfuhr, daß er selbst noch nicht HIV-positiv war, wagte er es nicht mehr, sie zu berühren. Schließlich beendete Marieke die Beziehung und kehrte in die Niederlande zurück. Ihr Gesundheitszustand war zu diesem Zeitpunkt stabil.

Ein Jahr lang arbeitete Marieke und reiste zwischendurch immer wieder nach Frankreich. Dann zeigte sich eine ernste Form von Krebs. Nach kurzer Behandlungszeit im Krankenhaus stellte sich heraus, daß sie nur noch wenige Wochen zu leben hatte. Marieke starb im Dezember 1988.

Die Geschichte von ihrer Krankheit, ihrem Tod und dem Begräbnis wird von ihrer Mutter Ria erzählt, mit Ergänzungen von einem Freund Mariekes.

»Nachdem sie aus dem Krankenhaus entlassen worden war, lag sie noch vier Wochen bei mir zu Hause. Durch die Vermittlung der Amsterdamer Universitätsklinik konnten wir 16 Stunden pro Woche eine ausgebildete Pflegekraft bekommen. Aber was sollten wir mit so einer Frau in einer Zweizimmerwohnung anfangen? Am Ende lief es darauf hinaus, daß Marieke von einer Gruppe von sechs Freunden versorgt wurde, die um 12 Uhr mittags kamen. Sie sorgten dafür, daß sie alles bekam, was sie nötig hatte, und kochten auch für sie. Das war prima, denn so hatte ich die Hände frei, konnte einkaufen oder einfach ein bißchen bei ihr sitzen. Sie sorgten sehr gut für sie, bedienten sie auf jeden Wink. Sie bekam viel Besuch. Wir hatten verabredet, daß jeder Besucher nur eine Stunde bleiben konnte, sonst wurde es ihr zuviel. Das kam wahrscheinlich durch die Medikamente, aber sie fühlte sich gut, sie aß viel; sie nahm zwar ab, aber ihr Gesicht sah gut aus. In der Wohnung war eine prima Stimmung. Mein Vater kam zu Besuch und sagte: 'Ich habe schon seit Jahren nicht mehr so viel gelacht.' So gemütlich war es, mit all den freundlichen Helfern.

Wenn sie am Abend weggingen, sagte ich manchmal zu ihnen: 'Vielen Dank euch allen.' Dann waren sie beinahe beleidigt: 'Wenn du das noch mal sagst, kommen wir nicht mehr.' Sie hielten das alles für selbstverständlich. Manchmal war richtig was los bei uns, ich finde keinen anderen Ausdruck dafür.

Irgendwann ging ich mit Giel, einem von Mariekes Freunden, zu einem Bestattungsunternehmen, um mich zu informieren. Wir bekamen Tee, und sie zeigten uns ein Buch mit Fotos, um einen Eindruck davon zu vermitteln, wie ein Begräbnis aussehen kann. Auch ein Kaffeetisch konnte organisiert werden. Es war alles gepflegt und ordentlich, aber zugleich fürchterlich, richtig wie am Fließband. Sie können dort sicher wunderbare Begräbnisse für Hinz und Kunz organisieren, aber nicht für unsere Marieke. Der Bestattungsunternehmer verstand nicht, was wir suchten, er hörte gar nicht richtig zu, weil das, was wir wollten, in seiner Vorstellungswelt überhaupt nicht vorkam. Giel fragte zum Beispiel, ob wir den Sarg selbst tragen könnten. Nun, davon wurde ihm völlig abgeraten, was dabei nicht alles schiefgehen könnte! Der Sarg könnte fallen, wir würden ihn nicht richtig tragen können ... Dann entstand die Idee, alles völlig ohne Bestattungsunternehmen zu organisieren.

Wenn Giel damals nicht so darauf bestanden hätte, wäre ich wahrscheinlich doch noch zu einem Bestattungsinstitut gegangen, wie schlimm ich es auch gefunden hätte. Du bist so an dieses Muster gewöhnt, daß dir der Gedanke, es selbst zu machen, erst gar nicht in den Kopf kommt. Aber dann dachte ich: 'Warum eigentlich nicht? Früher brachte der Schreiner den Sarg, und die Nachbarn geleiteten dich zum Grab.' Das ist immer noch möglich, nur sind wir es einfach nicht mehr gewöhnt.

Marieke hatte gesagt, sie wolle auf dem Ostfriedhof in Amsterdam begraben werden. Dort ist auch ein Onkel begraben, zu dem sie einen guten Draht hatte, vermutlich hat sie es deshalb gewünscht. Als ich sie fragte, warum sie lieber begraben werden wollte, meinte sie: 'Vielleicht kommen noch Leute zu meinem Grab und erzählen mir was.'

Wir sind dann dorthin gegangen, um uns umzusehen, und haben gleich dem Friedhofsverwalter gesagt, daß wir die Beerdigung selbst regeln wollen. Wir bekamen dort jede Unterstützung. Es war überhaupt kein Problem, sie halfen gerne, denn dafür waren sie schließlich da. Sie rieten uns auch, ein kleines Bestattungsunternehmen für die Dinge einzuschalten, die wir nicht selber machen wollten.

Die Farbe für das Begräbnis wurde rot. Marieke wollte gerne einen roten Sarg, aber nicht so eine furnierte Spanplatte. Giel hatte sich überlegt, daß die Griffe am Sarg unterschiedlich hoch angebracht sein müßten, weil die Leute, die ihn tragen würden, nicht alle gleich groß waren. Sie haben dann in Halfweg, einem Dorf in der Nähe von Amsterdam, einen Sarg bauen lassen, bei einer Firma, die Koffer für Musikinstrumente macht. Die Leute haben schon schlucken müssen, als sie hörten, daß jemand darin begraben werden sollte. Aber er war sehr schön, ein 'flightcase', ein roter Sarg, mit einer kleinen Aluminiumleiste eingefaßt.

Giel hat ihn von innen ganz mit Molton ausgekleidet, darüber Satin. Auch den Transport haben sie selbst organisiert. Marieke wollte kein schwarzes Auto, aber das ging nicht anders, weil uns gesagt wurde, ein schwarzer Wagen sei Vorschrift. Es war damals noch nicht so einfach, als Privatperson solche Autos zu mieten; zwei Autovermietungen weigerten sich, beim dritten ging es.

Als sie einmal damit angefangen hatten, alles selbst auszudenken, entstand so eine Art Schneeballeffekt. Immer wieder kam jemand mit einer neuen Idee. Es wurde schnell klar, daß es kein trauriges Begräbnis werden würde. Marieke wollte gerne, daß es angenehm sein sollte, mit Häppchen und Getränken. Sie wollte über das ganze Geschehen informiert sein und alles selbst organisieren; sie führte die Regie.

Keine Obduktion

Zu einem bestimmten Zeitpunkt beschloß sie, keine Medikamente mehr einzunehmen, weil sie das Ende nicht mehr länger hinauszögern wollte. Sie hatte große Angst davor zu verfallen, und das wäre mit den Medikamenten wahrscheinlich unvermeidlich gewesen. Ich empfand es als einen schrecklich schwierigen Schritt, aber als ich mich in sie hineinversetzte, konnte ich es mir doch vorstellen. Wenn noch ein Fünkchen Hoffnung gewesen wäre, hätte sie wahrscheinlich gekämpft. Aber so konnte sie mit Würde sterben.

Es ging danach sehr schnell bergab mit ihr. Ab Sonntag nahm sie keine Medikamente mehr, und zwei Tage später hatte sie wieder sehr hohes Fieber. Sie hat von jedem Abschied genommen. Fünf Tage darauf ist sie ganz ruhig gestorben.

Es ist sehr schlimm, wenn Menschen sterben, aber wenn es um junge Menschen geht, ist es wirklich unfair. Marieke war so stark, sie hat so gekämpft. Ihre Probleme mit den Drogen hat sie ganz alleine gelöst, sie ist keinem damit zur Last gefallen. Es war auch so phantastisch, daß sie schwanger wurde, sie wollte so gerne ein Kind. Ihren Körper so zu erfahren war wirklich die Krönung all ihrer Anstrengungen. Für ihre Entscheidung, Drogen zu nehmen, ist sie wirklich schrecklich bestraft worden.

Ich wollte sie bei mir zu Hause behalten. Ich hatte die Sozialstation gefragt, ob mir jemand beim Aufbahren helfen könnte, aber das lehnten sie ab. Giel ist deswegen zu einem kleinen Bestattungsunternehmen in seiner Straße gegangen und hat den Fall geschildert. Daraufhin sind zwei Männer vorbeigekommen, die sie noch etwas hergerichtet haben. Diese Firma hat auch die Papiere in Ordnung gebracht.

Von der Universitätsklinik haben sie noch angefragt, ob eine Obduktion gemacht werden dürfe. Darüber hatten wir bereits gemeinsam mit Marieke sehr lange nachgedacht. Einerseits ist es eine soziale Tat, du fühlst dich fast dazu verpflichtet. Andererseits dachten wir, daß sie in der Universitätsklinik schon sehr viel an ihr herumexperimentiert hatten, sie hatten allerlei Proben entnommen, Stückchen vom Knochen und eine Schilddrüse entfernt. Wir fanden eigentlich, daß es damit genug sein sollte. Marieke war sehr erleichtert, als wir uns dagegen entschieden hatten. Im nachhinein war ich darüber auch sehr froh, denn dadurch mußten wir sie nicht weggeben.

Außerdem habe ich das bei einer Freundin, die verstorben war, miterlebt; sie haben es damals ganz ordentlich gemacht, das schon, aber sie sah nach der Obduktion lange nicht mehr so schön und entspannt aus wie unmittelbar nach ihrem Tod.

Kleine Taschenlampe

Wir haben Marieke im Sarg auf das Bett gestellt, so daß wir daneben sitzen konnten. Sie lag da ganz friedlich im Sarg. Es war auffallend, daß sie sogar nach ihrem Tod noch eine enorme Kraft ausstrahlte und auch etwas Lausbubenhaftes. Es hätte mich nicht gewundert, wenn sie mir zwischendurch noch mal zugezwinkert hätte.

Weil sie nicht so viele Medikamente genommen hatte, blieb sie noch sehr lange schön. Sie hatte uns genau gesagt, was sie anhaben wollte: Ganz schöne Unterwäsche und darüber eine alte Jeans mit einem Loch und ein langes T-Shirt, das sie von ein paar Freundinnen bekommen hatte. Sie hatte eine kleine Kette um und einen Gürtel, sonst wäre ihr die Hose heruntergerutscht. Und ein Paar Wollsocken gegen kalte Füße.

Es kamen sehr viele Menschen vorbei, es war hier regelrecht überfüllt, ein richtiger Trubel. Auch Leute, die nachts zur Totenwache kommen wollten, aber das haben wir nicht gemacht; wir ließen das Licht brennen, während Giel und ich in der Wohnung schliefen, also lag sie dort nicht allein. Ich glaube, daß sie froh war, nachts ein paar Stunden ihre Ruhe zu haben.

Sie hatte sich auch ausgedacht, daß alle auf einen großen Bogen ihre Namen schreiben und dazu ein Foto kleben sollten; manche Leute schrieben auch eine Art Abschiedsgruß dazu. Das wurde alles an der Innenseite des Sargdeckels angebracht. Sie wollte auch eine kleine Taschenlampe mitnehmen, um zu sehen, wer sich alles auf dem Blatt eingetragen hatte.

Wir haben die Karten selbst drucken lassen. Darauf war eine rote Amaryllis, die hatten sie ihr häufig mitgebracht. Es war auch sehr schwierig, Umschläge mit Trauerrand zu finden. Die sind nämlich notwendig, um bei der Post vorrangig verschickt zu werden. Ich dachte, du gehst einfach zu einem Schreibwarengeschäft – aber dort gibt es so etwas nicht zu kaufen. Wir haben bestimmt 10 Druckereien angerufen, schließlich haben wir welche über einen Bekannten besorgen können. Das überlegst du dir vorher nicht, aber auch solche Dinge müssen über ein Bestattungsunternehmen organisiert werden.

Auf den Karten und in der Anzeige stand der Text: 'Nichts im Leben ist ohne Bedeutung.' Sie wollte keinen Trauerrand um die Anzeige haben, nur ihren Namen und den Termin der Beerdigung.

Am Mittwochabend habe ich gewartet, bis alle Freunde, die uns geholfen hatten, da waren. Dann haben wir gemeinsam den Sargdeckel geschlossen. Am nächsten Tag haben sie Marieke selbst aus dem Haus zum Wagen getragen. Der sah zum Glück ansprechend aus, mit all den Blumen und einer kleinen Gardine.

Während der Beerdigung war Mariekes Präsenz sehr stark zu spüren, weil sie alles selbst bis in die kleinste Kleinigkeit organisiert hatte. Sie hatte die Musik ausgesucht, *Wild Horses* von den Rolling Stones und eine Nummer, *Black Betty*, eine Art Heavy Metal, die für sie mit schönen Erinnerungen an ihre letzte Reise nach Frankreich verbunden war. Sie hatte gesagt: 'Alle anderen können es scheußlich finden, aber mir gefällt es, und das ist mein letzter Wille.' Danach *Marieke* von Jacques Brel; das Stück fängt ganz leise an, gelassen und ruhig, und am Ende schreit er den Namen ganz laut.

Der Hausarzt und Giel haben eine kurze Rede gehalten, und danach haben die Freunde sie zum Grab getragen und den Sarg mit Seilen heruntergelassen, nicht mit so einem Lift.

Nach der Bestattung gab es Champagner und leckere belegte Brötchen in der Aula. Die Friedhofsverwaltung hatte extra eine Ausnahmegenehmigung beantragt, damit Alkohol ausgeschenkt werden durfte.

Disco

Sie ging früher häufig tanzen bei Jansen, sie kannte dort den Chef und den Portier. Als Marieke noch lebte, standen sie eines Tages vor der Tür: 'Marieke hat uns herbestellt.' Mit ihnen organisierte sie einen Abschiedsempfang in der Discothek *Tanzen bei Jansen*. Die Disco hatte für Mariekes Party extra früher aufgemacht; sie haben daran gar nichts verdient. Marieke hatte selbst die Musik ausgesucht, für jeden ein besonderes Stück. Sie wollte gern, daß sich alle gemeinsam betrinken und nicht jeder für sich allein zu Hause sitzt und sich grämt; sie konnten ruhig ein bißchen traurig sein, aber dann sollten sich alle zusammen richtig schön vollaufen lassen.

Alle hatte einen selbstgemachten roten Trauerflor am Arm; später am Abend, als das normale Publikum dazukam, fragten die Leute: 'Was ist denn das für eine Gesellschaft?' 'Ach die, die kommen gerade von einer Beerdigung!'
Als Marieke noch lebte, hatten die Freunde für sie einen Videofilm gedreht, bei dem alle einen Sketch oder ein Lied zum besten gaben. Es endet mit einem Brunch bei ihrem Großvater, da ist sie selbst auch noch zu sehen. Sie sieht darauf furchtbar aus, weil sie die ganze Nacht durchgezecht hatte. Das erklärt sie dann auch und sagt: 'Nächstes Jahr wird's besser, das verspreche ich euch. Na ja, versprechen ...?!' Diese Aufnahme von ihr war das letzte Bild des Videofilms. Das Band lief den ganzen Abend in der Disco.

Es war alles ganz genau so, wie sie es sich ausgedacht hatte.«

Das müssen wir alles selbst machen

Interview mit Iwan und Maria

Iwan (40) und Maria (34) wohnten 1986 mit ihren zwei Kindern Hanna, eininhalb Jahre alt, und Otto, genannt Otje, der vier Monate alt war, in Delft in einem Haus an einer Gracht. Sanne, Iwans Tochter aus erster Ehe, die damals 11 Jahre alt war, wohnte zeitweise auch bei ihnen. An einem Vormittag im Februar fand Iwan seinen kleinen Sohn Otje völlig überraschend tot in der Wiege.

»Ich ging nach unten, um ihn zu holen. Maria war mit Hanna oben. Und dann fand ich ihn tot ... er war noch warm, sah ein bißchen blau aus. Ich habe ihn aus seiner Wiege geholt und mit dem Kind in meinen Armen laut geschrien. Als ich ihn zurückgelegt hatte, kam Maria angerannt. Sie rief sofort den Hausarzt an, der auch ganz schnell da war, aber nur noch den Tod feststellen konnte.
Der Hausarzt sagte uns, daß eine Obduktion durchgeführt werden müßte, um die Todesursache festzustellen. Wir haben irgendwie automatisch zugestimmt, und innerhalb von fünf Minuten war er in eine Decke eingewickelt und verschwunden. Das waren völlig besinnungslose Stunden, wir saßen hier herum, und er war nicht da, es gab auch keinen greifbaren Beweis dafür, daß er tot war. Im nachhinein gesehen gaben wir unsere Zustimmung zu einem Zeitpunkt, an dem wir überhaupt keinen Bezug zur Realität hatten, in einem schwachen Augenblick, in dem jede von außen einwirkende Kraft die Chance hat, über dich zu entscheiden. Der Hausarzt hat uns darum gebeten, und ich nehme an, wir hätten es auch ablehnen können, aber so, wie er es fragte, schwang doch mit, daß wir selbstverständlich auch wissen wollten, was die Todesursache war. Wir wußten nicht, was wir tun sollten, ich habe mich geduscht und stand weinend unter der Dusche. Maria hat Otjes Laken gebügelt.
Es ist in diesem Zusammenhang wichtig zu erwähnen, daß eine gute Freundin von uns vor zwei Jahren ein Kind hatte, das nur einen Tag

gelebt hat. Da waren wir ganz eng einbezogen gewesen. Derselbe Hausarzt sagte damals, daß sie das Kind nicht selbst begraben durften, das ginge nicht, obwohl der Vater es unbedingt wollte. Der Hausarzt hat uns damals noch gebeten, ihn davon abzubringen, das ist uns aber nicht gelungen. Unsere Freunde haben damals sehr viel selbst gemacht.

Weil wir das miterlebt hatten, gab es für uns jetzt eine Vergleichsmöglichkeit, und wir konnten nach den aufwühlenden Gefühlen des ersten Augenblicks überlegen, was weiter geschehen sollte. *Die Tatsache, daß wir ein Bild vor Augen hatten, mit dem wir unsere Situation vergleichen konnten, war ausschlaggebend für das, was wir weiter getan haben.*

Das erste, was wir zueinander sagten, war: 'Das müssen wir alles selbst machen.' Deswegen hat Maria auch sofort überlegt, daß Otje nach seiner Rückkehr in seiner Tragetasche liegen sollte und die seidenen Laken gebügelt werden mußten.

Es war ein Vorteil, daß der betreffende Arzt beim vorigen Mal mit eigenen Augen gesehen hatte, daß viel machbar war, von dem er angenommen hatte, es sei unmöglich. Daher fragte er uns jetzt auch: 'Wie möchtet ihr es gestalten, wollt ihr es selbst in die Hand nehmen?' Er hat einige praktische Sachen für uns geregelt, er hat Otjes Tod beim Standesamt angezeigt, die Begräbniserlaubnis beantragt und den ersten Kontakt zum Friedhof geknüpft.

Ein Selbstbausatz

Um acht Uhr morgens hatte ich ihn gefunden, und am frühen Nachmittag hatten wir ihn wieder bei uns. Die Zeit war uns sehr lang geworden. Ich habe seine Kleider etwas zur Seite geschoben und nachgesehen, wie sie ihn aufgemacht und danach wieder zugenäht hatten. Er war wirklich sehr schön wieder zurechtgemacht worden. Später ist Maria noch zum Krankenhaus gegangen, um sich dafür zu bedanken, daß der Pathologe die Obduktion so behutsam gemacht hatte.

Otje lag hier in seiner Wiege, auf dem Tisch. Wir konnten ihn die ganze Zeit sehen. Von jemandem bekamen wir einen kleinen Strauß Blumen mit Dill, der einen sehr starken Geruch hatte. Das war irgendwie eine Bereicherung. Wir bekamen Besuch, saßen bei Otje, und es brannten Kerzen. Unsere Gefühle und Gedanken waren chaotisch, all das, worauf du dich im Leben normalerweise verläßt, war plötzlich nicht mehr da. Wir versuchten, etwas Neues zu finden, über das wir uns gemeinsam unterhalten konnten. Wir haben ganze Theoriengebäude ausgesponnen über die verabscheuungswürdige Kommerzialisierung der Bestattungsindustrie, die die völlige Verwirrtheit der Hinterbliebenen ausnutzt. Sie veranlassen Dinge, die dir im nachhinein leid tun. Wir verabredeten auch, später niemandem zu erzählen, daß wir alles selbst organisiert hatten. So wollten wir verhindern, daß die Bestattungsbranche auch diese Idee wieder zu Geld machen konnte. Damit sie nicht später einen kompletten Bausatz samt Kupferschrauben verkaufen würden, mit einer Bauanleitung für den Sarg.

Am nächsten Morgen funktionierte unser Verstand wieder einigermaßen. Ich habe den Friedhof angerufen, um mitzuteilen, daß wir ihn am Samstagmorgen begraben und selbst bringen wollten. Bei dem Begräbnis des Kindes unserer Freunde stand damals der Friedhofsverwalter in einem schwarzen Anzug herum, auch so ein Symbol der Bestattungsindustrie. Daher habe ich den Mann ausdrücklich gebeten, nicht in einem schwarzen Anzug zu kommen. Daraufhin antwortete er, das sei nicht möglich. 'Vielleicht macht es Ihnen nichts aus', sagte er, 'aber den anderen Leuten würde es etwas ausmachen.' Ich erklärte, daß außer uns niemand anwesend sein würde. Aber er hatte gemeint, es könnten sich zufällig andere Menschen auf dem Friedhof aufhalten, und war überzeugt, die würden so etwas schockierend finden. Schließlich ist er dann in einem braunen Mantel gekommen, er trug sogar braune Handschuhe.
Unser Freund hatte damals eigenhändig einen kleinen Sarg aus Eichenholz geschreinert. Ich fühlte mich nicht imstande, das selbst zu machen, doch ich wollte auch nicht so einen fabrikmäßigen Sarg. Daher dachte ich: 'Ich gehe einfach zu einem Zimmermann, um einen schlichten Sarg anfertigen zu lassen.' Aber wo ich auch hinkam, ist jeder furchtbar erschrocken, als ich erklärte, was ich haben wollte, und alle sagten, sie hätten keine Zeit. Ich habe mich bei drei verschiedenen Schreinern erkundigt; einer von ihnen sagte, ich solle zurückkommen, wenn ich nirgendwo anders etwas finden würde. Mir wurde daraufhin klar, daß ich es doch selbst machen mußte. Ich habe den kleinen Weidenkorb ausgemessen, in dem er lag, damit der genau in den Sarg hineinpassen würde; der Korb sollte die Innenausstattung des Sarges sein. Ich habe furchtbar lange hin und her

überlegt, wieviel Platz ich über seinem Gesicht lassen sollte, schließlich habe ich noch zwei Zentimeter mehr zugegeben, damit der Sargdeckel nicht allzu dicht über seinem Gesicht wäre.

Ich bin schließlich zu einem Baumarkt gegangen, wo ich das Holz nach Maß habe sägen lassen. Nebenan gab es eine Werkstatt mit Schraubstöcken und Werkzeug; ich habe sie gefragt, ob ich die Holzplatten dort zusammenschrauben könnte. Es war unheimlich kalt, es gab keine Heizung. Während ich bei der Arbeit war, kam einer der Angestellten und fragte mich, was ich da eigentlich mache. Ich sagte es ihm, und er verschwand ganz leise. Kurz darauf kam der Chef und sagte, daß ich mich melden sollte, wenn ich etwas brauchte, Handgriffe oder etwas anderes. Mir fehlte nichts, aber das war eine nette Geste. Etwas später brachte jemand eine Tasse Kaffee und sagte, ich könne mich im Raum nebenan beim Ofen aufwärmen, wenn mir zu kalt würde. Ansonsten ließen sie mich dort ganz allein bei geschlossener Tür arbeiten. Ich habe dort ganz alleine den Sarg zusammengebaut.

Als ich fertig war und zahlen wollte, sagte der Chef – nachdem der Angestellte mit zitternden Fingern zusammengerechnet hatte, wieviel Holz ich verbraucht hatte –, daß ich dafür nicht zahlen mußte. Ein netter Mensch.

Abends habe ich Otjes Namen auf den Sarg gemalt, und wir haben den Korb in den Sarg gestellt. Wir sind sehr lange daneben sitzen geblieben. Es war uns doch eine große Beruhigung, daß er im Haus war und wir jederzeit zu ihm gehen konnten. Nicht zuletzt, weil wir es eigentlich immer noch nicht glauben konnten. Jetzt war es nicht notwendig, sich immer wieder zuzureden: 'Mein Sohn ist tot.' Wir konnten jederzeit hingehen, mitten in der Nacht oder morgens früh, und uns damit auseinandersetzen. Das war uns sehr wichtig.

Es kamen verschiedene Freunde vorbei, um sich von ihm zu verabschieden. Eine lange Nacht haben wir mit der Freundin zusammengesessen, deren Kind auch gestorben war. Sie hatte sich damals nicht getraut, ihren Sohn zu berühren, nachdem er gestorben war. Bei uns hat sie das ein wenig nachgeholt, jetzt konnte sie Otje fühlen und berühren, was sie bei ihrem eigenen Sohn nicht gekonnt hatte.

Schwarze Fahne

Am Samstagmorgen haben wir erst noch bei Otje Kaffee getrunken, und dann haben wir Abschied von ihm genommen; Hanna und Sanne waren auch dabei. Wir haben ihm allerlei Dinge, die er gern mochte, in den Sarg mitgegeben, auch seine Mütze und den Pinsel, mit dem ich seinen Namen auf den Sargdeckel geschrieben hatte. Dann haben wir den Deckel festgeschraubt. Wir sind zu viert in unserem eigenen Auto zum Friedhof gefahren.

Für uns war es vollkommen natürlich, nur zu viert hinzugehen. So ein kleines Kind hat in erster Linie eine Bedeutung für uns. Wenn er älter gewesen wäre, hätten wir uns eher überlegt, andere Menschen einzubeziehen, weil Kinder dann schon Teil eines gemeinsamen Lebens sind. Aber das war bei ihm noch nicht der Fall.

Auf dem Hinweg hat uns noch jemand zugewinkt, und dabei wurde mir erst bewußt, daß niemand wissen konnte, daß bei uns etwas Einschneidendes geschehen war. Nach Otjes Geburt hatten wir die Fahne gehißt; in diesem Augenblick beschlossen wir, nach unserer Rückkehr eine kleine schwarze Fahne zu machen und draußen aufzuhängen.

Das Friedhofstor stand offen, wir konnten einfach durchfahren. Die Sonne schien, es war wirklich ein besonderer Tag. Hinten sahen wir den Hausarzt stehen, ohne daß wir ihn extra dazu eingeladen hatten, zusammen mit dem tatsächlich in einen braunen Mantel gekleideten Friedhofsverwalter.

Weil wir in diesem Augenblick etwas zu tun hatten, waren unsere Gefühle nicht so heftig; ich kann mir vorstellen, daß es weitaus schwieriger ist, bei einem normalen Begräbnis deine Gefühle zu beherrschen, weil du nichts machen kannst. Aber wir hatten wirklich etwas zu tun, wir brachten Otje selbst hin, wir holten den Sarg aus dem Auto und brachten ihn zum Grab. Wir hatten das Grab nicht selbst ausgewählt, aber es lag in einer Reihe von Kindergräbern, zufälligerweise neben dem Sohn unserer Freundin. Wir haben den Sarg nicht ins Grab gestellt, sondern ihn darauf stehenlassen. Das hatten wir nicht vorher ausgemacht, aber wir spürten einen Widerstand bei dem Gedanken, den Sarg hinunterzulassen. Bei jedem Begräbnis und bei jeder Feuerbestattung ist das doch immer ein schrecklicher Augenblick. Wir haben eine Weile dort gestanden und sind dann gegangen. Das Schöne war, daß wir uns noch verschiedene Male umsahen und der kleine blankpolierte Holzsarg in der Sonne glänzte, weil er noch auf dem Grab stand.

Als wir zu Hause angekommen waren, haben wir dann die Fahne genäht. Darüber können wir noch eine Geschichte erzählen, die einen bitteren Nachgeschmack hinterlassen hat. Am nächsten Tag, einem Sonntag, hatten wir die Fahne wieder hinausgehängt. Es war Fasching, und alle möglichen Gruppen lallender Menschen liefen durch die Stadt. Auf einmal hörten wir ein fürchterliches Krachen. Einige junge Leute hatten sich an die Fahne gehängt, sie samt Fahnenstock heruntergerissen und zogen damit grölend in die Stadt. Das war schrecklich, wir wollten ihnen erst noch hinterherlaufen, aber dann haben wir uns damit abgefunden. Das war das Ende der Fahne.

Später, wenn wir mit Menschen über Kinder sprachen und erzählten, daß eins unserer Kinder gestorben ist, sagten sie manchmal: 'Ja, das haben wir gesehen, ihr hattet ja eine schwarze Fahne hinausgehängt.' So haben wir noch etwas darüber erfahren, sie fanden es eigentlich etwas Besonderes, eine Nachbarin meinte sogar, es wäre mutig gewesen.

Fahrradtasche

Um den richtigen Grabstein auszusuchen, sind wir zu einem Geschäft für Natursteine gegangen und haben einen Marmorstein mit einem schönen warmen Ton ausgesucht, in Rosa. Wir haben nur 'Otto' einmeißeln und die Buchstaben nicht mit Farbe nachziehen lassen. Es stellte sich heraus, daß so ein Grabstein 'plaziert' werden muß: Du gibst den Auftrag, und dann wird er für dich hingelegt. Das wollten wir jedoch ebenfalls selbst tun; wir haben den Stein in die Fahrradtasche gesteckt und sind damit zum Friedhof gefahren. Dort haben wir ihn niedergelegt und ganz blankgeputzt. Unser kleiner Stein fällt wirklich auf, seine warme Steinfarbe leuchtet zwischen all den kalten, weißen Grabsteinen mit schwarzer Schrift.«

Afrikanischer Sarg; Ausstellung »De Tweede Begrafenis«, Museum voor Volken-
kunde, Rotterdam 1989

5

Andere Kulturen

Die Niederlande sind eine sogenannte multikulturelle Gesellschaft. Es bestehen verschiedene nichtwestliche Begräbnis- und Verbrennungstraditionen, aber der größte Teil der alteingesessenen NiederländerInnen hat kaum eine Vorstellung davon, wie zum Beispiel Sinti und Roma, ChinesInnen, KreolInnen, oder Menschen jüdischen, hinduistischen oder moslemischen Glaubens mit ihren Toten umgehen. Ein besonders auffälliges Beispiel war die Reaktion zahlreicher NiederländerInnen nach der Flugzeugkatastrophe im Juni 1989, bei der ein Flugzeug über Surinam abstürzte. Verwundert wurde zur Kenntnis genommen, wie anders die surinamische Gemeinschaft um ihre Toten trauerte: Im Fernsehen waren weinende SurinamerInnen zu sehen, die versuchten, ein Flugzeugticket zu bekommen, weil sie ihrer Familie in Surinam beistehen wollten; die RAI Messehallen in Amsterdam waren mit zehntausend singenden und lautstark trauernden Menschen überfüllt. Der Journalist Wilfred Lionarons berichtet anläßlich der Trauerfeiern in Surinam in der Tageszeitung *de Volkskrant* über seine Erfahrungen mit den dortigen Trauerzeremonien:

»Jeden Abend wurde – acht Nächte lang – von Sonnenuntergang bis in die frühen Morgenstunden zu Hause gesungen und gebetet. Unter der Leitung einer Religionsgemeinschaft, die in Surinam 'begi' heißt, wurden die 'anansitoris', die traditionellen Spinnengeschichten, erzählt. Dutzende von Familienangehörigen und Freunden nahmen daran teil. Es ging laut und lebhaft zu, und es wurde viel 'dram' und 'skrati', Rum und Kakao, getrunken. Am achten Abend wurde die tiefste Trauer mit einer Art großen Feier abgeschlossen. Die Familie ist danach imstande, die weitere Trauerperiode alleine zu bewältigen, lehrt uns die Tradition.«[31]

Darauf gibt Lionarons Auskunft über das Aufsehen, das die Begräbniszüge für die Opfer des Flugzeugunglücks in Surinam erregten. Hunderte von Menschen standen entlang der vorgesehenen Route, besonders an den Straßenecken, um die artistischen Tanzschritte zu bewundern, mit denen sich die Träger mit dem Sarg um die Ecken bewegten. Bei den Angehörigen der hinduistischen Religion sangen die Klagefrauen Trauerlieder während der Totenwache, und die Toten wurden an dem 'Weg zum Meer' in Paramaribo öffentlich auf Brandstapeln verbrannt. Solche Gebräuche werden in bescheidener Form auch in den Niederlanden in Ehren gehalten, insoweit sie nicht im Widerspruch zur niederländischen Gesetzgebung stehen.

Das Akzeptieren von anderen, nichteuropäischen Begräbniszeremonien ist offenbar ein großer Schritt, zu dem sich die Menschen in den Niederlanden nur zögerlich entschließen. Die Änderungen zum Bestattungsgesetz, die es kulturellen Minderheiten erleichtern würden, nach ihren eigenen Ritualen Abschied zu nehmen, sind seit 1961 nicht vom Parlament verabschiedet worden*. Zur Zeit sind diese Menschen noch auf das Entgegenkommen der Krematorien, Friedhöfe und Bestattungsunternehmen angewiesen, wenn sie ihre Vorstellungen umsetzen wollen.

Friedhöfe

Für viele kulturelle Minderheiten ist es sehr wichtig, einen eigenen Friedhof zu haben. Angehörige des moslemischen Glaubens müssen beispielsweise in geweihter Erde und mit dem Kopf Richtung Mekka liegen. Für Jüdinnen und Juden ist ein eigener Friedhof von Bedeutung, weil jüdische Gräber nicht geräumt werden dürfen. Dies teilen sie mit anderen Kulturen: Für Moslimen und Moslems gilt ebenso, daß die Totenruhe nicht gestört werden darf.
In den Niederlanden gibt es seit Anfang des 17. Jahrhunderts jüdische Friedhöfe. 1614 wurde der erste portugiesisch-jüdische Friedhof in Ouderkerk an der Amstel eingeweiht. Die Erlaubnis für die Begräbnisse wurden dort jedoch nur unter der Bedingung gegeben, daß die Begräbnisse in aller Stille und ohne jedes Zeremoniell stattfanden, damit die DorfbewohnerInnen keinen Anstoß nehmen

---

* Das neue niederländische Bestattungsgesetz, dessen Entwurf auf das Jahr 1961 zurückgeht, wurde mittlerweile im Juli 1991 verabschiedet [Anm.d.Lektorin].

könnten. Der Widerstand der EinwohnerInnen war tatsächlich groß; sie gingen sogar so weit, sich sechs Jahre nach der Einweihung zu weigern, für jüdische Beerdigungszüge die Schlagbäume zu heben, so daß der Vogt eingreifen mußte. Darüber hinaus mußten für jüdische Begräbniszüge beim Passieren von Zollgrenzen und beim Vorüberziehen an allen christlichen Kirchen Sondersteuern entrichtet werden. Erst 1721 wurden diese Bestimmungen abgeschafft.[32]

Inzwischen gibt es in einigen Orten in den Niederlanden moslemische Friedhöfe, oder es werden zumindest bestimmte Bereiche der Friedhöfe für Moslimen und Moslems reserviert. Dabei wurden verschiedene kreative Lösungen für das Problem gefunden, daß die Toten nach moslemischem Glauben ohne Sarg beerdigt werden müssen, was die niederländische Gesetzgebung verbietet. Särge mit Scharnieren an der Bodenplatte und offene Särge sollen MohammedanerInnen die Möglichkeit geben, am Tag der Auferstehung über ihr vergangenes Leben Rechenschaft abzulegen. Nach den Vorschriften einiger islamischer Gruppierungen müssen die Toten aufrecht sitzend begraben werden. Dazu sind Särge von etwa 90 cm Höhe erforderlich, oder es muß ein zusätzlicher Raum über dem geöffneten Sarg mit Hilfe von Brettern freigehalten werden, damit genügend Platz für die sitzende Haltung des Leichnams ist.

Aber der weitaus größte Teil der Moslimen und Moslems, die noch Verwandte in ihrem Heimatland haben, läßt sich dort begraben. Nach Angaben des Ausländerzentrums in Amsterdam werden 90 % der ungefähr 60 000 in Amsterdam lebenden MarokkanerInnen und TürkInnen nach ihrem Tod in ihr Heimatland überführt. Die meisten haben bei einer Bank eine Versicherung für den Transport des Sargs in die Türkei oder nach Marokko abgeschlossen.

Hinduismus

Nach der niederländischen Gesetzgebung ist es verboten, bei der Verbrennung anwesend zu sein. Hinduistische Gebräuche schreiben jedoch die Anwesenheit eines Priesters, des Pandit, beim Scheiterhaufen zwingend vor. Darüber hinaus ist der älteste Sohn verpflichtet, das Feuer anzuzünden. Durch die Vermittlung der Stiftung Ganesh, der Interessenvertretung der hinduistischen Religionsangehörigen, konnte mit den Krematorien ein relativ befriedigendes

Arrangement geschlossen werden: Direkte Familienangehörige, in der Regel jedoch nicht mehr als fünf Personen, dürfen im Krematorium bei den Verbrennungsöfen anwesend sein. In einigen Krematorien ist es dem ältesten Sohn erlaubt, den Sarg in den Ofen zu schieben. Vor allem aus Rücksichtnahme auf Angehörige des Hinduismus haben neue Öfen eine kleine Glasscheibe in der Tür, damit die Flammen sichtbar sind.

Aber es sind nicht nur gesetzliche Bestimmungen, die im Wege stehen. Hinduistische Frauen und Männer beklagen sich beispielsweise darüber, daß im Krematorium viel zuwenig Zeit zur Verfügung stehe, um die vorgeschriebenen Trauerrituale gebührenderweise auszuführen. Es handelt sich um ein umfangreiches Zeremoniell, bei dem zunächst alle Anwesenden von den Verstorbenen Abschied nehmen, dabei Blumen in den Sarg legen und die Verstorbenen mit Duftstoffen besprühen. Der Priester sitzt mit dem ältesten Sohn auf der Erde vor einem offenen Feuer, das in einer Schale brennt. In dieser Feuerschale werden fünf Opfer, sogenannte 'pindhs', gebracht, die für die fünf Elemente stehen, aus denen der Körper aufgebaut ist. Es wird für die Reinkarnation der Verstorbenen in einem vollendeten menschlichen Körper gebetet. Danach spricht der Priester zu den Hinterbliebenen. Für das ganze Ritual steht jedoch leider nur eine Stunde Zeit zur Verfügung; das ist meistens nicht ausreichend, und das Zeremoniell muß verkürzt werden, weil die nächste Trauergemeinde schon vor der Tür wartet.

Zu Hause Aufbahren

Neben gesetzlichen Bestimmungen und der Schwierigkeit, fremde Rituale in die niederländische Kultur einzubetten, behindert auch ethnozentristische Voreingenommenheit die Gestaltung anderer Trauerkulturen, die in diesem Land nicht bekannt sind. Aus unseren Interviews ging hervor, daß in zwei Fällen ein Standesbeamter NiederländerInnen, die aus Surinam stammen, die Zustimmung verweigert hatte, das verstorbene Familienmitglied zu Hause aufzubahren. Filia, eine der Betroffenen, berichtet in diesem Buch, der Beamte habe die Zustimmung nicht erteilt, weil die Unruhe im Treppenhaus durch die vielen BesucherInnen die NachbarInnen belästigen würde. Das ist wirklich ein kurioses Beispiel eines eigenmächtigen Auftretens von BeamtInnen, da in keiner Gesetzesstelle das Aufbahren zu Hause verboten ist. Außerdem geht es die Ämter nichts an, wie häufig die Treppe benutzt wird; die meisten Leute machen das mit ihren NachbarInnen selbst aus. Wahrscheinlich hatte der betreffende Beamte Vorurteile gegenüber unbekannten Begräbnisgebräuchen und nutzte die allgemeine Unwissenheit in diesem Punkt für die Behauptung aus, daß es nicht erlaubt sei.

Das hatte zur Folge, daß diese kreolische Familie eine Woche lang zu dem Beerdigungsinstitut fahren mußte, um dort die Totenwache zu halten. Eine besonders unglückliche Regelung, weil die Angehörigen dort nur bis sechs Uhr abends bleiben konnten, anstatt, wie in ihrem Heimatland üblich, auch abends und in der Nacht zu wachen.

Die niederländische Verschlossenheit gegenüber dem Tod hinterläßt auch für die kulturellen Minderheiten, die dieses calvinistische Land bevölkern, seine Spuren: Konfrontiert mit dem endlosen Warten auf die Reform der Gesetzgebung und einer Mentalität, die am besten mit dem Satz charakterisiert werden kann: »Benimm dich normal, dann benimmst du dich schon verrückt genug«, ist es für die allochtone Bevölkerung nicht einfach, ihre eigenen Bestattungsrituale durchzuführen. Außerdem versäumt die niederländische Kultur, die selbst so wenige Rituale kennt, damit die Chance, sich von den Traditionen anderer Völker und Religionen zu neuen Formen inspirieren zu lassen.

Bei uns tanzen die Sargträger zum Grab

Interview mit Filia

Filia ist eine begeisterungsfähige, herzliche Frau. Sie erzählt sehr anschaulich und wählt ihre Worte mit Sorgfalt. Im Gespräch kommt regelmäßig der Unterschied zwischen SurinamerInnen und NiederländerInnen zum Ausdruck: Sie wundert sich über die Kälte und die Distanziertheit, die in den Niederlanden üblich sind.
1974 kam Filia mit ihrer zweijährigen Tochter und ihrem einjährigen Sohn aus Surinam. In den Niederlanden arbeitete sie als Krankenschwester. Seit 1985 unterrichtet sie an der Fachschule für Krankenpflege, daneben studiert sie noch Pädagogik. Sie wurde vor kurzem geschieden und hat mit ihrem Sohn eine neue Wohnung in Haarlem bezogen; ihre Tochter hat eine eigene Wohnung.
Filia erzählt von dem Sterben und der Beerdigung ihrer Großmutter, einer eindrucksvollen Frau von 91 Jahren, die während ihrer letzten Lebensjahre in Amsterdam bei ihrer Tochter, Filias Tante, wohnte.

»Meine Oma war nie krank. Eines Tages sagte sie: 'Ich lege mich mal kurz aufs Bett.' Nach einer Stunde schaute meine Tante nach ihr und fand Oma ziemlich verwirrt. Sie rief sofort den Hausarzt an, und ehe sie sich's versah, lag Oma im Krankenhaus auf der Intensivstation und hing am Tropf.
So war es nicht beabsichtigt, meine Oma hatte immer ganz klar gesagt: 'Ich will nicht, niemals ins Krankenhaus; ich bin unheimlich alt, ich habe zwei Weltkriege mitgemacht, ich habe in zwei Weltteilen gelebt. An dem Tag, an dem ich nicht mehr aus dem Bett aufstehen kann, mußt du mich einfach liegenlassen, denn dann sterbe ich. Du mußt niemanden hinzuziehen, kein Schnickschnack, nichts.'
Meine Tante hatte den Hausarzt angerufen, weil sie nicht gleich wußte, was sie tun sollte, einfach, um nachdenken zu können. Der

Hausarzt hat einen Krankenwagen angerufen, ohne meine Tante nach ihren Wünschen zu fragen. In einer halben Stunde stand der Krankenwagen vor der Tür, und dann sagst du auch nicht: 'Fahren Sie wieder zurück', denn das traust du dich nicht.

Meine Tante rief mich an, also gingen wir noch spätabends ins Krankenhaus und sprachen mit der Stationsschwester. Wir haben erklärt, daß Oma einfach alt ist und sterben möchte. Auf der Intensivstation würde das aber ein schrecklich langwieriger Prozeß werden, Oma wolle das so überhaupt nicht. Wir wollten sie wieder mitnehmen, aber das ging nicht; sobald du in einem Krankenhaus gelandet bist, bist du denen ausgeliefert. Wir mußten bis zum nächsten Tag warten, bis der diensthabende Arzt kam.

Schließlich haben sie Oma in ein Einbettzimmer auf eine normale Station gelegt. Wir haben die ganze Nacht bei ihr gesessen und sie bis zu ihrem Tod nicht allein gelassen. Meine Tochter, mein Sohn, meine Tante und ich, es war sehr intim. Sie ließen uns zum Glück in Ruhe, es kam nicht andauernd jemand, um den Puls zu messen und solche Sachen. Das kam auch daher, weil wir gesagt hatten, daß wir das nicht für nötig hielten, wir hätten akzeptiert, daß sie dabei war zu sterben. Das wurde vom Krankenhauspersonal voll respektiert.

Früh um acht Uhr starb sie, wir waren alle bei ihr. Es war schon traurig, aber das gehört dazu; wenn du 91 bist, kannst du sterben.

Meine Oma hatte schon vorher mit ihrer Tochter besprochen, was sie wollte. Es war offenkundig, daß sie sich auf den Tod vorbereitet hatte, er kam nicht unerwartet. Wir konnten ihre Wünsche berücksichtigen. Zum Beispiel lag das Kleid schon bereit, das sie tragen wollte, wenn sie tot war. Sie hatte selbst den Stoff ausgesucht, und meine Tante hatte es für sie genäht. Sie hatte ein Kissen gestickt, auf dem ihr Kopf liegen sollte.

Meine Oma wollte unbedingt eine Woche über der Erde bleiben, bevor sie begraben wurde. Wir wissen nicht, warum, aber es war ihr Wunsch. Dafür mußten wir auf dem Rathaus die Erlaubnis einholen. Das war an sich kein Problem, aber nach Aussage des Beamten durften wir sie nicht eine Woche lang zu Hause aufbahren, denn, sagte er, das würde viel zuviel Lauferei zum oberen Stockwerk geben. Später haben wir uns gefragt, ob das wohl stimmt, aber in einem solchen Augenblick machst du dir darüber keine Gedanken. In einer

Leichenhalle war es dagegen erlaubt. In der Leichenhalle des Bestattungsinstituts wollten wir dann eine Woche lang eine Totenwache halten, aber da bekamen wir die erste kalte Dusche, auch das ging nicht: Wir mußten jeden Abend um sechs Uhr gehen. Damit hatten wir nicht gerechnet, wir dachten, sie liegt dort, und wir wechseln uns ab. Aber nein, jeden Tag kam fünf vor sechs Uhr ein Mann vom Bestattungsunternehmen und zeigte auf die Uhr. Das war ziemlich lästig, er kam einfach herein und unterbrach uns beim Reden oder Singen, als ob wir nicht von allein gehen würden.

Leichenwäscher

Kondolenzbesuche waren uns jeden Tag willkommen. Am ersten Tag wurde sie von den *Leichenwäschern* gewaschen. Das sind ältere Männer und Frauen aus der surinamischen Gemeinde, die Tote versorgen und mit der Familie Abschied von der Leiche nehmen. Es sind immer ältere Menschen, Frauen nach der Menopause oder ältere Männer. Häufig sind bereits ihre Vorfahren Leichenwäscher gewesen, und auf diese Weise wird die Tradition überliefert.

Nachdem sie gewaschen und aufgebahrt war, begannen die Leichenwäscher mit der Trauerzeremonie. Die sauber gewaschene Leiche wird der Familie übergeben, für die in diesem Moment die Trauerzeremonie beginnt. Es wird gesungen. Die Gesänge hängen vom jeweiligen Glauben der Familie ab, Protestanten singen andere Lieder als Katholiken, aber daran haben wir uns nicht strikt gehalten. Bei meiner Oma waren Menschen verschiedener Herkunft zusammen, also wurden auch verschiedene Lieder gesungen. Aber alle Gesänge klingen etwas traurig: Sie handeln vom Abschiednehmen, von der Reise ins Jenseits, von der Rückkehr zu den anderen, die bereits vorausgegangen sind. Es geht immer um den Übergang in ein anderes Leben. Jede kann anfangen mitzusingen, es gibt keine Vorsänger; wenn ein Lied gesungen ist, setzen andere zu einem neuen Lied an. Es wird auch nicht ununterbrochen gesungen, manchmal ist es still. Dann schauen alle ein bißchen vor sich hin oder reden über alles mögliche. Es geht dabei nicht immer um die Verstorbene, aber die Atmosphäre wird von der Trauer bestimmt. Wenn über die Verstorbene gesprochen wird, geschieht das, als sei sie noch am Leben; nicht in einer Weise, als wäre sie gewesen, denn das geschieht bei uns erst, nachdem sie begraben ist. Zum Beispiel: 'Schau mal, wie schön sie daliegt', oder: 'Das wird ihr bestimmt gefallen, daß wir sie so schön angezogen haben', oder: 'Das Lied, das wir vorhin gesungen haben, das mag sie nicht so gerne.' Sie ist irgendwie noch anwesend, und das ist auch so, denn sie liegt ja dort. Das gibt dir auch so das Gefühl, als ob sie sieht, was du tust. Die Trauergäste schauen zu ihr, sie wird berührt, gestreichelt, es werden liebe Dinge zu ihr gesagt. Nach und nach wird im Lauf der Woche auch Abschied von ihr genommen: 'Ruh dich jetzt aus; leg ein gutes Wort für uns auf der anderen Seite ein; du kannst sehen, was uns noch bevorsteht, versuch doch, das Schlimme von uns fernzuhalten.' Das geschieht alles auf surinamisch, denn das ganze Ritual kommt aus Surinam. Ich spreche meine Muttersprache nicht oft, aber damals erlebte ich es als die beste Möglichkeit für mich, meine Gefühle auszudrücken. Meine Tochter fing plötzlich auch an, surinamisch zu sprechen, während ich immer angenommen hatte, sie könne es überhaupt nicht. Sie wohnt seit ihrem zweiten Lebensjahr hier in Europa und hört es nie.

Oma bekommt auch Sachen mit in den Sarg: Taschentücher, um ihre Tränen zu trocknen, und auch, um die Tränen, die wir noch weinen müssen, zu trocknen. Ich weiß nicht, ob das zu dem Ritual gehört, oder ob es eine Familientradition ist. Meine Tante hat auch Bindfäden in den Sarg gelegt; sie symbolisieren die Kinder und die Enkelkinder, die nicht anwesend sein können. Eigentlich müssen die Fäden die Länge der Personen haben, die nicht dabei sind, für jede Person einen Bindfaden.

Die Leichenwäscher bleiben die ganze Zeit als Trauerbegleiter dabei. Wenn es jemandem zuviel wird, sind sie da, um dich zu trösten und mit dir zu reden. Sie haben auch die Aufgabe, kleine Kinder, die sich nicht zum Leichnam trauen, zu überreden, sich dem toten Körper zu nähern. Mein kleiner Neffe wagte es zum Beispiel nicht einmal hinzusehen. Der Leichenwäscher sagte dann: 'Komm doch, es ist überhaupt nicht zum Fürchten, es ist deine liebe Oma, komm doch mal und schau, wie schön sie schläft, wie schön sie hergerichtet ist.' Während ihm so zugeredet wurde, traute sich der Junge zu seiner Oma hin, das ging ganz gut.

Das haben wir sechs Tage lang gemacht. Meine Tante kam morgens mit Taschen voller Essen, Getränken und Plastiktellern, ich kam am Nachmittag. Aber es war nicht so gut, wie es hätte sein können, weil wir um sechs Uhr unterbrochen wurden und weggehen mußten. Wenn sie zu Hause gelegen hätte, wäre das Trauern einfach in den

Tagesrhythmus aufgenommen worden. Nun wurde das Zusammengehörigkeitsgefühl jedesmal unterbrochen, und wir mußten es immer wieder aufs neue aufbauen. Das war höchst unangenehm.

Ich glaube, wir wurden in der Leichenhalle als Störfaktor betrachtet, sie waren der Ansicht, daß sich so etwas nicht gehört. Es darf nicht gelacht werden, und es gehört sich vor allem nicht zu feiern. Dabei kann das Trauern auch als ein Fest angesehen werden, wenn jemand stirbt, der schon so alt ist. Es gibt auch etwas zu feiern, die Grenze zwischen Kummer und Freude ist hauchdünn.

Wir haben im Krankenhaus auch viel gelacht, meine Tante erzählte immerzu merkwürdige Geschichten. Das Pflegepersonal wird wohl gedacht haben, wir seien ein bißchen übergeschnappt, da liegt ein Mensch und stirbt, und die Angehörigen kriegen sich nicht mehr ein vor Lachen ...

Meine Oma war ein ganz besonderer Mensch, eine ganz starke Frau, sie war sehr wichtig für uns.

Während sie in der Leichenhalle lag, haben wir das Grab besorgt. Sie hatte gesagt, wo sie begraben werden wollte, aber wir mußten noch den richtigen Platz aussuchen. Sie wollte nicht im hinteren Teil liegen, sondern vorne, damit wir nicht zu weit laufen müßten, wenn wir sie besuchen.

Sie hatte herausbekommen, daß es in den Niederlanden Stapelgräber gibt. Sie wollte auf keinen Fall in ein Stapelgrab, sondern ein Grab ganz für sich allein. Wir mußten also ein Familiengrab nehmen, das kostet einen Haufen Geld, das war uns vorher gar nicht klar gewesen. Als wir an ihrem Grab standen, mußten wir wirklich darüber lachen, meine Tante sagte: 'Das mußt du dir vorstellen, was sie für eine Hexe ist, das hat sie prima eingefädelt, daß sie jetzt ganz allein in einem Familiengrab liegt!' Wir konnten mit dem Lachen nicht mehr aufhören, der Priester wird sich seine Gedanken gemacht haben.

Trauerkleidung

Weil wir wußten, daß meine Oma Wert darauf legte, haben meine Tante und ich Trauerkleidung getragen. Bei den SurinamerInnen hier in den Niederlanden ist das nicht mehr so üblich, in Surinam dagegen wohl. Dort gibt es spezielle Kopf- und Umschlagtücher für die Trauer. Manchmal werden auch Trauerkleider genäht, die nicht frivol sein dürfen. In Trauer zu sein heißt, bis zum 40. Tag nach dem

Tod keine grellen Farben zu tragen. Die Familie vereinbart, wie getrauert wird, in Schwarz oder in Weiß. Wir hatten uns für schwarz entschieden, also trugen meine Tante, die Kinder und ich bis zum achten Tag schwarze Kleidung. Die Trauer gilt für die nächsten Angehörigen, aber alle kommen passend gekleidet zum Begräbnis, das gehört sich so.

Das Grab zuschaufeln

Meine Oma wollte nach einem Gottesdienst von der Kirche aus begraben werden. Zunächst lag sie noch in der Friedhofskapelle aufgebahrt. Sie war katholisch, wenn es ihr gerade paßte, manchmal ging sie auch in die Kirche. Sie legte Wert darauf, von einem Priester ausgesegnet zu werden. Es war ein Mann, der sie kannte, ein weißer Priester, der etwas von den surinamischen Sitten und Gebräuchen wußte – hier habe ich übrigens noch nie einen schwarzen Priester gesehen. Es wurde also eine Totenmesse für sie gehalten. Die Kirche war voll, ich weiß nicht, wo all diese Menschen herkamen. Einer meiner Freunde war später sehr entrüstet, weil ich ihn nicht angerufen hatte, denn dann wäre er zur Beerdigung gekommen, mir zuliebe. In den Niederlanden gehen die Leute nicht zu einer Beerdigung, wenn sie die Verstorbenen nicht persönlich gekannt haben – in Surinam ist das durchaus üblich.

Mitten im Gottesdienst fing eine meiner Tanten plötzlich an, in der Kirche irgendein surinamisches Lied zu singen; es wurde einfach angestimmt, es war ein Lied, das absolut nicht christlich war. Ich dachte mir: 'Nur gut, daß dieser Priester das nicht alles versteht.'

Danach haben wir sie zusammen zum Grab getragen. Wir wollten keine fremden Träger haben. Ihr hätte es bestimmt auch nicht gefallen, auf Rädern zum Grab gebracht zu werden, also dachten wir: 'Tragen wir sie doch gemeinsam.' Die Männer des Bestattungsvereins haben dann geholfen, den Sarg auf das Grab zu stellen. Der Priester begann zu predigen, und während der Predigt wurde der Sarg ins Grab gesenkt. In Surinam wirft die Familie Erde in das Grab, bis es richtig zugeschüttet ist, das geht ganz schnell. Wir haben zwar Erde auf den Sarg geworfen, aber ich weiß nicht, wo hier die Erde gelassen wird, bei dem Grab lag zu wenig Erde, um es wirklich zuschaufeln zu können. Wir haben uns noch ein bißchen umgesehen, aber es lag nirgendwo ein frischer Erdhügel.

Während alle Erde auf den Sarg werfen, werden Worte gesprochen wie: 'Jetzt habe ich dich begraben, jetzt werfe ich Erde auf dich, jetzt ist es wirklich vorbei, jetzt mußt du ruhen. Ruhe dich nur aus, du hast lange genug gelebt, paß gut auf uns auf. Vergib uns alles, was wir dir angetan haben, zwischen uns gibt es keinen Haß mehr, alles, was in unserer Beziehung schlecht war, haben wir nun vergeben. Wenn wir jetzt an dich denken, dann nur an das Gute.' An dieses Versprechen halten sich alle; jeder sagt es auf seine Weise. Es wird auch geweint, das gehört dazu, weil es traurig ist. Aber gleichzeitig fällt der Abschied auch nicht schwer, denn schließlich ist sie alt geworden, 91 Jahre. Auf die Dauer steht uns allen das gleiche Schicksal bevor, und wir sagen ja auch zu ihr, daß wir hoffen, auf die gleiche Weise so alt zu werden wie sie: ohne Krankheit, ohne allzu schwere Schicksalsschläge. Solche Gedanken werden am Grab ausgesprochen. Wir nehmen auch Abschied für alle Leute, die nicht dabeisein können; ich sprach zum Beispiel für meine Mutter, die nicht da war, meine Tante für ihren Bruder. Wir nennen die Namen der Abwesenden und sagen: 'Diese Menschen sind zwar nicht hier, aber auch sie wünschen dir eine gute Reise, und du wirst ihnen später sicher wieder begegnen.' Es gab ein gutes Gefühl, diese Sätze auszusprechen.

Am Abend gingen wir wieder zum Haus meiner Tante, um die Begräbnisfeier abzuschließen. Das war eigentlich der einzige Moment, in dem ich wirklich traurig war; in diesem Augenblick wird klar, daß sie tatsächlich nicht mehr da ist, daß wir sie wirklich begraben haben. Wir reden auch nicht länger so, als ob sie noch bei uns sei, sondern sagen: 'Sie war.'

'Ait-day'

Eine Woche nach der Beerdigung kommt die Familie wieder zusammen. Auf Kreolisch nennen wir das 'ait-day', den achten Tag. Der achte Tag ist meiner Meinung nach als eine Art kollektives Trauern gedacht: Wir fragen nach, wie sich alle fühlen, jetzt, da die Verstorbene schon acht Tage nicht mehr bei uns ist. Gleichzeitig gilt es – erneut – gemeinsam Abschied zu nehmen, dieses Mal nicht vom Körper, denn der liegt bereits im Grab: Jetzt verabschieden wir uns vom Geist der Verstorbenen.

Meine Tante hatte gekocht. Eigentlich war die Mahlzeit für meine Großmutter gedacht: In der Küche wurde für sie ein Teller mit Essen auf den Tisch gestellt. Plötzlich erinnerte ich mich auch wieder daran, daß wir als Kinder am 'ait-day' versuchten, heimlich das Fleisch vom Teller zu stibitzen. Wenn wir damals auch noch klein waren, wußten wir eigentlich doch genau, daß nicht wirklich jemand zum Essen kommen würde.

Am 'ait-day' wird wieder gesungen, Trauerlieder, wie sie bereits bei der Totenwache gesungen wurden.

Die Familie kommt nach und nach dazu, wir erkundigen uns gegenseitig nach dem Wohlbefinden der anderen; nach einer gewissen Zeit 'ist es rund', alle sind da. Dann beginnt jemand über Oma zu reden, das wird von jemandem daneben aufgenommen, und wieder von der Nachbarin, immer im Kreis. Die nächste, die an der Reihe ist, fängt an zu singen, das Singen hört zu gegebener Zeit auch wieder auf. Dafür existieren keine geschriebenen Regeln, und trotzdem weiß jede, wie es sein muß. Ich selbst wußte auch nicht, daß ich es gelernt hatte, aber als ich da saß, fühlte ich ganz deutlich, daß ich nicht singen, sondern eine Geschichte erzählen mußte. Es sind Erzählungen, mit denen die Erinnerungen an die Verstorbene einander weitergegeben werden; im allgemeinen sind es nette Geschichten, über die auch manchmal schrecklich gelacht wird, so daß dir der Gedanke kommen kann: 'O ja, das hatte ich vergessen, daß sie solche idiotischen Sachen anstellen konnte!' Oder: 'Den Streich, den sie damals jemandem gespielt hatte, den hatte ich ganz vergessen.' Es gab viele Erzählungen über meine Oma, denn sie war eine ganz besondere Frau, die sich nicht auf der Nase herumtanzen ließ.

Durch diesen 'ait-day' kam eine ganze Menge Emotionen wieder hoch, die ich völlig verdrängt hatte. Ich merke, daß ich jetzt auch anders über sie denke als zu ihren Lebzeiten. Durch ihr wirklich sehr hohes Alter war sie viel kleiner geworden und hatte an Einfluß verloren. Durch die Trauerklage gewann sie ihre frühere Gestalt zurück, bis sie wieder zu einer starken, dominanten Frau wurde. Jeder wußte, welche Meinung sie zu bestimmten Punkten hatte und daß mit ihr nicht zu spaßen war. Es wurde eigentlich lediglich Gutes über sie geredet, oder, wenn es sich um etwas handelte, was nicht so angenehm war, dann wurde es so erzählt, daß es keine Vorbehalte mehr gab. Es ist so gedacht, daß niemand mit Groll oder unverarbeiteten Gefühlen zurückbleibt, die sind ins Grab geworfen worden. Die Emotionen müssen verarbeitet werden; wenn du mit etwas Probleme hast, wenn du ein ungutes Gefühl hast, dann erzählst du es. Mit allen gemeinsam wird dann versucht, diese Erfahrung ins

Positive zu wenden: Angenommen, sie hat wirklich jemandem einen Streich gespielt, dann könnte die betreffende Person sagen: 'Wenn ich jetzt noch dran denke, was sie mir damals angetan hat, dann bin ich immer noch böse auf sie.' Darauf käme dann die Erwiderung: 'Ja, aber dann hast du doch vergessen, wie sie dir bei dieser anderen Gelegenheit eine große Stütze war.' Es sollte nicht so sein, daß du nach einem solchen Trauerzeremoniell mit einem unguten Gefühl weggehst, dann war es nicht gut, das darf nicht sein. Es muß für alle ein guter Abschluß gefunden werden. Einer meiner Onkel begann zu tanzen, einen Klagetanz, ein ziemlich monotones Stampfen. Die Nachbarn machten dem schnell ein Ende, denn die fühlten sich dadurch belästigt. Sie wußten schon, daß es sich um ein Trauerzeremoniell handelte, aber das tat offenbar nichts zur Sache, sie fühlten sich belästigt.

'Ait-day' dauert bis 'bam', bis es reicht, auf jeden Fall bis nach Mitternacht. Dann gehen alle wieder ihrer Wege.

'Banjapree'

Am 40. Tag ist die Trauerzeit zu Ende, dann gehen wir wieder zum normalen Alltag über. Wir sagen dann zur Toten: 'Wir haben dir jetzt all unsere Aufmerksamkeit geschenkt, du hast für uns alle im Mittelpunkt unseres Denkens und Fühlens gestanden. Du hast es uns ansehen können, weil wir in Trauer waren. Jetzt gehen wir wieder zu unserem täglichen Leben über, du hast dein Grab, und das werden wir auch besuchen.'

Meine Tante hat zu Ehren des 40. Tags ein 'banjapree' gegeben, das ist eine Trauerfeier für die Familienangehörigen zum Abschluß der Trauerperiode. Es ist vor allem als Möglichkeit angelegt, mit dem Geist der Verstorbenen Kontakt aufzunehmen. Das Fest fand nicht bei meiner Tante in der Wohnung statt, das wäre wegen der Nachbarn nicht möglich gewesen. Sie hatte statt dessen einen kleinen Saal im Norden von Amsterdam gemietet.

So ein 'banjapree' kann am 40. Tag gehalten werden, doch das ist nicht zwingend notwendig. An diesem Tag kommen sowieso alle zusammen, aber so ein 'banjapree' ist viel eindrucksvoller; der Verstorbenen und ihrer Familie soll etwas wirklich Gutes getan werden. Meine Tante entschied sich für ein 'banjapree', weil sie davon überzeugt war, Oma hätte in den letzten fünf Jahren, in denen sie in den Niederlanden wohnte, angefangen, sich fremd zu fühlen. Der Arzt

meinte, sie werde langsam senil, aber meine Tante meinte, sie sei einfach ihrer Umgebung ein bißchen entfremdet. Sie gab das 'banjapree',
um Oma zu beruhigen und noch einmal Verschiedenes klarzustel-
len. Es ist kein böser Wille, sondern nur höhere Gewalt gewesen,
daß wir sie nicht zu Hause aufbahren konnten und die Trauerzeremonie nicht ganz so verlaufen war, wie wir das eigentlich vorhatten.
Das 'banjapree' wurde also gehalten, um Oma günstig zu stimmen.
Auf dem 'banjapree' wird gegessen, getrunken, Musik gemacht und
natürlich getanzt. Es ist eine geschlossene Gesellschaft, Außenste-
hende kannst du nicht einfach mitnehmen. Wir hatten eine Band
mit drei Musikern, nur Trommler, keine Blasinstrumente. Es gab
auch Klagefrauen, die sangen und die Zeremonie einläuteten. Es
wurde eine ganz bestimmte Art von Musik gemacht, afrikanische
Musik, die sehr authentisch klingt. Es war auch jemand da, der das
'banjapree' leitete. Das kann nicht der erstbeste, er muß schon etwas
davon verstehen, denn die Leute können durch die Musik und alles
Drumherum in Trance geraten, 'winti' bekommen, so heißt das.
Und aus diesem Zustand müssen sie schließlich wieder herausfinden.

Martin Luther King-Modell

Es war für mich das erste Mal, daß ich als Erwachsene das gesamte
Trauerritual miterlebt habe. Es hat mir sehr gutgetan. Wenn ich einmal sterbe, möchte ich es auch so haben: Meine Kinder und die
ganze Familie sollen beieinander sein, das schafft ein gutes Gefühl.
Den Menschen in deiner Umgebung zeigen zu können, daß du traurig bist, es äußern kannst, ist ganz wichtig. Es ist wirklich angenehm, daß du auch über andere Dinge reden kannst. Alle trauern gemeinsam, du fühlst dich den anderen verbunden, du kümmerst dich
um sie. Es entsteht so ein Zusammengehörigkeitsgefühl zwischen
den Menschen, die etwas verbindet, du brauchst nur wenige Worte,
um einander mitzuteilen, was du fühlst, worin dein Kummer besteht.
Bei den wenigen Malen, die ich hier in den Niederlanden bei einem
Begräbnis war, bin ich über die Kälte erschrocken, die dabei herrschte: Der Sarg in der Mitte, und alle stehen relativ weit weg, niemand
kommt näher heran. Ich bin auch einmal auf einer Beerdigung gewesen, bei der sogar der Sarg schon geschlossen war. Er durfte auch
nicht noch einmal geöffnet werden, denn die Familie war der Ansicht,

das sei so ein unheimlicher Anblick! Ich fand es abscheulich, ich hätte gern meine Hand auf die Stirn gelegt und Abschied genommen, aber das ging nicht mehr. Noch schlimmer, ich habe einmal erlebt, daß der Sarg einen kleinen Glasdeckel hatte, als ob der Verstorbene durch ein Fensterchen herausschauen sollte.

Es ist auch so ein himmelweiter Unterschied, in Surinam tanzen die Träger mit dem Sarg, hier dagegen fahren sie den Sarg auf kleinen Rädern zum Grab. In Surinam ist es auch insgesamt viel offener, ein Bestattungsunternehmer hat einfach einen Laden, in dem die Särge stehen. Die Särge haben auch Namen, zum Beispiel das 'Kennedy-Modell' oder das 'Martin Luther King-Modell', phantastisch. Für mich gehört Sterben genauso zum Leben wie Geborenwerden. Für werdende Mütter gibt es Läden mit Babysachen; dann müßte es doch auch Geschäfte geben, in denen ich alles für die Trauerzeit kaufen kann, wenn Freunde und Angehörige sterben.«

6

Überlassen Sie ruhig alles uns

Die Bestattungsindustrie

Wenn wir uns den praktischen Fragen zuwenden, nachdem jemand gestorben ist, gilt unser erster Gedanke dem Bestattungsunternehmen – dort werden sie schon wissen, was zu tun ist. Verzweifelt wenden wir uns an Sachverständige um Hilfe und Auskunft. Das Einschalten eines Beerdigungsinstituts hat jedoch nicht immer den gewünschten Effekt. Ganz im Gegenteil, viele Menschen haben mit diesen Firmen mehr oder weniger negative Erfahrungen gemacht. Nicht alle Bestattungsunternehmen bieten tatsächlich einen schlechten Service, aber ihr Produkt, das Begräbnis, ist nun einmal standardisiert, ein Umstand, der möglichen individuellen Wünschen nicht entspricht.

Wie die meisten Unternehmen sind auch Bestattungsinstitute an Standardisierung interessiert. Sie folgen dem ökonomischen Grundprinzip, daß eine möglichst effiziente Produktion einen höheren Gewinn abwirft. Auch die Bestattungsunternehmen, die in vielen Fällen früher aus idealistischen Überzeugungen heraus als Genossenschaften gegründet wurden, sind inzwischen kommerzielle Betriebe geworden, in denen Funktionalität vorherrscht. An und für sich ist gegen eine sachliche Vorgehensweise nichts einzuwenden, wenn die Bestattungsunternehmen nicht immer wieder versuchen würden, nach außen hin den Eindruck zu erwecken, als lägen ihnen ausschließlich die Hilfeleistung und die Unterstützung ihrer Kundinnen und Kunden am Herzen.

Durch ihre Angst vor dem Tod und durch den Mangel an Erfahrung sind die KundInnen nicht kritisch. Sie lassen sich überrumpeln und bevormunden. Die Verhaltensmaßregeln, »was sich gehört« und was nicht, oder die Frage, was ein 'stilvolles' Begräbnis ist, wird von den Bestattungsunternehmen mehr oder weniger vorgegeben. Ob diese Vorgabe zum Lebensstil, dem Geschmack oder der Gedankenwelt der Betroffenen paßt, spielt dabei keine Rolle. Eine gewisse Einsicht in die Struktur der Bestattungsbranche und einige Informationen über den Lauf der Dinge im allgemeinen können dazu beitragen, daß die KundInnen in Todesfällen besser informiert und vorbereitet sind.

Die Bestattungsbranche

Nach Auskunft des CBS (das niederländische Zentrale Planungsamt, vergleichbar mit dem Statistischen Bundesamt) gab es 1987 in den Niederlanden etwa 623 Unternehmen, die sich auf die Betreuung von Begräbnissen spezialisiert hatten – 47 davon beschäftigten 10 oder mehr Angestellte.[33] Die privaten Unternehmen halten 60% der Marktanteile, die übrigen 40% entfallen auf Begräbnisvereine, -genossenschaften oder -stiftungen. Insgesamt gibt es fast 1000 selbständige Unternehmen, die zur Bestattungsbranche gerechnet werden: Taxifirmen, die auch Begräbnisse organisieren, Vereine und Genossenschaften.

Zur letzten Kategorie, zu den Begräbnisvereinen und -genossenschaften, gehören auch die ganz kleinen Firmen, die jährlich nur einige Begräbnisse oder Feuerbestattungen vornehmen. Solche kleinen Bestattungsfirmen sind ein Überbleibsel der früher üblichen 'Nachbarschaftshilfe', mit der Bestattungsindustrie haben sie nichts zu tun.

Insgesamt sind mehr als 3900 Menschen in der Bestattungsindustrie beschäftigt. 1987 betrug der Umsatz in diesem Geschäftszweig 500 Millionen Gulden, wobei in etwa ein Gewinn von 10% realisiert wurde.[34] Die Höhe des Umsatzes wird dabei von zwei Faktoren bestimmt: Von der Zahl der Menschen, die jährlich sterben, und von dem Betrag, der für eine Feuerbestattung oder ein Begräbnis ausgegeben wird. In den letzten Jahren ist die Zahl der Todesfälle in den Niederlanden in etwa gleich geblieben. Jährlich stirbt etwa 1% der niederländischen Bevölkerung, 1987 waren das mehr als 122000 Menschen. Das sind etwa 330 Begräbnisse täglich. Die Bestattungsindustrie ist eine Branche mit guten Zukunftsaussichten: Schätzungen zufolge wird sich, bedingt durch die Veränderungen in der Alterspyramide, die jährliche Zahl der Toten in 50 Jahren verdoppelt haben.[35]

Der zweite Faktor, der sich auf das Betriebsergebnis auswirkt, ist der Betrag, der für ein Begräbnis ausgegeben wird: durchschnittlich ungefähr 4.000 Gulden. Das ist viel Geld – angesichts des Mindestbetrages von etwa 3.000 Gulden für eine Bestattung allerdings keine unverhältnismäßig hohe Summe. Für diesen Preis wird die Grundleistung geboten, nämlich ein Sarg, ein Leichenwagen, ein Begleitfahrzeug, dazu Sargträger, ein Grab und 50 Trauerkarten. Werden Extras gewünscht, muß zusätzlich gezahlt werden – und die Preise sind hoch.

In der Bestattungsbranche spielen Versicherungen eine wichtige Rolle: Mindestens 70 % der niederländischen Bevölkerung hat eine Sterbeversicherung.[36]
Ein Teil der Versicherungssumme wird als Sachleistung ausgezahlt – die Hinterbliebenen bekommen also kein Geld, sondern eine Dienstleistung entsprechend einer Standardnorm. Die Versicherungsgesellschaften, die eine solche komplette Bestattung anbieten – wie in den Niederlanden z.B. 'Dela', die 'Facultatieve', die 'AVVL' und die 'Monuta Stiftung' –, organisieren die Begräbnisse in eigener Regie oder haben Verträge mit verschiedenen Bestattungsunternehmen abgeschlossen. In der Werbung wird betont, der Vorteil einer solchen Versicherung in Form von Sachleistungen liege darin, daß die Hinterbliebenen sich um nichts kümmern müssen. In der Praxis bedeutet das jedoch in vielen Fällen, daß dafür eine bis auf Heller und Pfennig und auf die Minute geplante Bestattung geboten wird, bei der von Abänderungen, einer persönlichen Unterstützung oder der Erfüllung außergewöhnlicher Wünsche nicht die Rede sein kann – es sei denn, es wird ordentlich draufgezahlt.

Die Bestattungsindustrie ist eine seltsame Branche. Der Großteil dessen, was sich in diesem Unternehmenszweig abspielt, gelangt nicht ans Licht der Öffentlichkeit. Als MitarbeiterInnen von Krematorien wegen der Verpflichtung streikten, auch samstags zu arbeiten, wurde die Aufmerksamkeit des großen Publikums zum ersten Mal auf die Arbeitsbedingungen in dieser Branche gelenkt. Darüber hinaus ist kaum etwas darüber bekannt. Vor allem die kleineren Bestattungsunternehmen müssen, ebenso wie ÄrztInnen, Tag und Nacht in Bereitschaft sein. Bestattungsunternehmer Sol meint dazu:

»Natürlich haben wir unser Auskommen. Aber meine Frau und ich konnten uns niemals etwas Besonderes leisten. Dazu hätten wir auch gar keine Zeit. Wir konnten zum Beispiel erst in den letzten Jahren Urlaub nehmen, seitdem ich drei Mitarbeiter beschäftige. Vorher gab es einfach viel zuviel zu tun. Ich könnte viel darüber erzählen, wie ich einmal eine Statistik aller Todesfälle seit dem Jahre 1929 aufgestellt habe. Es ist eine bekannte Tatsache, daß Menschen bei einem Wetterumschlag am häufigsten sterben. Ich wollte einmal sehen, ob ich statistisch bestimmen könnte, wann für mich der günstigste Urlaubstermin wäre. Das ist mir jedoch nicht gelungen. Der Tod hält sich nicht an Jahreszeiten.«[37]

Ein besonderer Aspekt des 'freien Berufs' der BestattungsunternehmerInnen besteht darin, daß es keine festen Preise oder Preisbindung gibt. Nach Angaben der NUVU, der Niederländischen Union von Unternehmern im Bestattungswesen, hat sich diese Situation historisch entwickelt und sei schwierig zu verändern. Für die Kundinnen und Kunden hat das zur Folge, daß es außerordentlich kompliziert ist, einen Überblick über die Preise von Begräbnissen oder Feuerbestattungen zu bekommen. Ein Preisvergleich ist auf diese Weise unmöglich. Die Weigerung, Preise offen zu legen, geht sogar soweit, daß den künftigen BestatterInnen während ihrer Ausbildung nahegelegt wird, auf Fragen nach einer genau spezifizierten Rechnung zu antworten: »Das ist in unserer Branche nicht üblich.«[38] Es muß noch hinzugefügt werden, daß Krematorien und Friedhofsverwaltungen durchaus spezifizierte Angebote für die Kosten einer Feuerbestattung bzw. für die Miete eines Grabes machen.

Das nach außen hin geschlossene Auftreten der Bestattungsbranche kommt auch in der Art und Weise zum Ausdruck, wie die betreffenden Zulieferbetriebe mit den Beerdigungsunternehmen zusammenarbeiten. Wenn eine Privatperson selbst eine Bestattung durchführen möchte, ist es so gut wie unmöglich, einen Sarg zu besorgen. Ein Sarg kann nicht einfach im Laden gekauft werden. Firmen, die Särge herstellen, stehen nicht im Branchenbuch, die Anschriften lassen sich nur aus Fachzeitschriften erfahren. Außerdem liefern Sargfabriken *ausschließlich* an Bestattungsunternehmen; der Verkauf an Privatpersonen ist überhaupt nicht vorgesehen.

Big brothers

Auch in der Bestattungsbranche findet eine Monopolisierung statt; für die kleineren Unternehmen wird das Überleben immer schwerer, und es besteht ein harter Konkurrenzkampf. Diese Branche ist seit jeher ein geschlossener Markt, denn das Geschäft wurde meist vom Vater auf den Sohn weitergegeben. Heutzutage entsteht Konkurrenz besonders durch die Versicherungsgesellschaften, die Standardbestattungen als Leistungen anbieten. Die Beerdigungsinstitute beklagen sich hauptsächlich darüber, daß durch die Vermischung von Versicherungen und Sachleistungen die ganze Produktpalette in einer Hand konzentriert wird, wodurch nur noch der finanzielle Gewinn und nicht länger die Qualität im Mittelpunkt steht.

Bestattungsunternehmer Sol behauptet, die Versicherungsgesellschaften mit ihren Standardbestattungen würden sich wie Aasgeier benehmen und die Bestattungsunternehmen, die von ihnen Aufträge bekommen, zu rein ausführenden Organen degradieren.[39] Vor allem die Bestattungsgesellschaft Dela (eine Abkürzung für den Bibelspruch: »Helft einander, die Last zu tragen«), die 1985 über 1,6 Millionen Mitglieder zählte, ist für eine rücksichtslose Vorgehensweise bei ihren Expansionsbestrebungen berüchtigt.[40] Diese Gesellschaft war im Süden der Niederlande ursprünglich als Gegengewicht zur katholischen Kirche aufgebaut worden, hatte sich dann aber selbst zu einem diktatorischen Machthaber entwickelt. Sie schließt zuerst mit den kleineren Unternehmen Knebelverträge, treibt sie dann in den Ruin und kauft sie schließlich auf.

Auch in dem Geschäft mit Feuerbestattungen wird der Kampf um die Marktanteile mit harten Bandagen ausgetragen. In dem neuen Gesetz über die Leichenbestattung sind Gewinne nicht länger verboten. In den letzten Jahren entbrannte wegen der offensichtlich zu erwartenden Profite ein Kampf um die Krematorien. Trotz der drohenden Überkapazität von 100 % im Jahre 2000 werden immer noch weitere Krematorien gebaut.[41] Dabei konkurrieren einerseits häufig die Gemeinden mit der Provinz, aber andererseits auch die großen Versicherungsgesellschaften untereinander. Im Juni 1988 wurde im Norden der Niederlande in der Stadt Heerenveen das 35. Krematorium eröffnet.

Kundinnen und Kunden

Es sind wirklich keine geringen Beträge, die für eine Bestattung an-
fallen – Beträge, die uns beim Kauf von anderen Produkten in derselben Preisklasse durchaus zu ausführlichen Preisvergleichen veranlassen würden. Ganz auffällig ist, daß uns beim Kauf einer Bestattung die kritische Einstellung der KonsumentInnen in jeder Hinsicht
abgeht. Über Geld wird in diesem Zusammenhang überhaupt nicht
gesprochen, und die Rechnung des Bestattungsunternehmens wird
bezahlt, wie hoch oder offensichtlich unredlich diese auch sein mag.
Ein Grund, weshalb nicht über Geld gesprochen wird, ist natürlich
der, daß Menschen bei einem Todesfall nicht danach ist, sachlich
und überlegt vorzugehen und Zahlen zu vergleichen. Ein anderer
Grund liegt aber in der allgemeinen Befürchtung, als gefühllose
Geizkragen dazustehen, wenn wir uns nach dem Preis eines Sargs erkundigen oder fragen, was ein zusätzliches Begleitfahrzeug kostet.
Es klingt, als hätten wir die paar tausend Mark nicht dafür übrig.
Auf uns könnte der Verdacht fallen, wir hätten die Verstorbenen
nicht wirklich geliebt, wenn wir sie nicht in einem besonders
schmucken Sarg zu Grabe tragen. »Das scheint mir doch sehr teuer
für einen Sarg, haben Sie nicht einen einfachen, preiswerten Sarg aus
Fichtenholz?« scheint eine zu rationale und buchhalterische Überlegung in einer derart delikaten Angelegenheit zu sein. Wir fühlen
uns, als würden wir um einen Rabatt auf unsere Emotionen feil-
schen, statt zu wissen, daß wir einen Preisnachlaß zugunsten unseres
Portemonnaies aushandeln.

Außer den psychologischen Gründen existieren auch einige praktische Hindernisse, als kritische KundInnen aufzutreten. Oft sind wir
völlig verwirrt und müde von all den Emotionen, die der Tod eines
geliebten Menschen hervorgerufen hat. Es ist nicht einfach, am Tag
des Todesfalls mit fremden Menschen sachlich zu verhandeln. Wir
haben keinerlei Erfahrung mit der Organisation eines Begräbnisses
oder einer Feuerbestattung. Wir können nicht auf Sachkenntnisse
zurückgreifen; die meisten Menschen haben keine Ahnung, was bei
einer Bestattung alles geregelt werden muß. Oft ist der Besuch des
Vertreters oder der Vertreterin eines Bestattungsinstituts der Anlaß
zu dem ersten sachlichen und ausführlichen Gespräch über eine Bestattung, das wir überhaupt führen. Vorher haben wir meist nicht
überlegt, welchen Betrag wir ausgeben möchten; das ist eben nicht

unbedingt unser erste Gedanke, und wir kennen die Preise auch nicht.

Wir nutzen in diesem Fall nicht die Erfahrung anderer, indem wir herumfragen, ob im Bekanntenkreis jemand noch 'ein zuverlässiges und preiswertes Bestattungsunternehmen' kennt. Umgekehrt werden die Bestattungsunternehmen auch nicht um ihren guten Ruf fürchten müssen, da wir unsere Unzufriedenheit über ein Begräbnis eben nicht so austauschen wie unsere Verärgerung über schlechtes Essen in einem Restaurant.

Häufig hindern unangebrachte Gefühle von Anstand und Form die KundInnen daran, einen Preisvergleich der verschiedenen Bestattungsunternehmen vorzunehmen, bevor sie sich entscheiden. Wie schon gesagt, zeigen sich die Beerdigungsinstitute meistens auch zugeknöpft, wenn wir uns über ihre Preise informieren wollen.

Wenn jemand gestorben ist, bleibt nur wenig Zeit zum Nachdenken. Entscheidungen müssen unter Zeitdruck getroffen werden, der Zeitpunkt des Begräbnisses muß festgesetzt, die Trauerkarten verschickt werden. Die Zeit fehlt, »sich woanders umzusehen« – sonst eine ganz normale Vorgehensweise.

Wer nach der Bestattung mit den gebotenen Leistungen nicht zufrieden ist oder eine unverhältnismäßig hohe Rechnung beanstanden möchte, hat nicht wirklich die Möglichkeit, seine Rechte einzufordern. Es gibt keine unabhängige Kommission, die im Falle von Streitigkeiten zwischen Bestattungsunternehmen und KundInnen eine verbindliche Entscheidung treffen könnte.[42]

Wer besondere Wünsche hat, wie das Aufbahren der verstorbenen Person in der Wohnung statt in einer Trauerhalle oder den Sarg von Freunden und Freundinnen tragen zu lassen, wird es schwer haben, diese durchzusetzen. Den Betroffenen fehlt meistens das Wissen, ob etwas möglich oder zulässig ist; oft sind in diesem Moment die BestattungsunternehmerInnen die einzigen ExpertInnen, die zu Rate gezogen werden können. »Das geht nicht« ist eine der Redewendungen, die von vielen BestatterInnen leicht dahin gesagt wird, oder auch: »Ich würde Ihnen nicht dazu raten« – womit suggeriert wird, daß unübersehbare Katastrophen stattfinden könnten, wenn der Rat nicht befolgt wird. Wer von der üblichen Vorgehensweise abweicht, geht ein Risiko ein und ist auf einmal selbst verantwortlich auf einem Gebiet, auf dem es an Erfahrungen fehlt.

Die Bestattungsbranche in Deutschland

Jährlich stirbt ca. 1,2 % der deutschen Bevölkerung. Das waren demzufolge im Jahre 1992 mehr als 800 000 Sterbefälle und ca. 2 500 Begräbnisse täglich.

Nach Auskunft des Bundesverbandes des Bestattungsgewerbes e.V. in Düsseldorf gibt es 1993 in Deutschland ca. 3 300 bis 3 500 Bestattungsunternehmen, von denen 95 % durchschnittlich 5 bis 8 Beschäftigte haben. In ländlichen Gebieten gibt es sogenannte GelegenheitsbestatterInnen, d.h. SchreinerInnen oder TischlerInnen, die gelegentlich auch Bestattungen vornehmen.

In Deutschland existieren überwiegend private Unternehmen; den 3 300 bis 3 500 privaten stehen ca. 20 städtische gegenüber, die sich vor allem in Süddeutschland befinden. Der Bundesverband hat 2 800 Mitglieder. Insgesamt haben in Deutschland mehr als 20 000 Menschen einen Arbeitsplatz im Bestattungsgewerbe.

Im Durchschnitt werden für eine Bestattung in Deutschland zwischen 3.000,- und 5.000,- DM ausgegeben.

Sie machen Standardbegräbnisse

Interview mit Hayo

Hayo ist lang und mager. Er schaut durch eine dunkel umrandete Brille in die Welt und redet mit leiser Stimme. Ein ernster junger Mann, bis er auf einmal einen subtilen Witz macht und sein ganzes Gesicht aufleuchtet: Der Schalk sitzt ihm in den Augen. Er wohnt in einem geschmackvoll und gemütlich eingerichteten Apartment im Süden Amsterdams, mit vielen antiken Möbeln und Krimskrams. Ende 1986 zog er hier mit seinem älteren Freund Ivo ein; danach stellte sich heraus, daß Ivo an Aids erkrankt war. Von Anfang an waren sie sich darüber einig, Ivo solange wie möglich zu Hause zu pflegen und die Wohnung diesen Erfordernissen anzupassen.
Die Tatsache, daß Ivo demnächst sterben würde, hatte großen Einfluß auf ihre Beziehung. Hayo mußte selbständiger auftreten, und Ivo mußte lernen, Entscheidungen anderen zu überlassen. Beide haben an einem Workshop von Elisabeth Kübler-Ross zum Thema Sterben und Sterbebegleitung teilgenommen.

»Wir haben uns Zeit dafür nehmen müssen, über praktische Angelegenheiten wie das Begräbnis nachzudenken. Am Anfang wollten wir uns damit eigentlich lieber nicht beschäftigen. Zu einem bestimmten Zeitpunkt, etwa ein halbes Jahr vor Ivos Tod, begann ich, ein Drehbuch darüber zu schreiben, wie ich mir den Ablauf vorstellte, ohne zu berücksichtigen, ob das auch umzusetzen wäre. Die Vorstellungen über das Begräbnis waren Ausdruck unserer Art des Lebens – wir waren immer schon eigenwillig und bestimmten selbst, was wir wollten und was nicht. Wir haben uns niemals von sogenannten Unmöglichkeiten abhalten lassen, von Sätzen wie: 'Tut uns leid, das geht nicht.' – 'Warum geht das nicht?' Diese Frage war für uns beide eine Lebenshaltung.
Wir haben mit einem Vertreter des Bestattungsunternehmens einen Termin gemacht, der zu uns nach Hause gekommen ist. Punkt für

Punkt sind wir das Drehbuch durchgegangen: Alles konnte geregelt werden, es gab keine Probleme.

Ivo ist an einem Donnerstag um 12 Uhr mittags gestorben. Die Krankenschwester war dabei, wir haben ihn gerade gewaschen. Er war bis zum letzten Augenblick bei vollem Bewußtsein, in der letzten Minute kam er in ein Koma, und dann hat er aufgehört zu atmen, ganz ruhig.

Ich war verwirrt, das Unvermeidliche war geschehen, aber ich wollte es dennoch nicht glauben. Ich dachte, er kommt wieder zu sich, er wird es überleben. Die Krankenschwester sagte etwas überrascht: 'Ich glaube, daß es passiert ist.' Ich habe sie gebeten, den Hausarzt anzurufen. Bis er da war, habe ich wider besseres Wissen gehofft. Der Hausarzt hat dann tatsächlich den Tod festgestellt. Er wollte wissen, ob wir mit dem Krankenhaus eine Regelung über eine Obduktion getroffen hätten. Aber wir hatten uns dagegen entschieden, weil ich ihn dann für einen Tag nicht bei mir hätte, das wollte ich nicht.

Dann habe ich gesagt, daß ich mit ihm allein sein möchte. Ich habe eine oder anderthalb Stunden neben ihm im Bett gelegen. Ich habe gespürt, wie er allmählich kalt wurde. Ich war sehr bewegt, habe aufbegehrt gegen das Unvermeidliche. Ich hatte mit einer guten Freundin, die Krankenschwester ist, abgemacht, ihn gemeinsam für das Aufbahren herzurichten. Als sie kam, haben wir noch einige Zeit zusammen gesessen und geweint. Die anderen Freunde, die inzwischen auch gekommen waren, blieben zum Glück in der Küche. Je mehr Menschen um dich herum sind, desto weniger kannst du in einer solchen Situation du selbst sein. Zusammen haben wir Ivo gewaschen, gekleidet, ihm die Haare geschnitten, den Schnurrbart etwas gestutzt. Er hatte so ein arabisches Gewand an mit einer Kapuze, das er selbst ausgewählt hatte, und weiße Strümpfe.

Vorher hatte ich große Schwierigkeiten mit dem Tod, ich hatte mir den Leichnam als etwas Unheimliches vorgestellt, aber es war überhaupt nicht unangenehm. Er lag ganz ruhig da, als ob er schlief.

Wir haben den ganzen Nachmittag gebraucht, bis etwa gegen fünf Uhr. Wir sind zum Blumenmarkt gegangen, um Blumen zu holen, Sonnenblumen und Hortensien. Als alles fertig war, habe ich Fotos gemacht.

DAVID GERMANN
MAY 27, 1954
AUGUST 16, 1986

DAVID MATHIESON
AUGUST 19, 1946
MAY 7, 1987

Amerikanischer Quilt von THE NAMES Project

Stocksteif

Allmählich konnte ich es über mich bringen, einiges zu regeln. Jemand hat den Bestatter angerufen, der jedoch erst am nächsten Morgen kommen konnte. Daraufhin habe ich selbst angerufen und gesagt, ich bestünde darauf, daß er sofort kommt, weil ich einige Sachen jetzt regeln möchte. Offensichtlich war es doch möglich. Gegen 10 Uhr abends kam einer ihrer Vertreter, ein anderer als der, mit dem wir ein halbes Jahr vorher gesprochen hatten.

Er kam herein und wollte sich den Verstorbenen ansehen. Er ging geradewegs auf ihn zu, stellte seine Tasche ab und stand stocksteif am Bett, als er sah, daß Ivo schon versorgt worden war. Er fragte sofort: 'Ist das auch richtig gemacht worden?' Er konnte einfach nicht glauben, daß wir alles ordnungsgemäß ausgeführt hatten. Er hat aber nichts mehr verändert.
Wir setzten uns an den Tisch. Er zog sein Jackett aus, krempelte die Ärmel hoch und nahm sich wirklich Zeit. Dann fing er an, ein Formular auszufüllen: 'Wie viele Begleitfahrzeuge möchten Sie? Ich werde jetzt sofort anrufen, dann werden wir ihn in den Sarg legen.' Ich hatte angenommen, daß unsere Abmachungen schriftlich vorliegen würden und er vorher die Akte aus dem Schrank genommen hätte, in der genau festgelegt war, was wir wollten. Aber er wußte von überhaupt nichts, ich mußte alles aufs neue erzählen. Ich wollte nicht, daß Ivo schon in den Sarg gelegt wurde, ich war der Meinung, er könne einfach auf dem Bett liegen bleiben. Darüber war der Mann sehr erstaunt. Er legte sofort los: 'Nein, das geht nicht, ich würde Ihnen raten, den Herrn sofort einzusargen.' Als ich mich wehrte, entgegnete er, er sei bereits seit 20 Jahren in der Branche tätig und würde mir auf Grund seiner Erfahrung wirklich nur raten, Ivo sofort in den Sarg zu legen. Ich hätte beinahe nachgegeben, denn ich dachte: 'Was weiß ich schon darüber?' Der Satz fiel: 'Es können schlimme Dinge passieren', obwohl nicht gesagt wurde, was. Ich habe diese Frage zunächst noch offengelassen.
Ich setzte mich zu Ivo und dachte: 'Nun lasse ich mich doch dazu überreden, ihn in den Sarg zu legen, obwohl ich es eigentlich nicht will.' Daraufhin habe ich dem Mann gesagt, daß ich es nicht wolle und ihn anrufen würde, wenn ich meinte, der richtige Zeitpunkt sei gekommen. In diesem Augenblick kam Ivos Tochter herein, die sofort anfing zu weinen. Ich mußte entscheiden, ob ich mich mit ihr

beschäftigen oder mich weiter auf diesen Mann konzentrieren sollte, um alles nach meinen Vorstellungen zu regeln. Anstatt mir eine Hilfe zu sein, mußte ich mit ihm eine Auseinandersetzung führen.

Totenwache

Bis zu seinem Begräbnis am Montag haben jede Nacht Menschen bei Ivo gewacht. Ich weiß nicht, warum, aber ich war irgendwie überzeugt, daß er nicht allein sein sollte. Ich habe mich oft dazu gesetzt, mußte hin und wieder auch ein paar Stunden schlafen.

Ivo hat drei Tage auf dem Bett gelegen, bis zum Samstagabend. Vom zweiten Tag an hat es ein bißchen gerochen, aber das hat mich nicht weiter gestört. Wenn du für jemanden seinen Durchfall und sein Erbrochenes wegräumst, dann sind andere Körpergerüche auch nicht so schrecklich.

Es ist also sehr wohl möglich, jemanden zu Hause aufzubahren, auch ohne Kühlanlage. Ich habe nicht einmal besonders darauf geachtet, daß die Türen und Fenster immer geschlossen waren, damit nicht zuviel Sauerstoff ins Zimmer kommen konnte.

Am Samstagabend war Besuch da, als auf einmal etwas mit Ivo geschah. Ich hörte ein Geräusch – im nachhinein betrachtet ist in diesem Augenblick seine Lunge geborsten. Das sammelte sich alles in seiner Kehle, aus seinem Mund und der Nase kamen Blasen. Ich bin sehr erschrocken, auf einmal sah er nicht mehr schön aus. Darauf entschied ich, daß er in den Sarg gelegt und auch der Deckel darauf befestigt werden sollte; ich wollte ihn eigentlich nicht mehr sehen. Ich habe angerufen, und gegen 10 Uhr kam ein Auto mit einem roten Kreuz. Ich saß noch bei Ivo, um mich zu verabschieden, da standen sie auf einmal im Zimmer, zwei Männer in weißen Kitteln. Sie waren einsatzbereit, ziemlich komisch, daher sagte ich: 'Meine Herren, Sie sehen aus, ob Sie am liebsten sofort loslegen möchten.' Das hat ihnen nicht besonders gut gefallen.

Ich hatte noch niemals einen Sarg gesehen, es war ein wirklich riesiges Ding. Ich wollte den einfachsten Sarg, furnierte Spanplatte, preiswert und nicht von innen ausgekleidet. Später sagte mir der Friedhofsverwalter, solche Särge seien wirklich nicht besonders gut, sie fallen sofort auseinander, und dadurch sackt der Boden über dem Sarg ein. Er riet zu Fichtenholzsärgen, die länger stabil bleiben, weil sie die Feuchtigkeit besser aufnehmen. Hätte ich das gewußt, hätte ich lieber einen Fichtenholzsarg genommen; die sind auch schöner, einfach sechs Holzplatten ohne überflüssige Zusätze. Das wußte ich damals aber nicht.

Ich wollte dabeibleiben, während sie ihn in den Sarg legten, aber das ist auch nicht üblich. Sie fragten mich, ob ich noch Abschied nehmen wolle, und dann sollte ich das Zimmer verlassen. Ich habe mich dann doch in die Küche gesetzt, denn es schien mir ein unschöner Anblick, wie sie Ivo, schlaff wie er war, in den Sarg hoben.

Ich hatte es mir nicht vorher überlegt, aber jemand hatte von einem jüdischen Ritual gesprochen, bei dem ein Stück Stoff aus dem Sarg hängt. In diesem Moment erinnerte ich mich daran, es schien mir ein schöner Gedanke, dann hatte ich doch noch etwas. So ein Sarg ist so endgültig, Ivo war auf einmal nicht mehr zu sehen, und es ist schwer vorstellbar, daß jemand in dem Sarg liegt. Durch dieses Stück Stoff fühlst du doch noch eine gewisse Verbindung. Die Männer haben zweifellos angenommen, wir seien verrückt, aber sie haben sich nicht eingemischt, sie haben ganz einfach ein Stück des Gewandes aufgetrennt. Sie waren eigentlich nett, alles war ganz ordentlich. Bevor sie den Deckel anbrachten, wollte ich sehen, ob er wirklich genauso dalag wie in seinem Bett. Dabei sah ich, daß ich ihm noch einiges mitgeben mußte, die Kuschelkissen, seinen Teddybär und Blumen. Ich wollte alles mögliche hineinlegen, dachte aber gleichzeitig auch: 'Nein, das brauche ich selbst, gerade das möchte ich für mich behalten', und habe diese Dinge wieder herausgenommen. Ivos Tochter hat ihm noch Pantoffeln angezogen. Während die Männer den Sargdeckel befestigten, hielten wir alle einen Teil des Gewandes in den Händen. Danach tauchte das Problem auf, wo wir den Sarg hinstellen sollten. Der Sarg auf dem Bett – das war ein sonderbarer Anblick, als ob wir gerade beim Umziehen wären und den Sarg dabei nur einmal kurz abgestellt hatten. Wir wollten ihn ins Wohnzimmer bringen, aber das war eine Plackerei, er war ganz schwer. Wir haben darüber noch gelacht; zunächst hatten wir den Sarg auf Schragen ins Zimmer gestellt, mit einer Decke darüber, aber dann nahm er soviel Raum ein. Bis ich auf die Idee kam, daß er einfach auf dem Boden stehen sollte. Das wurde sein endgültiger Platz.

'Machen Sie sich keine Sorgen'

Am Abend vor dem Begräbnis fragte ein Besucher, wie wir den Sarg aus der Haustür tragen wollten, denn der Flur ist zu eng, um den Sarg waagerecht um die Ecke zu bringen. Wir überlegten erst einmal, ob wir den Sarg hochkant hindurchbringen könnten. Das schien mir nicht weiter schlimm, das Bild ist mir bekannt von den vielen Malen, bei denen Ivo zur Bluttransfusion auf einer Trage aus dem Haus getragen werden mußte. Aber wir haben uns noch über Alternativen unterhalten, haben Seile gesucht, um den Sarg aus dem Fenster horizontal herunterzulassen, oder auch über einen elektrischen Fahrstuhl nachgedacht. Am selben Abend habe ich das Bestattungsunternehmen angerufen, aber da wußte niemand eine Antwort auf unsere Frage. Am Montagmorgen kam der Bestatter, und er hat in typischem Beerdigungsunternehmer-Beruhigungston mitgeteilt, wir sollten uns keine Sorgen machen. Ich habe es dann dabei belassen; ich hatte schließlich bereits erklärt, daß Ivos Lunge geborsten war und wir ihn deswegen früher als geplant in den Sarg hatten legen lassen. Ich hatte auch gesagt, daß der Reißverschluß des Leichensacks nicht völlig geschlossen war, weil noch ein Stück Stoff heraushing. Ich habe es ihnen überlassen, weil ich auch davon ausging, daß sie Erfahrung darin hatten, einen Sarg durch die Tür zu bringen.

Sie hoben den Sarg hoch, aufrecht, und daraufhin konnte ich hören, daß Ivo in die Knie sackte, ich hörte, wie es krachte. Weil sein Körper fiel, kam all die Feuchtigkeit aus der Lunge, die sich dann im Flur und auf der Treppe vor der Haustür ergoß. Es stank, das war nicht so schlimm, aber es hat mich wegen der vielen Menschen im Haus gestört; einige haben es bemerkt. Am schlimmsten war jedoch, daß der Bestattungsleiter in Panik geriet und ununterbrochen sagte: 'Das habe ich noch niemals erlebt, in meiner ganzen Dienstzeit habe ich das noch niemals erlebt.' Unternommen hat er nichts. Die Träger haben das Problem noch ganz gut aufgenommen, sie sagten einfach: 'Paß auf, daß dein Anzug nicht naß wird', haben den Sarg dann aber respektvoll in den Leichenwagen gestellt. Sie hätten ja auch laut schreiend weglaufen können, sie wußten schließlich, daß es sich um einen Aids-Patienten handelte. Wir haben dann schnell alles aufgewischt, den Teppich im Flur weggenommen, den Hausflur geputzt und Parfüm versprüht ...

Ich hatte das nicht vorhergesehen, denn ich wußte nicht, daß so etwas passieren kann. Aber ich hatte mir schon überlegt, wie wir ihn durch die Tür bringen konnten, ohne mir wirklich darüber klar zu sein, was dabei alles schiefgehen könnte. Ich nehme es dem Bestattungsleiter übel, daß er mich dann einfach beruhigt hat, ohne wirklich zuzuhören und ohne mitzudenken.

Kritik

Für mich war es sehr wichtig, Ivo in der Wohnung zu behalten und so zu erfahren, was Sterben nun genau beinhaltet. Daß der Körper kalt und steif wurde, aber daß ich ihn immer noch berühren konnte. Für mich war es auch sehr wesentlich, daß ich mich jederzeit hinsetzen und die Veränderungen des Körpers beobachten konnte. Es hat mir geholfen, darüber klar zu werden, daß das Sterben endgültig ist. Ich habe jedoch Kritik an Bestattungsunternehmen. Sie sind nicht offen, sind nicht darauf eingestellt, zusammen mit den Betroffenen zu überlegen, was am besten zu ihnen paßt, sie einfach reden zu lassen, um dann einige Möglichkeiten aufzuzeigen, wie sie am besten vorgehen können. Natürlich hat das auch damit zu tun, daß sie ein Standardbegräbnis zu einem bestimmten Preis anbieten, wobei alles, was davon abweicht, Mehrkosten und Mehrarbeit verursacht. Es ist ein kommerzielles Unternehmen, sie organisieren 10 Begräbnisse am Tag und können es sich nicht leisten, jemandem besondere Beachtung zu schenken. Du kannst durchaus bekommen, was du möchtest, aber dann mußt du dich wirklich dafür stark machen, sonst gelingt es dir nicht.

Das Dumme ist, daß du einen bestimmten Sachverstand voraussetzt, der dann leider doch nicht vorhanden ist, wie die Angelegenheit mit der lästigen Treppe in Ivos Fall beweist. Ich hatte befürchtet, daß der Bestattungsleiter daraus die Schlußfolgerung ziehen würde, es sei nicht möglich, einen Aids-Patienten zu Hause aufzubahren, sie sollten sofort in den Sarg gelegt werden. Deswegen habe ich später um ein Gespräch mit dem Bestattungsunternehmen gebeten und erklärt, daß ich es nicht schlimm fand, was geschehen war, daß ich aber etwas mehr Kreativität und Einfühlungsvermögen erwartet hatte. So ein Gespräch wird von ihnen nicht geschätzt, sie sagen dir nicht: 'Wie nett, daß Sie sich mit uns noch einmal darüber unterhalten haben.' Sie machen Standardbegräbnisse, und damit hat es sich.«

7

Sterben in der Fremde

Gerdien Jonker und Theresa Wobbe

In Berlin leben viele Minderheiten unterschiedlicher nationaler und ethnischer Herkunft, die verschiedenen Konfessionen angehören. Die folgenden drei Erzählungen berichten auf ganz unterschiedliche Weise vom Sterben in der Fremde. Es sind Erfahrungen damit, was passiert, wenn eine oder einer stirbt, wo sie oder er nicht zu Hause ist. Die Menschen, um die es in diesen Geschichten geht, die Verstorbenen und die Hinterbliebenen, führten in Berlin ein unterschiedliches Leben und bewegten sich nicht in den gleichen Kreisen. Doch gemeinsam ist ihren Geschichten, daß die sterblichen Reste der Toten nicht in Berlin blieben. Sie wurden in die Heimat, den Ort der familiären Herkunft oder den Ort der geistigen Heimat, gebracht.

Die Handlungen, die die Hinterbliebenen in diesen drei Geschichten in der Zeit zwischen Sterben und Begraben verrichten, und die Weise, in der sie Abschied nehmen, ist unterschiedlich. Das hat mit familiären und religiös-kulturellen Bezügen zu tun, die eng mit der Herkunft und der Lebensweise der Verstorbenen und Hinterbliebenen zusammenhängen.

Zeynet zum Beispiel, die türkische Frau, die ihren Mann verloren hat, richtet sich nach den Traditionen und Vorschriften, die sie als moslemische Alewitin[43] kennt. Sie orientiert sich an diesem festgelegten Rahmen der Gemeinschaft, der bestimmt, was wer wann zu tun hat; dabei kommt den familiären Bindungen eine große Bedeutung zu.

Die anderen Interviewten, Donald und Sarah, sind nicht im vergleichbaren Maß an einen religiösen Rahmen und die Familie gebunden wie Zeynet. Für Donald, einen schwarzen US-Amerikaner, dessen Geliebter gestorben ist, findet sich in Berlin nicht die Tradition seiner Familie oder der schwarzen Gemeinschaft. Zusammen mit

Freundinnen und Freunden, die ebenfalls Fremde in dieser Stadt sind, nimmt er Abschied. Sarah, eine deutsche Frau, deren brasilianischer Mann gestorben ist, gestaltet mit ihrer Familie und dem Freundeskreis Schritt für Schritt den Abschied im Krankenhaus.

Der Wunsch, von den Verstorbenen Abschied zu nehmen, die Zeit zwischen Sterben und Begraben zu füllen, ist so stark, daß eigene Formen erprobt werden. In den Geschichten von Sarah und Donald spielt dabei das Problem des Transports der Asche eine große Rolle. Bei dem Wunsch, die Asche selbst an den Ort bringen zu wollen, wo sie bleiben soll, tun sich gesetzlich viele Schwierigkeiten auf.

Für den Übergang vom Leben in den Tod existieren verschiedene Formen. Die kulturell-religiöse Überlieferung, die ins Gedächtnis einer Gemeinschaft eingeschrieben ist, steht bei den meisten, die als 'Fremde' gekommen sind, im Vordergrund. Zudem wird versucht, Formen aus verschiedenen Traditionen aufzunehmen und neue zu erfinden. Im Hintergrund steht die Dienstleistung der Begräbnisunternehmen. Alle, die wir in Berlin befragten, brauchten einen Handlungsrahmen, um den letzten Abschied zu gestalten – ob nun Vorgaben vom Islam vorhanden waren oder im Moment des Todes eigene erzeugt wurden. Alle Geschichten über das Abschiednehmen verliefen in einer Abfolge von Handlungen und Ritualen, die die Zeit vom Sterben bis zum Begraben oder bis zum Verbrennen Schritt für Schritt prägten.

Hier Waschen – Dort Begraben

Die islamischen Vorschriften sollen hier eine kurze, keineswegs erschöpfende, Erwähnung finden. Denn sie spielen in der Geschichte von Zeynet eine wichtige Rolle.

Der Islam gibt wie die meisten Religionen einen eindeutigen Weg vor. In der Fremde bedeutet dies eine willkommene Orientierung. Die türkische Gemeinschaft bringt 99 % ihrer Verstorbenen zurück in die Türkei und begräbt sie dort. Für die meisten von ihnen sind »die Wurzeln drüben« und somit auch der Wunsch, »in der Ewigkeit dort zu leben«. Sterben in der Fremde heißt für sie, dennoch in der Heimat begraben zu werden. Die wenigen, die hier bestattet werden, verfügen über geringe Bindung, wie z.B. kleine Kinder. Auch diejenigen, die die Verbindung mit dem Zuhause lösen wollten und Berlin

Hände – Grafische Motive auf jüdischen Grabsteinen

zu ihrer Heimat machten, oder Flüchtlinge, für die es kein Zurück gibt, werden hier begraben.

Wie auch das Judentum sieht der Islam Abschieds- und Beerdigungsrituale vor, bei denen es wichtig ist, die Toten so schnell wie möglich unter die Erde zu bringen. Die Tradition schreibt 24 Stunden vor, das deutsche Gesetz verpflichtet, diese Zeit auf 48 Stunden zu verlängern. In der Heimat wird der Leichnam nach dem Moment des Sterbens in einer sittlichen Art entkleidet und in einen anderen Raum gebracht. Zwischem dem Eintreten des Todes und der nun folgenden rituellen Waschung wird aus dem Koran vorgelesen. Während der Waschung, die als ein 'Abschiedswaschen' zu verstehen ist, wird das Lesen des Korans in einem anderen Raum fortgesetzt. Erst wenn die Waschung beendet ist, wird ein Gebet ausgesprochen, das alle Anwesenden mitsprechen dürfen.

Bei den Toten, die in ihre Heimat gebracht werden, findet die Waschung zumeist schon in Berlin statt. Es ist aber auch möglich, diese bei der Ankunft in der Türkei zu wiederholen, damit die Verwandten dort sich auch an diesem Abschiedsritual beteiligen können. Nach der Waschung darf der Leichnam nicht mehr berührt oder geküßt werden, sonst verliert die oder der Tote die Reinheit. Ein grünes Tuch wird über die Leiche gebreitet.

Anschließend, so sieht es die Tradition vor, wird der Leichnam in Tüchern auf den Schultern zu Grabe getragen. Es heißt: »Zusammen trägt man die Toten in die Ewigkeit.« In der Türkei wird ohne Sarg begraben, damit der Leichnam sich mit der Erde vermischen kann. Ein Grab darf zudem niemals geräumt werden. In Deutschland müssen nach gesetzlicher Vorschrift alle Toten, auch die moslemischen, in einem Sarg transportiert und anschließend auch darin begraben werden. Da die deutschen Gräber meistens nach 20 Jahren schon geräumt werden, findet sich hier ein weiterer wichtiger Grund, warum gläubige Moslimen und Moslems sich in der Türkei begraben lassen. Nachdem der Leichnam heruntergelassen worden ist, beteiligen sich alle Anwesenden am Zuschaufeln des Grabes. Während dieses wichtigen Moments liest der Imam, das religiöse Oberhaupt und der Prophet der SchiitInnen, aus dem Koran. Erst wenn das Grab genügend mit Erde gefüllt ist, spricht der Imam den Begleitspruch für die Toten: das *Talkum*. Dabei werden der Name und die Herkunft der Toten laut ausgesprochen. Jetzt ist auch der Augenblick, in dem die Hinterbliebenen Abschied nehmen.

Zu Hause werden in der Trauerzeit, die ein Jahr dauern kann, Gebete gesprochen und an bestimmten Tagen Speisen für die Tote oder den Toten und für die Anwesenden gereicht. Es ist die Pflicht der Angehörigen, an die Verstorbenen zu denken und aus dem Koran zu lesen. Zum Jahrestag der Toten wird das Grab besucht. Für die Berliner TürkInnen ist es existenziell, daß sich in der Türkei jemand bereit findet, diese Pflicht für die Toten zu übernehmen.

Alle haben mit mir geweint

Interview mit Zeynet

Zeynet ist eine kurdische Türkin. Vor 22 Jahren kam sie aus Ost-Anatolien nach Berlin und fand innerhalb von drei Monaten eine Arbeitsstelle. Ihr Ehemann und sie haben immer beide gearbeitet, zuletzt war sie Garderobenfrau. In diesen Jahren hat sie drei Kinder zur Welt gebracht, eines schickte sie später zu ihrer Mutter in die Heimat, um es türkisch erziehen zu lassen. Als Zeynet uns empfängt, stehen Tee und Nüsse schon vorbereitet auf dem Tisch. Zeynet erzählt die Geschichte vom Tod und Begraben ihres Mannes in türkischer Sprache. Ihre Cousine, Nazire, übersetzt für uns.

»Er war eine Woche in der Türkei gewesen, und als er zurückkam, klagte er über Kopfschmerzen und berichtete über rote Flecken vor seinen Augen. Der herbeigerufene Arzt diagnostizierte Kreislaufbeschwerden, aber bis zum nächsten Morgen war er so krank, daß ich Angst hatte, er hätte Meningitis. Dann kam er ins Krankenhaus.
Ich bin nach Hause gekommen, habe geweint und vergeblich darauf gewartet, daß mein Mann mich anruft. Am nächsten Morgen um acht Uhr habe ich selber angerufen. Im Krankenhaus sagten sie: 'Kommen Sie so schnell wie möglich her.' Ich traute mir nicht zu, alleine dort hinzugehen und habe deswegen meinen älteren Sohn und einen Nachbarn mitgenommen.
Er wurde gerade aus der Röntgenaufnahme gebracht, als wir ankamen, sein Mund und seine Augen waren seitlich gelähmt. Danach war ich nicht mehr bei Sinnen, ich weiß nicht, was ich gemacht habe, ich glaube, ich habe den Kopf gegen die Wand geschlagen. Während dieser Zeit hat der Nachbar alle Bekannten benachrichtigt.
Sie gaben ihm 20 % Überlebenschance. Nach der Operation lag er neun Tage bewußtlos da. Am neunten Tag hat er seine Augen geöffnet. Er hat nichts gesagt, nur geschaut und die Menschen betrachtet.

Nach 10 Tagen hat man ihn auf den Stuhl gesetzt. Als ich seinen Namen sagte, hat er mich angeschaut. Doch am folgenden Tag, als man ihn wieder auf den Stuhl setzte, bekam er den zweiten Schlaganfall.

Der Arzt sagte mir, er hätte kaum eine Chance, er könnte es nicht überleben. Ich wollte aber nicht akzeptieren, daß er stirbt. Nun hat der Arzt geglaubt, daß ich ihn wegen der Sprache nicht verstehe und daraufhin einen Übersetzer geholt. Aber ich wollte es nicht wahrhaben und habe ihm gesagt, falls die Versicherung es nicht bezahlt, dann werde ich ihn privat weiter behandeln lassen. Sieben Wochen lag er so im Krankenhaus. Dann hat man die Geräte entfernt. Ich freute mich so, daß es ihm gut ging. Ich habe ihn rasiert und mit Creme einmassiert.

Natürlich kamen auch jeden Tag Verwandte, um ihn zu besuchen. In den sieben Wochen, die mein Mann im Krankenhaus verbrachte, waren fast alle Verwandten hier. Mich haben sie auch jeden Tag besucht, sieben Wochen habe ich keinen Tag kochen müssen, das ist Tradition. An dem Abend, als es ihm wieder schlechter ging, wollte ich dort bleiben, um ihn zu versorgen. Aber der Arzt sagte zu meinen Verwandten, wenn Sie nicht wollen, daß die Frau so wird wie der Mann, dann nehmen Sie sie jetzt mit. Er wird heute abend sterben.

An dem Abend blieben die Verwandten bei mir und haben bei mir übernachtet. Ich habe nicht gut geschlafen in dieser Nacht. Früh morgens um sechs bin ich allein fortgegangen und zitterte an den Beinen, weil ich befürchtete, daß ich an diesem Tag seinem Tod begegnen würde.

Am Stationseingang bin ich dem Arzt in die Arme gelaufen. Der fragte, wo die Verwandten wären, ob ich denn allein gekommen sei. Dann hat er mich gebeten, Platz zu nehmen und gesagt: 'Ihrem Mann geht's nicht gut, er ist gestorben.'

Weinen sollst du an deinem Hochzeitstag

Ich weiß nicht, was ich daraufhin gemacht habe. Ich erinnere mich nur an einen Pfarrer. Er fragte: 'Darf ich Sie berühren?' und ich habe es ihm erlaubt. Dann hat er mir eine Decke über den Schoß gelegt. Man hat mir auch eine Spritze gegeben, zur Beruhigung. Aber der Pfarrer ist dageblieben und hat mir sehr geholfen. Er sagte: 'Statt daß du jetzt darüber weinst, hättest du doch an deinem Hochzeitstag weinen sollen, was aus dir werden wird.' Ich habe mich ihm in diesem Moment sehr nahe gefühlt. Es ist wahr, du sollst an deinem Hochzeitstag darüber weinen, was die Zukunft dir bringen wird, und nicht an dem Tag, an dem jemand stirbt.

Es gab da auch eine türkische Krankenschwester, die hat bei mir zu Hause angerufen und auch alle Verwandten informiert. Bis die Verwandten kamen, ist der Pfarrer bei mir geblieben. Dann habe ich meinen Mann noch einmal gesehen.

Rituelle Waschung

Er starb an einem Sonnabend. Man hat ihn im Krankenhaus behalten. Seine Brüder kamen aus Westdeutschland, um die behördlichen Angelegenheiten bei der Botschaft zu erledigen. Das hat bis Donnerstag gedauert. Alle haben mit mir geweint, Männer und Frauen, es waren sehr viele da. Ich habe inzwischen hier einen Sarg machen lassen, innen aus Stahl und außen aus Nußbaum. Aus Satin habe ich dazu die Tücher und Decken und Kissen anfertigen lassen. Alles vom Besten, 4.800 DM haben der Sarg und der Transport gekostet. Donnerstag wurde er dann hier im Bezirk gewaschen, in unserer Moschee. Ungefähr 200 Leute waren dabei anwesend. Alle männlichen Verwandten und Bekannten hatten sich zuvor mit Wasser begossen, zur Reinigung.

Ich selber hatte vorher mit den Leuten in der Moschee besprochen, daß ich meinen Mann selber mit Wasser übergießen möchte. Ich bin also mit meinem Sohn in den Raum gegangen, in dem die Leichen gewaschen werden. In den Leichenwaschraum dürfen nur die Schwester, die Mutter und die Ehefrau eines Verstorbenen hinein. Sonst werden dort keine Frauen hineingelassen. Wenn du einmal in diesem Raum bist, darfst du nicht mehr weinen, denn die Tränen schänden die Reinheit. Erst wäschst du dich selbst, bevor die Leiche gewaschen wird, und wenn dann die Tränen fließen, ist der Tote wieder unrein. Dort habe ich Wasser über ihn gegossen, und da sich seine Schwestern nicht in Deutschland befanden, haben neben mir auch drei meiner Schwägerinnen Wasser über ihn gegossen. Beim Übergießen des Leichnams sagten wir: 'Helâl-olson': 'Alles, was ich jahrelang gemacht habe, das soll dir wohlbekommen sein.'

Nach dem Waschen wurde der Leichnam mit drei weißen Stoffen umhüllt, Baumwolle, Seide und Satin. Dazu hatte ich noch einen Meter grünen Satin besorgt, die Farbe, die das Gute und die Reinheit symbolisieren soll. Den Deckel des Sarges hatte ich aus Glas anfertigen lassen, damit auch die Verwandten in der Türkei ihn noch sehen konnten.

Begräbnis in der Türkei

Der Leichnam wurde nicht direkt von Berlin aus in die Türkei geschickt. Nach dem Waschen wurde der Sarg mit einem weißen Tuch umhüllt und nach Frankfurt gebracht. In Frankfurt werden die Särge erst gesammelt und von dort aus einmal wöchentlich mit einem Flugzeug transportiert. Donnerstags haben wir den Sarg abgeschickt, Freitags sind wir selbst in die Türkei geflogen. Ohne es zu wissen, sind wir innerhalb der Türkei mit demselben Flugzeug wie der Sarg von Istanbul nach Ankara geflogen.

Alle Verwandten kamen zum Flughafen. In Ankara war es sehr kalt, es war Januar, dennoch war meine Mutter aus ihrem Dorf gekommen, und sein Vater war auch da. Von dort aus sind wir gemeinsam mit dem Sarg nach Hause gefahren. Als der Leichnam dort ankam, war es gerade halb zwölf. Es war die Zeit des Mittagsgebets. Alle männlichen Verwandten übten Druck auf mich aus, ihn sofort zu begraben. Sie sagten, es ist jetzt Mittag, die Zeit des Gebetes, wir sollten ihn während des Gebetes beerdigen.

Ich hatte darauf bestehen wollen, daß der Sarg an dem Abend und während der Nacht zu Hause bleibt. In unserer Tradition ist es so, wenn der Sarg eine Nacht zu Hause ist, bedeutet das ein langes Leben. Wenn der Sarg die Nacht zu Hause geblieben wäre, hätten wir Kerzen angezündet und Rosenwasser ausgegossen. Nun gelang es mir nicht, mich durchzusetzen, weil er eben so zeitig angekommen war. Die Männer übten Druck aus, und letztendlich haben sie mich überredet.

Es gab schon eine Grabstelle, die in der Eile gekauft worden war, und dort wurde er hingebracht und begraben. Am Grab kamen Männer und Frauen zusammen, aber seitlich getrennt, auf der einen Seite die Frauen, auf der anderen Seite die Männer. Im Dorf dürfen Frauen nicht am Grab erscheinen. Aber in der Stadt hat sich das inzwischen geändert, dort nehmen Frauen jetzt auch am Grab an der Beerdigung teil.

Auch sieben Imams haben an diesem Begräbnis teilgenommen. Die Imams haben gesagt: 'Gebt uns den Sarg.' Sie wollten den leeren Sarg, damit er ohne Sarg begraben wird. Der große Bruder des Verstorbenen hat mit ihnen geredet und ihnen erklärt, er könne da nichts entscheiden, sie müßten seine Frau fragen. Aber ich habe ihnen gesagt: 'Ich gebe den Sarg nicht her, ich habe ihn extra für ihn machen lassen, damit er sich darin wohl fühlt und ausruht.'

Es ist so. Sunniten begraben ohne Sarg, damit der Leichnam sich mit der Erde mischt. Auch arme Leute begraben ihre Toten ohne Sarg. Aber wir Alewiten, wir begraben mit Sarg, auch wenn wir arm sind. Damit er sich doch mit der Erde mischen könne, hatte ich extra hier in Deutschland eine Metallschere gekauft, um vor dem Begräbnis das Metall um den Sarg wegschneiden zu können. Auch wurde der metallene Deckel entfernt, und alle Verwandten, die dort waren und ihn noch nicht gesehen hatten, konnten jetzt sein Gesicht anschauen. Das waren also alle, die ihn hier (in Berlin) nicht hatten waschen können. Dort hat man ihn noch einmal gewaschen. Das war dann sozusagen wie ein Abschiedswaschen. Erst danach wurde er mit einem Holzdeckel zugedeckt, damit die Erde sich mit dem Leichnam vermischen kann. Der untere Teil des Metallsarges blieb drinnen.

Mehlspeise

Als alles getan war, kamen wir nach Hause und haben das Essen zubereitet und ausgeteilt. Dies ist aber nicht üblich, wir haben es nur gemacht, weil so viele außerhalb von Ankara kamen. Das Essen für die Seele des Toten wird erst am nächsten Tag zubereitet. Das habe ich selber gekocht. Nach drei Tagen wurde das Essen für die Seele des Toten ausgegeben. An diesem Tag habe ich auch einen Imam beauftragt, 40 Tage lang jeden Tag an seinem Grab Gebete zu lesen. Es gibt ein Gericht aus Mehl und Butter, das über dem Feuer angerührt wird, bis es sich gelb färbt und anschließend mit Zuckerwasser gelöscht wird, eine Art Mehlschwitze. Am siebten Tag wurde nur diese Mehlspeise gereicht. Am 40. Tag folgte wieder ein Essen. Alle Verwandten kamen an diesem Tag. Es ist üblich, daß man am 40. Tag von dem Toten spricht und von seinen guten Taten erzählt.

Am 52. Tag nimmt man an, daß die Knochen des Leichnams sich voneinander gelöst haben. An diesem Tag wird kein Fleisch zum Essen gereicht, sondern wieder die Mehlschwitze. Dazu gibt es kalte Gerichte, und es wird aus dem Koran vorgelesen. Sechs Monaten später habe ich sein Grab mit einem ganz schönen Grabstein bedecken lassen. Eine kleine Moschee, für 6.000 DM.

Ich lade jetzt jedes Jahr an seinem Todestag einen Imam hier in Berlin in die Wohnung ein. Er liest den Koran, und es kommen viele Menschen, die essen. In der Türkei gehen die Leute an diesem Tag zum Grab und lesen den Koran. Meine älteste Tochter, die jetzt in der Türkei lebt, geht mit einem Imam zum Grab, um zu beten.«

Amerikanische Quilts von THE NAMES Project

Sometimes one just does what
one has to do ...

Donald ist ein schwarzer Amerikaner aus Kalifornien und wohnt seit 12 Jahren in Berlin. Er ist Komponist von Beruf und unterrichtet Englisch für Erwachsene und Musik für kleine Kinder. Er ist ein fröhlicher Mensch mit schönen Gesichtszügen. Als er zu Besuch kommt, steigt eine winzige Melodie im Treppenhaus auf, bevor er selbst in Sicht kommt. Die Geschichte, die Donald zu erzählen hat, ist die vom Tod seines Geliebten Kenny, eines weißen Kanadiers, der vor zweieinhalb Jahren in Berlin an Aids starb.

»Ich kam gerade aus dem Klinikum Steglitz nach Hause, um mich einen Augenblick hinzulegen. Es war schon dunkel. Ich wollte abends noch mal hin. Wir wußten, daß er irgendwann sterben mußte. Doch an diesem Tag war es ihm sehr gut gegangen, und wir rechneten nicht so schnell mit seinem Tod.
Ich hatte mich noch nicht ausgekleidet, da klingelte schon das Telefon. Es war Schwester R., die Schwester, die sich am meisten um ihn gekümmert hatte. Sie sagte - und ich war ihr dankbar, daß sie es so schlicht sagen konnte -: 'Er ist weg. Er ist gerade gestorben', oder so ähnlich. Da habe ich angefangen, wie ein Verrückter die Koffer zu packen, weil mein erster Gedanke war, daß ich nun aus Berlin weg wollte. Ich habe dann auch Sachen zusammengelegt, um sie ins Krankenhaus mitzunehmen. Eine Schmusedecke, Räucherstäbchen, eine Kerze, einen Räucherkristall, mit dem er immer und mit dem wir beide gerne gespielt haben. Dann bin ich mit einem Taxi zurückgefahren. Das war eine endlose Fahrt wie durch einen dunklen Tunnel. Ab und zu schienen die Lichter von draußen ins Auto. Ich konnte mich nicht mehr orientieren. Ich wußte nicht, wo wir uns befanden oder wie lange es dauerte. Dann hatte ich wieder Panik, ob ich das Taxi auch bezahlen könne, obwohl ich genug Geld dabei hatte. Die Fahrt kam mir endlos vor.

Es war ungefähr eine Stunde nach dem Anruf, als ich dort ankam. Wenn du im Klinikum die Rampe zum Haupteingang hochfährst, sieht es genauso aus wie auf der Polizeiwache. Ich hatte auf einmal eine wahnsinnige Angst, die würden mich jetzt nicht hineinlassen. Unsinn natürlich; ich bin durchgelaufen, bis zu der Tür, wo ich immer klingeln mußte, um auf die Station zu kommen. Schwester R. machte mir schweigend auf, und ich folgte ihr wie einem Sog, sie zog mich sozusagen hinter sich her. Die Kranken, die über den Flur liefen, erschienen mir wie Tote.

Als ich das Zimmer betrat, bekam ich einen Schock. Alles war schon weggeräumt. Das Zimmer hatte während der letzten Monate mehr oder weniger wie ein Schlafzimmer zu Hause ausgesehen. Bücher, Blumen und ein Fernseher, ich hatte Fotos von Freunden aufgehängt, Kleider in seine Reichweite gelegt, so wie das dann ist. Die müssen hart gearbeitet haben in dieser einen Stunde. Das ganze Zimmer war leer. Die Sachen lagen in einer Plastiktüte auf dem Tisch zusammengeräumt. Auf dem Bett lag eine Plastiktüte, ein *Bodybag*, man konnte die Umrisse eines Menschen darin sehen. Das war Kenny.

Ich habe den Reißverschluß geöffnet und das Plastik zurückgeschlagen. Er war nackt, und das eine Auge war noch nicht ganz zu, das habe ich dann für ihn gemacht. Meine Hand habe ich auf sein Herz gelegt und ihn mit seiner Schmusedecke so zugedeckt, daß ich sein Gesicht und seine Schultern sehen konnte. Er war noch warm. Mir war vorher nicht so klar gewesen, was ich machen würde, aber als ich jetzt da war, wußte ich es auf einmal genau. Ich würde bei ihm wachen bis zum Sonnenaufgang, bis sein Geist auch wirklich seinen Körper verlassen hatte. So habe ich ein Kissen genommen und es auf den Boden gelegt, die Kerze und die Räucherstäbchen angezündet und mich hingesetzt.

Mir kamen Erinnerungen an meine Großmutter. Damals war ich erst 10 Jahre gewesen, als sie begraben wurde. Der Ort ihres Grabes war überwachsen mit hohem Gras, das nie geschnitten werden durfte. Man mußte da durchgehen, alle mußten da durchgehen, um das Grab zu erreichen. Ich hörte plötzlich wieder das Rauschen, dieses Rauschen war im Zimmer.

Als es hell wurde, noch nicht ganz hell, so kurz vor Sonnenaufgang, kam plötzlich jemand ins Zimmer gestürzt. Der hat mich angeschrien, was ich da mache, und hat die Decke weggerissen. In dem Moment stieg so eine Aggression in mir hoch, ich hätte diesem Menschen was antun können. Ich bin nur aufgestanden und auf ihn zugelaufen. Er hat gespürt, daß ihm etwas passieren könnte. Er hat die Decke wieder fallen lassen, nicht liebevoll zurückgelegt, nur so hingeschmissen, und ist zurückgewichen zur Tür. Beim Herausgehen hat er aber noch gesagt, das Zimmer solle jetzt geräumt werden.

Ich bin danach nicht mehr lange geblieben. Vielleicht eine Viertelstunde. Draußen wurde es Tag. Den Moment des Sonnenaufgangs hatte ich verpaßt, wahrscheinlich war es der Augenblick, als er ins Zimmer kam. Kenny war jetzt kalt. Es war inzwischen auch sechs Stunden her, daß er gestorben war. Ich habe den Reißverschluß wieder zugemacht, habe alles dagelassen und bin weggegangen. Die Decke zog ich hinter mir her. Ich ging durch das Krankenhaus und bin den ganzen Weg von dort zu Fuß bis nach Hause gelaufen. Als ich zu Hause ankam, sah ich, daß ich die Decke hinter mir hergeschleppt hatte, die war ganz schwarz geworden vom Krankenhausflur und von der Straße.

Kaposi-Sarkom

Wir wußten alle, daß Kenny sterben würde, doch wir dachten nicht, daß es so schnell sein würde. Er hatte das Kaposi-Sarkom, und damit kann man sechs oder acht Jahre leben. Doch es war für ihn sehr beschwerlich, da er große Pusteln wie Warzen hatte. Er konnte z.B. nicht mehr selber auf die Toilette, konnte also nicht selbst aufstehen und für sich sorgen. Er hat Mittel bekommen, damit sein Stuhl weicher wird, und sie haben ihm dabei geholfen, daß er dabei im Bett bleiben konnte. Dies hat ihn alles sehr beschämt. Mit seinem Arzt und auch mit uns hat er darüber gesprochen, daß er sterben möchte, und darum gebeten, Mittel zu erhalten, damit er sterben kann. Sein Arzt, mit dem ich fast jeden Tag sprach – von dem ich alles ganz genau wissen wollte, welche Medikamente er bekam, welche Dosis, mit welchen Nebenwirkungen –, sagte mir, daß Kenny sterben wollte.

Und auch Schwester R. erzählte mir davon. Schwester R., das muß hier gesagt werden, war großartig. Sie war die meiste Zeit bei Kenny, und sie war es, die Dinge möglich machte, viele kleine Dinge, die in dieser Situation existentiell sind. Kenny aß gern Eis, und im Kühlschrank hatte sie oft Eis vorrätig. Sie beschaffte mir ein Bett und machte es möglich, daß ich nachts im Krankenhaus schlafen und bei Kenny sein konnte.

Was sie ihm aber dauernd gaben, waren Schlaftabletten, und das war schrecklich für ihn. Denn so war er nur zu bestimmten Momenten wach, wenn sie ihn zum Waschen oder zum Essen aufweckten, ansonsten war er ganz weggetreten. Er wollte aber mitkriegen, wenn ich da war. Er hat dann die Pfleger und Schwestern darum gebeten, ihm nur noch abends Schlaftabletten zu geben.

Wir haben alles versucht, damit er Opiate bekam, um seine Schmerzen zu lindern. Kaposi bildet große Pusteln, die nach einer Weile aufgehen und sehr schmerzhaft sind. Im Krankenhaus weigerten sie sich aber, Opiate zu verabreichen, mit dem Argument, daß sie süchtig machen. Sie haben dabei aber vollkommen übersehen, daß ihm die Opiate ermöglicht hätten, sich ohne Schmerzen auf den Tod vorzubereiten.

Abschiednehmen

Ich komme aus einer Familie, wo Begräbnisse den Höhepunkt des Familientreffens darstellen. Wenn jemand verstorben war, kamen einfach alle. Wir begraben gemeinsam; und dabei begegnete ich auch entferntesten Verwandten. 'Ach', sagten sie dann, 'bist *du* der Sohn des Cousins zweiten Grades? Ich gehöre zum Zweig der Soundso.' Das war lustig. Wir kamen zusammen, um zu trauern, und lernten uns dabei kennen. Wer nicht kommen konnte, schickte zumindest ein Telegramm oder Blumen, zum Zeichen, daß sie die Nachricht gehört hatten und nun 'dabei' waren. Das gehörte sich so.

Hier in Berlin war Kenny ein Fremder, und ich war es natürlich auch. Es gab nur sehr wenige gute Freunde von uns beiden, die sich kümmern wollten und die auch fast alle Fremde in dieser Stadt waren. Zwei japanische Freundinnen haben mir sehr geholfen. Sie sind jeden Tag gekommen, und später haben wir zusammen seine Wohnung leergeräumt.

Kenny hatte schon einige Zeit, bevor er starb, einen deutschen Freund zum Testamentsvollstrecker bestimmt, um Schwierigkeiten zu vermeiden. Der hat sich dann um die Abmachungen mit dem Begräbnisinstitut gekümmert. Ich habe ihm das auch überlassen, ich konnte das nicht, mit diesen Leuten reden, die alles, was wir wünschten, als unmöglich einschätzten.

Wir haben so Abschied genommen, daß wir nach einigen Tagen eine kleine Zeremonie veranstaltet haben. Aber nicht wie es üblich ist, es war ohne seinen Körper und seine Asche. Wir waren zu fünft und haben uns an einer Brücke getroffen, gegenüber vom Hotel Interconti, dort haben wir Blüten ins Wasser gestreut. Das war schön, ich stellte mir vor, daß diese Blüten vielleicht den Ozean erreichen, daß sie immer weiter schwimmen würden. Unsinn natürlich, aber es war ein schöner Gedanke, daß sie theoretisch den Pazifik erreichen könnten. Den Körper haben wir – wie es sein Wunsch war – verbrennen lassen. Niemand von uns ist dabeigewesen.

Wir hatten vereinbart, daß alle Kenny etwas versprechen würden, wenn wir die Blüten ins Wasser warfen.

Ein Freund, ein französischer Maler, hatte ihm versprochen, regelmäßig seinen Namen ins Gedächtnis zu rufen, so daß er nicht aus der Welt wäre. Das hat dieser Freund auch gemacht. Zu seinem Todestag hat er eine Karte entworfen und verschickt, darauf war ein Baum zu sehen, unter dem ein Mann gesessen hatte. Er hatte es mit schwarzer Ölkreide gezeichnet, und dort, wo der Mann gesessen hatte, die Ölschicht weggekratzt, so daß eine weiße Stelle sichtbar wurde. Das war im ersten Jahr. Im nächsten Jahr hat er dann über diese Silhouette ein braunes Ölpapier gelegt, so daß sie nur noch durch einen Schleier zu sehen war, und in diesem Jahr noch mal denselben Umriß in Sand nachgezeichnet und fotografiert. Das war auf einer Müllkippe in Japan, wo nur Eisenabfälle herumlagen. Sehr schön.

Kurz nachdem er gestorben war, haben wir auch in Berlin eine Ausstellung von Kennys Gemälden organisiert. Kenny war ja Maler und hatte selber bestimmt, daß seine Gemälde nach seinem Tode verkauft werden sollten. Er wollte, daß der Erlös seiner Bilder an eine New Yorker Aidshilfe ging.

Geteilte Asche

Kenny wollte verbrannt werden, und es war sein Wunsch, daß ein Teil der Asche in Kanada, woher er kam, und der andere Teil in Japan auf dem Fudschijama verstreut wird, weil er lange Zeit dort gewohnt hatte. Sein Leichnam wurde also sofort nach seinem Tod verbrannt. Die Urne mit der Asche aber stand 10 Monate bei dem Begräbnisinstitut. Denn das Problem war nicht nur, wie und von wem diese Urne transportiert werden konnte. Die Asche durfte auf keinen Fall geteilt werden. Dies darf nicht sein, weil es dann von ein und derselben Person zwei Grabsteine geben könnte, eine Person könnte zweimal auftauchen, vom Original könnte es noch eine Kopie geben. Es war also unmöglich.

Das war eine schreckliche Zeit, dieses Warten, wo nichts passierte. Solange seine Asche nicht zu seinem Bestimmungsort gehen konnte, habe ich auch nicht trauern können. Daß wir es zum Schluß doch geschafft haben, seinen Wunsch auszuführen, verdanken wir einigen unkonventionellen Schritten. Erst als seine Asche in Kanada und Japan angekommen war, habe ich etwas loslassen können.

Und erst in diesem Jahr, als ein schwuler Freund begraben wurde, habe ich wieder geweint. Es war so eine klassische Begräbnisfeier. Viele schwule Männer waren anwesend, und alle haben geweint, da konnte ich auf einmal auch weinen. Ich wußte nicht mehr, um wen ich da weinte, um den Verstorbenen oder um Kenny, aber das war nun auch nicht mehr wichtig.

Ein Vakuum

Ich muß noch sagen, daß wir nach Kennys Tod sehr wenige Karten verschickt haben. Als es deutlich wurde, daß er Aids hatte und sterben würde, haben die meisten schwulen Freunde ihn allein gelassen. Die sind vielleicht einmal ins Krankenhaus gekommen. Alle schwulen Freunde, die wir hatten, haben etwa vier Wochen vor Kennys Tod deutlich gemacht, daß sie nicht vorhatten, ins Krankenhaus zu kommen. Vielleicht kam es daher, daß er zum Schluß schrecklich ausgesehen hat. Er hatte das Kaposi-Sarkom, ein Auge war zu, die Gesichtshälfte war fürchterlich angeschwollen. Aber ich denke, es war wegen Aids, das ging ihnen zu nahe, sie haben sich sicherlich auch bedroht gefühlt.

Als Kenny dann tot war, haben wir uns entschlossen, sie auch nicht mit einer Todesnachricht zu belästigen. Sie hatten sich alle zurückgezogen, weil sie damit nicht konfrontiert werden wollten, und meine Anwesenheit war nur eine weitere Konfrontation. Sie wollten es nicht wissen, es war nun mal so. Ich habe gewartet, bis sie sich gemeldet haben, und habe mich später auch sehr bemüht, in Gesprächen diese Episode auszuklammern. Um ihnen nicht das Gefühl zu geben, schuld zu sein; und es war auch nicht so, ich meine, es hat sich alles einfach so ergeben, daß sie es nicht mehr tragen wollten, und Tragen ist Ertragen.

Als Komplikation kam hinzu, daß eigentlich niemand wußte, daß wir beide *Lovers* waren. Wir hatten es geheimgehalten, Kenny und ich, es war in Berlin immer ein Spiel zwischen uns; nur eine der Freundinnen wußte davon. Nun war es, als ob nichts gewesen wäre. Ich kam mir unwirklich vor, wie in einem Vakuum. Das ist lange Zeit so geblieben. Ich konnte nicht darüber reden. Weinen konnte ich auch nicht. Früher in der Familie haben wir alle zusammen geweint, das gehörte sich so, das war der Ort dafür. Nun gab es keinen Ort.

Mit meiner Mutter bekam ich einen furchtbaren Streit. Ich hatte sie angerufen und ihr von Kennys Tod erzählt. Nun wurde für mich das Vakuum noch größer, die Situation noch unwirklicher, weil von meiner Mutter, von meiner Familie, von meiner Verwandtschaft keine Briefe kamen, kein Telegramm, keine Blumen. Meine Familie wußte, daß ich schwul bin. Das war nicht der Grund. Es war die Krankheit. Die Krankheit Aids war die Ursache für das Schweigen. Später habe ich meiner Mutter einen langen Brief dazu geschrieben. Als wir dann bei meinem Besuch zu Hause darüber sprachen, haben wir uns wieder vertragen.

Das Vakuum war auch deswegen so groß, weil es keine Aids-Beratung für die Freunde und Zurückgebliebenen gibt. Und in Berlin fehlt auch – im Unterschied zu Kalifornien – eine Gruppe für Schwarze und Aids. Ich war damals völlig überzeugt davon, daß es so etwas gäbe: Hilfe für die Zurückgebliebenen. Doch dann stellte ich fest, daß es niemanden gab, der sich zu interessieren schien. Leute haben gefragt, ob ich 'positiv' bin, das Interesse galt der Krankheit, aber ich als Person war eigentlich nicht wichtig. Ich habe mir nun überlegt, eine solche Gruppe zu gründen.

Von den japanischen Freundinnen hatte eine schon vorher geplant, Berlin zu verlassen. Nun hat sie einen Job in Zürich angenommen und ist mit ihrem Freund auch dorthin gezogen. Sie hatte sehr früh gewußt, daß ich irgendwann in Berlin einmal einsam sein würde. Nach Kennys Tod ist sie viel öfter hierher zurückgekommen, als sie wollte und im Grunde auch konnte. Sie tat es, um sicher zu sein, daß ich nicht verwahrlose. Zum Schluß war ich ganz allein. Nur zwei Freunde wohnten noch hier, aber die sind irgendwann beruflich sehr beschäftigt gewesen.

Gedenken

Wie gesagt, ich habe das Gefühl der Trauer erst vor kurzem auf der Beerdigung gehabt. Ich wußte tatsächlich nicht mehr, ob ich für Rolf weinte oder ob es dieses Weinen war, das sich die ganzen Jahre aufgestaut hatte. Das war das erste richtige Trauern, wie ich trauern kenne.

Und manchmal habe ich einfach getrauert, indem ich einen Arbeitsstau hatte, ich konnte einfach nicht mehr arbeiten. Genauer gesagt, ich konnte nicht mehr ein Ende finden, und manchmal habe ich Sachen einfach verschwinden lassen, was auf dem Computer sehr leicht ist. Es war Kenny gewesen, der mich immer beraten hatte bei meinen Kompositionen und haargenau wußte, wo ich aufhören sollte.

Es hat mich alles so sehr verändert. Ich habe es zu Beginn sehr genossen, alleine zu wohnen, habe aber dann doch gemerkt, daß es fast umgekippt ist in ein totales Sich-Zurückziehen. Und dann habe ich mich entschieden, in eine Wohngemeinschaft zu wechseln.

Mich hatte er darum gebeten, nach seinem Tod ein Stück für ihn zu komponieren. Das habe ich erst in diesem Jahr gemacht. Zusammen mit einem Freund, der die Choreographie dazu geschrieben hat. Es heißt 'Ballett für einen verstorbenen Freund'. Das Publikum hat schon verstanden, daß es dabei um Aids ging, obwohl das nirgendwo geschrieben stand. Als es zu Ende war – es wurde in diesem Frühjahr dreimal in der Berliner Akademie der Künste aufgeführt –, sind sie noch minutenlang still geblieben.

Nein, getrauert habe ich die ganze Zeit nicht. Ich wollte nicht so richtig trauern, ich hatte Angst, daß ich mich von ihm trennen und ihn dadurch erst richtig aus meiner Seele vertreiben würde.

Es war auch dieses: 'Sometimes one just does what one has to do', ein Spruch, den ich oft von meiner Mutter hörte. Und dies bedeutete in dem Moment für mich, mich zusammenzureißen und den anderen behilflich sein, die Sache zu einem guten Abschluß zu bringen. An mir sollte es nicht scheitern.«

Damit fing es eigentlich an, mit diesem Stein ...

Interview mit Sarah

Sarah, eine 31jährige Frau, die seit 10 Jahren in Berlin lebt, ist dabei, ihre Ausbildung als Körper- und Atemtherapeutin abzuschließen. Sarah ist eine große Frau mit einer deutlichen Stimme und klaren Augen, die beim Erzählen auch viel mit den Händen spricht. Vor zweieinhalb Jahren hat sie ihren brasilianischen Ehemann Angelo, einen Schriftsteller und Filmer, der seinen Lebensunterhalt im Altersheim verdiente, nach einem Fahrradunfall verloren.

»Man sagte mir, Angelo sei an dem Tag schnell gefahren. Das war eigentlich nicht seine Art. Aber an diesem Tag ist er schnell gefahren. Es ging ihm nicht gut, er hatte Grippe und wollte nach Hause. Ich habe bis ungefähr 10 Uhr mit dem Abendessen auf ihn gewartet. Da er sonst nicht zu spät kam, habe ich mir wahnsinnige Sorgen gemacht, habe herumtelefoniert und nahm schließlich das Rad, um mich auf die Suche zu begeben.

Als ich zurückkam, ich war gerade zwei Minuten wieder hier, da klingelte es an der Haustür, und ich wußte sofort, daß etwas passiert war. Der Polizei habe ich es aus der Nase gezogen, die wußten nicht, wie sie mir das erzählen sollten. Nach und nach habe ich auch den Unfallhergang herausbekommen. Sie sagten, er sei ganz normal auf der rechten Seite auf dem Fahrradweg gefahren, dann sei plötzlich von der falschen Seite eine Fahrradfahrerin entgegengekommen. Die beiden seien zusammengeprallt, und Angelo ist daraufhin in hohem Bogen auf die Fahrbahn geflogen. In dem Moment kam ein Auto und hat ihn überfahren.

Aber die Polizei konnte nicht sagen, wie es Angelo nun ging. Erst zum Schluß erzählten sie mir, daß er auf der Intensivstation lag. Als ich das hörte, wurde mir schlecht.

Ich wußte nicht, was zu tun war, habe dann erst Paul angerufen, der sofort kam und für mich im Krankenhaus angerufen hat. Selbst als wir hörten, daß Angelo sich tatsächlich in Lebensgefahr befand, war ich immer noch davon überzeugt, daß er es schaffen würde. Ich dachte, es kann nicht sein, daß er stirbt, das passiert nur anderen.

Wir sind zu dritt zum Krankenhaus gefahren und kamen nach einer Dreiviertelstunde Suche endlich auf der Unfallstation an, wo die Frau an der Aufnahme völlig überfordert war. In diesem Durcheinander fragten wir nach Angelo. Sie hat den Namen auf der Liste gesucht und gesagt, wir könnten seine Sachen gleich mitnehmen. Dabei hat sie auf einen gelben Sack gewiesen.
Es war ein furchtbarer Moment. Ich habe früher mal im Krankenhaus gearbeitet, und der Plastiksack bedeutete damals immer, daß jemand gestorben war. Da gab es überhaupt nichts mehr zu zu sagen. Ich fragte mich: 'Heißt das, er ist tot oder was?' Ich wollte den Sack natürlich nicht anrühren. Meine Freundin Amelie hat ihn genommen, obwohl sie in dem Moment dasselbe dachte wie ich.
Auf der Station hat man uns erzählt, daß er gehirntot war. Nun wußte ich gar nicht, was das bedeutet, gehirntot. Ich stand wohl unter Schock. Die Ärztin hat uns in ihr Zimmer gebeten, ich habe erst ein paar Gläser Wasser getrunken, und dann hat sie es mir ganz ruhig erklärt. Ich hörte ihr zu, aber daß er nun tot war, habe ich nicht verstanden.
Ich wollte Angelo nicht mehr sehen, weil ich Angst hatte, daß ich ihn nicht mehr erkennen könnte. Paul meinte aber, es wäre gut, wenn einer von uns ihn noch mal sähe; es wäre dann zumindest klar, daß er es auch tatsächlich ist. Amelie hat sich dann bereit erklärt und ist hingegangen. Einen Stein, den ich in der Handtasche hatte, habe ich ihr mitgegeben, und den hat sie in seine Hand gelegt. Damit fing es eigentlich an, mit diesem Stein, daß ich doch noch gerne in irgendeiner Form Kontakt aufnehmen wollte. Auch wenn ich es in dem Moment nicht konnte, das Bedürfnis war da.

Besuch

Sie kam ruhig aus Angelos Zimmer zurück. Sie hatte ihn sofort erkannt, äußerlich war nichts zu sehen, nur sein Gesicht war ein bißchen aufgedunsen, sonst war er unversehrt. Mir kamen Zweifel, ob es gut war, jetzt wieder wegzugehen. Ich wollte aber doch in dem Moment nach Hause.

Zu Hause sind wir mit allen Freunden, die es schon gehört hatten, die ganze Nacht aufgeblieben, und wir haben geredet und geredet, um es irgendwie zu begreifen. Als wir morgens um fünf Uhr ins Krankenhaus zurückfuhren, da wußte ich, daß ich Angelo sehen wollte. Wir sind in sein Zimmer gegangen und ganz lange bei ihm geblieben. Angelo lag angeschlossen an der Atemmaschine. Erst nachher, als die Maschine ausgestellt wurde, war es dann auf einmal ganz ruhig im Zimmer. Erst da habe ich gemerkt, wie störend die Maschine gewesen war.

Viele Freunde kamen ins Krankenhaus, es hatte sich inzwischen herumgesprochen, ich selber hatte auch viel telefoniert, und nun trafen laufend neue Leute im Krankenhaus ein, die alle Angelo besuchen wollten. Es war wirklich erstaunlich, daß sie das dort zugelassen haben. Teilweise waren es 13, 14 Leute, die sich zu gleicher Zeit im Zimmer befanden. Nebenan lagen letztendlich ganz schwere Fälle. Die Ärzte haben zwar nichts gesagt, aber man hat gemerkt, daß die nicht mehr klar kamen mit ihrer Arbeit. Ich hatte zwischenzeitlich das Gefühl, daß wir das Zimmer belagern, aber das war eben auch das Bedürfnis, um ihn zu lagern. Alle Freunde wollten ständig bei ihm sein, sie wollten einfach dasitzen und das Ganze verstehen.

Organspenden

Als wir an dem Abend zuvor vom Krankenhaus weggingen, hatte die Ärztin mich gleich wegen der Organspenden gefragt. Nun ist das eine Routinefrage, zu der sie verpflichtet sind. Ich empfand diese Frage aber als einen totalen Überfall, es war für mich pietätlos. Zwar ließ sie mich merken, daß es ihr nicht leicht fiel, aber es hat mich doch in Wut versetzt.

Wenn ich jetzt der Organspende zustimmte, sagte sie, dann würden die Organe noch maximal versorgt werden, und wenn nicht, dann würde die Versorgung halt gedrosselt, sozusagen auf das Minimum reduziert. Das sind gesetzliche Vorschriften. Ich habe sofort die Zustimmung verweigert, wußte aber dann doch nicht, was Angelo gewollt hätte. Später habe ich von seinem Bruder erfahren, daß sie beide als 15jährige tatsächlich mal so einen Organspendeausweis ausgefüllt hatten, allerdings für die Spende ihrer Netzhaut.

Es war alles ein bißchen viel für den ersten Abend. Ich konnte mich zu dem Zeitpunkt nicht damit abfinden, daß er nun tatsächlich tot war. Die Zustimmung zur Organspende hätte praktisch bedeutet anzuerkennen, daß er tot war. Es dauert aber, bis man begriffen hat, daß jemand wirklich tot ist. Sogar heute gibt es noch Momente, in denen ich denke, er sei nicht tot. Es war damals noch immer derselbe Tag, an dem ich ihn gesehen und mit ihm gesprochen hatte. Er ist wie immer aus dem Haus gegangen, und abends war er tot. Das ist ein Schock, der bis heute nachwirkt.

Von dem Moment unserer Rückkehr ins Krankenhaus sind wir immer bei ihm geblieben. Ab und zu ging ich zwar nach Hause, um zu duschen, aber jemand war ständig da. Ich konnte seine Hand nicht halten, weil sie schon ein bißchen unterkühlt und regungslos war, wie von einem Toten. Sein Brustkorb bewegte sich zwar immer noch durch die Atemmaschine, aber sonst war er so starr geworden. Ich habe ihn wieder angefaßt, mußte dann aber schnell Abstand nehmen. Die Freunde haben ihn ununterbrochen berührt, am Arm oder an der Hand.

'Ein widerlicher Anblick ...'

Am Dienstagmorgen haben die Ärztinnen und Ärzte zuerst alle Untersuchungen gemacht. Als sie damit fertig waren, drängten sie darauf, die Atemmaschine abzustellen. Ja, sie wollten auch Platz schaffen für andere, die haben im Krankenhaus auch nicht grenzenlos Platz. Ich versuchte, das Abschalten wegen der Familie in Brasilien noch ein paar Stunden hinauszuzögern. Ich wollte sie gern mit einbeziehen, was wegen der Zeitverschiebung schwierig war. Ich konnte sie doch nicht nachts anrufen. Nun wurden die Ärztinnen und Ärzte ungeduldig, vor allem die Männer, die Frauen haben es besser verstanden. Das führte zu einer Auseinandersetzung mit einem Arzt.

Ich hatte nämlich die Idee gehabt, daß alle, die das wollten, dabeisein sollten. Für mich war es eine schöne Vorstellung, daß wir alle beim Abschalten des Gerätes dabei sein würden. In dem Moment hört ja die Atemtätigkeit auf, und der Körper beginnt zu zerfallen. Für mich wäre er da erst wirklich tot.

Da bekam dieser Arzt Angst. Auf der Station hatten sie nämlich schon gemerkt, daß wir mit dem Tod anders als üblich umgehen. Vielleicht hatte er gedacht, die wollen doch da nicht sitzen und beten oder so was. Er hat mich daraufhin zu einem Gespräch unter vier Augen in sein Zimmer gebeten. Ich müßte doch sehen, daß da eine Leiche beatmet wird, und ich sollte die Kosten bedenken, und es gäbe da viele Unfallopfer, die noch gerettet werden könnten. Er hat es mir sogar vorgerechnet, was nun ganz überflüssig war, weil ich das alles ja wußte und es auch wirklich nur um ein paar Stunden ging, die ich noch hinauszögern wollte. Die Freundinnen und Freunde haben mich gerettet. Sie sind alle mit ins Zimmer gekommen, sogar vor der Tür standen sie noch.

Schließlich riet der Arzt mir einfach davon ab, dabei zu sein, weil es immerhin eine halbe Stunde dauert, bis das Herz aufhört zu schlagen, und in dieser halben Stunde gibt es noch Bewegungen, der Körper verfärbt sich, es passiert allerlei. Er hat es mir gespenstisch dargestellt. Es gäbe da einen widerlichen Anblick, er möchte mich davor warnen, es habe schon Leute gegeben, die dann im Schockzustand im Krankenhaus hätten aufgenommen werden müssen. Ich habe da nur noch gelächelt. Auch sagte er, ich wollte die anderen erpressen. Irgendwie hat es ihm nicht gepaßt, daß es ihm aus der Hand glitt. Ich war aber in dieser Situation gar nicht mehr angreifbar. Es war sehr klar, daß wir das so machen würden. Ich fühlte mich im Recht.

Es waren jetzt beinahe zwei Tage seit dem Unfall vergangen. Am Sonntagabend war er überfahren worden, am Dienstagnachmittag wollten sie den Apparat abschalten. Knapp zwei Tage.

Die Familie in Brasilien wollte ich erst nach all den Untersuchungen anrufen. Erst danach wollte ich ihnen also Bescheid sagen, daß wir abstellen wollten, um ihnen keine falsche Hoffnungen zu machen. Im nachhinein war dies für die Familie natürlich eine schwer zu verstehende Situation. Auf Grund der Orts- und Zeitverschiebung fühlten sie sich von der eigentlichen Entscheidung ausgeschlossen. Ich habe die Familie also erst zwei bis drei Stunden, bevor abgestellt wurde, angerufen. Im Krankenhaus war es 12 Uhr mittags und dort also acht Uhr morgens. Dies habe ich versucht, dem Arzt deutlich zu machen. Ich habe ihm gesagt, wenn ich jetzt dort anrufe, ist es acht Uhr morgens; dann möchte ich, daß die Familie Zeit hat, sich zu versammeln. Es ist eine sehr gläubige Familie, die sicherlich zusammen beten möchte, das muß ich der Familie einfach zugestehen.

Es gab aber auch noch einen zweiten Grund, warum ich das Abstellen der Maschine hinauszuzögern versuchte. Eine Ärztin war sehr nett, und ich wußte, daß sie mittags ihren Dienst anfangen würde. Ich wollte, daß sie dabei war. So haben wir den Moment bis drei Uhr hinausgezögert, bis sie gekommen war.

In diesem Augenblick war ich schon so richtig feierlich eingestellt. Ich war nun überhaupt nicht mehr traurig, es war eigentlich ein ganz festlicher Moment. Meine Eltern und meine Schwester waren seit Montag früh dabeigewesen, eine Tante von mir, Anke, Anselm und noch ein paar Freunde waren da, und wir haben uns alle die Haare gekämmt und uns ein bißchen schön zurechtgemacht. Es war wie eine Erlösung.

Ich hatte in Brasilien angerufen, als wir wußten, wann abgestellt werden sollte. Das war natürlich furchtbar. Ich hatte mit der Schwester geredet, die es der Mutter erzählt hat. Als die Mutter es erfahren hatte, ist sie gleich in Ohnmacht gefallen. Es war mir vollkommen klar, daß ich es ihr nicht direkt am Telefon vermitteln konnte. Aber die Familie wußte Bescheid, sie hat versucht, ihr möglichstes zu tun, indem sie sich zum Beten versammelte. Es blieb schwierig für sie. Sie hatten ihn schon lange nicht gesehen, und dann war es weit weg von Brasilien. Was wußten die, was wir in dem Krankenhaus in Berlin machten.

'Das sind die Märzstürme ...'

Nach dem Telefonat versammelten wir uns in dem Zimmer, in dem Angelo lag. Es war drei. Vorher hatte ich noch einen kurzen Spaziergang gemacht, im Krankenhausgarten blühten die ersten Aprilblüten. Es war noch kalt, aber ganz klares, helles Wetter. Frühlingswetter. In dem Moment ist mir ein brasilianisches Lied durch den Kopf gegangen, das Angelo mich gelehrt hatte. Ich kannte zwar nur eine Strophe und den Refrain, aber zwei Freundinnen sagten, wir sollten es singen. Rosen hatte ich auch gekauft, und die anderen hatten Zweige von einem Apfelbaum.

Dann haben wir einen Kreis gebildet und waren zuerst ganz stumm. Als die Ärztin kam, hat sie den Kreis gesehen und ist sofort wieder gegangen. Kollegen haben ihr erzählt, daß wir es aber so wollten. Sie hat sich geweigert, weil sie den Kreis durchbrechen mußte, um an die Maschine heranzukommen. Aber dann kam sie doch, um die Schläuche abzumachen, ging aber so schnell wie möglich wieder heraus.

Als die Ärztin draußen war, haben wir die Augen geschlossen. Nun, ich weiß nicht, ob die anderen die Augen geschlossen haben, ich habe es jedenfalls getan. Ich hatte doch ein bißchen Angst davor. Es sollte ganz ruhig sein. Vielleicht gibt es diesen Übergang in eine andere Welt, wie eine Geburt, so wie wir in dieses Leben hineingeboren werden. Ich stellte mir jedenfalls vor, daß Angelo jetzt in ein anderes Leben hineingeboren wurde. Oder in die Ewigkeit hinein. Solche Gedanken kamen mir, und ich dachte, dann müssen wir jetzt auch wirklich Geburtshelfer sein. Das versuchen wir, jetzt auszustrahlen. Diese Atmosphäre war in dem Augenblick auch da. Diese Feierlichkeit. Plötzlich war auch die ganze Panik weg, der ganze Schock, es fiel von mir ab. Dazu kam, daß das Gerät nicht mehr diese widerlichen Geräusche machte. Man hörte nur noch das Herzgeräusch, ein ganz kleines Geräusch.

Ich habe als erste angefangen, das Lied zu singen: 'Das sind die Märzstürme. Sie versprechen den Sommer, ist ein Rest Leben in meinem Herzen. Ein Stock, ein Stein, das Ende des Lebens. Der Rest eines Stockes, ein Stock allein.' Anke kannte es auch ein wenig, dann haben wir es so oft gesungen, daß nachher alle mitsangen. Und irgendwann haben wir auch noch angefangen zu tanzen. Wir hatten alle ja diese komischen gelben Kittel an. Das muß von außen ausgesehen haben, als wären wir so eine Sekte. Dann hielten wir auch noch alle einen Zweig in der Hand, und im Fenster brannte eine Kerze. Es war komisch, aber ungewollt, es war nicht geplant, und dann ist es irgendwie so entstanden.

Als die halbe Stunde um war, klang es aus. Wir summten noch leise, und ich habe die Augen geöffnet. Es war still. Wir haben dann von ihm Abschied genommen, jede einzeln, und als alle draußen waren, habe ich noch eine Weile ganz in Ruhe bei ihm gesessen. Ich hatte das Gefühl, ich hätte noch soviel zu sagen, aber ich mußte raus. Die Ärztin meinte, es wäre gut, jetzt Abschied zu nehmen, weil die Leichenträger schon unterwegs seien, es wäre schön, die ganze Feierlichkeit davon nicht zerstören zu lassen. Ich konnte mich in dem Moment natürlich doch nicht trennen, ich hätte da gerne noch ganz lange gesessen. Es war jetzt eine große Ruhe im Raum. Ich habe mich aber dann doch gesputet. Die Männer habe ich nicht mehr gesehen.

Transport im Luftfrachtraum

Als wir das Krankenhaus verließen, wußte ich, daß es jetzt noch drei Wochen bis zur Beerdigung dauern würde. Sie mußten ihn noch einmal öffnen und medizinisch völlig untersuchen. Danach sollte er von der Staatsanwaltschaft noch zwei Wochen 'beschlagnahmt' werden. Alles mußte juristisch festgehalten werden, wegen des Unfalls und für die Versicherung. Auch wollten sie die genaue Todesursache feststellen. Der Unfallhergang mußte überarbeitet und zusammen mit diesem gerichtsmedizinischen Befund untersucht werden. Für mich war das nicht mehr wichtig.

In den drei Wochen habe ich sehr viel zu tun gehabt. Wir mußten die Reise nach Brasilien vorbereiten. Es wurde ständig telefoniert. Über die Beerdigung mußte gesprochen werden. Und die Feier im Krematorium wollte ich schön machen. In unserer Wohnung war ich gar nicht mehr, ich habe drüben bei Freunden gewohnt. Es waren ständig Bekannte und Verwandte um mich herum, die mir sehr viel abgenommen haben. Alleine hätte ich das alles nie machen können, es mußte so wahnsinnig viel organisiert werden. Die ganzen Formalitäten, Ämtergänge und Ähnliches haben wir an das Begräbnisinstitut abgegeben. Das war auch gut so. Schließlich wissen solche Menschen, wo man hingehen muß, und wie man mit den Leuten umgeht. Es gibt ja nichts Grausameres, als auf Ämtern andauernd erzählen zu müssen, daß man Witwe geworden ist.

Den einzigen Ämtergang, den ich gemacht habe, war der zum Brasilianischen Konsulat. Um nämlich das mit der Asche zu klären. Wir wollten hier eine Feier machen und danach selber die Asche nach Brasilien bringen, damit die Familie ihn begraben konnte. Angelo hatte zwar mal gesagt, er möchte, wenn er tot ist, übers Meer ausgestreut werden. Aber ich dachte mir, das kann ich immer noch machen. Ich fand wichtig, daß die Familie ihn erst einmal begraben konnte. Die Frau, die mich auf dem Konsulat empfing, hatte, als ich es ihr erzählte, meine Hand gegriffen und Tränen in die Augen bekommen. Das war ein schöner Moment, wenn es auch leider hinterher für das Problem mit der Asche nichts genützt hat. Um die Asche selber transportieren zu dürfen, muß man nämlich eine Genehmigung vom Amt für Umweltschutz bekommen. Aber was wir auch machten, die gaben sie uns nicht.

Es war so, man konnte ihn entweder als Paket mit der Post oder im Luftfrachtraum schicken. Ich wollte beides nicht. Ich hatte gedacht, ich nehme ihn mit in der Handtasche, einfach so, für mich war das Angelo, ich wollte ihn nicht als Paket schicken. Das ging aber nicht. Wir hätten Linienflug fliegen können, dann wäre er im selben Flugzeug mitgekommen. Aber Linienflug für vier Personen, daß war einfach zu teuer. Zum Schluß sind wir Charter geflogen, und er ist ein paar Tage früher mit einem Linienflugzeug transportiert worden.

Seine Schwester hat ihn an der anderen Seite abgeholt. In Brasilien ist es leichter als hier, solche Vorschriften zu umgehen. Sie hatte zwar auch einige Schwierigkeiten, weil ich seinen Paß noch hatte. Aber die Schwester hat ihn dann doch mitbekommen.

Abschied in Brasilien

Als wir in der Kleinstadt ankamen, stand seine Asche schon seit ein paar Tagen in der Kirche.

Das Licht. Die Farben. Die Farbe der Erde. Alles war so leicht und fröhlich. Fenster und Türen der Kirche standen offen. Es wehte. Es war unglaublich schön. Ich bin froh, daß Angelo dort und nicht in Deutschland begraben worden ist, wo alles so schwer und dunkel war.

Nach dem Begräbnis bin ich ein paar Monate in Brasilien geblieben. In Begleitung von Freunden oder Verwandten habe ich alle Orte aufgesucht, an denen ich zusammen mit Angelo gewesen war, und bin also Tausende von Kilometern gereist.

Im September kam ich nach Berlin zurück. Freunde unterstützten mich darin, Filme, die Angelo gemacht hatte, in einem off-Kino zu zeigen. Ich kehrte auch wieder in meine Wohnung zurück, und da hatte ich zuerst einmal viel aufzuräumen.

Es wurde damals im Krankenhaus nicht öffentlich gesagt, aber ich weiß, daß die ganze Station in eine Krise geraten war, als Angelo dort lag. Es war ein Ereignis, wie wir uns von ihm verabschiedet haben, so waren sie es einfach nicht gewohnt. Obwohl eine der Schwestern sehr hilfreich gewesen ist. Die eine hat mir am ersten Abend, als ich Angelo gar nicht mehr sehen wollte, sehr geholfen. Sie erzählte mir in der Situation von ihrem Vater. Wie sie ihn nicht mehr hat sehen wollen und hinterher erst wußte, daß es ein Fehler gewesen war. Sie sprach von ihrer eigenen Erfahrung, um nun meinen Entschluß zu überdenken. Ich sollte es mir in Ruhe überlegen, die Zeit hätte ich, denn Angelo müsse ja schließlich noch ein paar Tage im Krankenhaus bleiben. Damit hat sie mir wirklich etwas gegeben. Durch ihre Geschichte war ich auch aufgefordert worden, das Zimmer überhaupt zu betreten. Und das hat ja viel in Gang gesetzt.«

Teil II

8

Eine liebevolle Annäherung
an das Erbrecht

Claudia Burgsmüller

Das sanft und entspannt im Tod beieinanderliegende Paar auf dem berühmten etruskischen Sarg täuscht über den Streit hinweg, der nach dem Tod einer Frau zwischen ihren gesetzlichen Erben (ihren Kindern, ihren Eltern oder ihren Geschwistern) und ihrer überlebenden Freundin entbrennen kann.

Es bedarf einer zumindest gedanklichen Annäherung an das Erbrecht, um den Überlebenden den Streit zu ersparen und den eigenen Abgang aus dieser Welt so zu gestalten, daß er bei Lebzeiten würdevoll und gerecht erscheint und für die Zeit nach dem Tod garantiert, daß das eigene Begehren möglichst weitgehend verwirklicht wird. Letzeres gilt sowohl für die Ausgestaltung des Begräbnisses als auch für die Verteilung des Nachlasses.

Dabei mutet der rechtliche Rat, sich hinzusetzen und ein Testament zu verfassen, in dem die Wünsche für Bestattung, Totenfeier (oder das Absehen von derselben) und die Regelungen über den eigenen Nachlaß handschriftlich niedergelegt werden, zunächst simpel und profan an.

Meist bedarf es jedoch eines besonderen Anlasses, ehe sich Frauen, die miteinander in engen Beziehungen leben, entschließen, für den Todesfall vorzusorgen. Der Schrecken, der eine überfällt, wenn sie sich mit dem eigenen Sterben beschäftigt, ist schwer faßbar; noch weniger faßbar, aber um so hartnäckiger auch die magische Vorstellung, eine intensivere Beschäftigung mit dem Thema ziehe gar den Tod an.

Derzeit 'gelingt' die Beschäftigung mit dem Thema »Rechtliche Folgen meines Ablebens« höchstens Paaren, bei denen zumindest die eine derart lebensgefährlich erkrankt ist, daß die Auseinandersetzung mit dem Tod unumgänglich geworden ist.

Sie begeben sich in anwaltliche Beratung wie diejenigen, die traumatisierende Erfahrungen mit anderen Erbauseinandersetzungen in der Familie gemacht haben. Erbstreitigkeiten können jedoch für viele der Grund sein, nicht vorsorgend zu handeln: Aus Angst davor, Verantwortung zu übernehmen, wird lieber alles den gesetzlichen Regelungen überlassen, die eine nur diffus kennt und mit denen deshalb die Auseinandersetzung nicht stattfinden muß. Schließlich gibt es neben diesen Personenkreisen, die sich mit dem Thema beschäftigen, nur noch diejenigen, die über ein beträchtliches Vermögen verfügen und sich rechtsbewußt zur Notarin begeben, um ihrem letzten Willen die gewünschte Beweiskraft in allen auszudenkenden erbrechtlichen Streitigkeiten zu verleihen.

Die Freundin ohne Testament

Wenn nichts geregelt wird, gilt die *gesetzliche Erbfolge.* Zunächst erben die eigenen Kinder, danach die Eltern und nur, wenn diese verstorben sind, die Geschwister. Die Lebensgefährtin geht in jedem Fall leer aus: den 'Dreißigsten' kann sie von den Erben fordern (s.u.), aber sie erhält noch nicht einmal wie eine enterbte Ehefrau die Haushaltsgegenstände als 'Voraus'. Der deutsche Juristentag forderte schon 1988 eine gesetzliche Regelung wie den 'Voraus' (§ 1932 Abs.1 BGB) auf nichteheliche Lebensgemeinschaften zu erstrecken.

Mietverhältnis

Gehen wir von der üblichen Konstellation aus, daß beide Frauen eine *Wohnung gemeinsam bewohnt* haben, dann gibt es keine Schwierigkeiten, wenn beide Frauen Mietvertragsparteien / Mieterinnen waren. Das Mietverhältnis wird mit der Überlebenden allein fortgesetzt. Anders sieht es jedoch aus, wenn nur die verstorbene Freundin als Mieterin den Mietvertrag abgeschlossen hat. Hier hat sich die Rechtsprechung in der Bundesrepublik Deutschland in den vergangenen Jahren in erfreulich liberaler Weise gewandelt; war zuvor noch strittig, ob VermieterInnen die Erlaubnis zur Aufnahme einer Freundin in der allein von der Mieterin angemieteten Wohnung verweigern können, so ist diese Rechtsfrage inzwischen vom Bundesgerichtshof (vor ihm vom OLG Hamm) geklärt worden: Mit Beschluß vom 3.10. 1984 bestätigte der 8. Senat, daß das Interesse der Mieterin, im Sinne von § 549 Abs.2 Satz 1 BGB, mit Dritten eine Wohnung zu teilen, durchaus berechtigt sei. Die Mieterin habe nur die konkreten Umstände darzulegen, um ihr Interesse zu begründen. Das Gericht kommt zu dieser Auslegung, da es den Grundrechtsschutz der

Mieterin ernst nimmt und gegen die Argumentation der VermieterInseite, sie sei nicht verpflichtet, einen 'sittlich anstößigen Zustand' in der in ihrem Eigentum stehenden Wohnung zu dulden, wie folgt argumentiert:

> »Das (...) Sittengesetz ist den Anschauungen der Zeit unterworfen. So läßt sich etwa eine allgemein gültige Auffassung, wonach das Zusammenleben unverheirateter Personen gleichen oder verschiedenen Geschlechts zu zweit in einer eheähnlichen Gemeinschaft oder zu mehreren in einer Wohngemeinschaft sittlich anstößig sei, heute nicht mehr feststellen.« (BGH NJW, 1982, S. 1868)

Wie ist es nun nach dem Tod der Freundin, die *alleinige Mieterin* war?

Grundsätzlich ist die VermieterIn ebenso wie die Erbin berechtigt, nach dem Tode der Mieterin das Mietverhältnis unter Einhaltung der gesetzlichen Kündigungsfrist zu kündigen (§ 569 BGB). Bis vor kurzem hatten allein EhepartnerInnen bzw. andere Familienangehörige das Recht (nach § 569a Abs. 2 BGB), in das Mietverhältnis einzutreten, d.h. sie können die VermieterIn verpflichten, das Mietverhältnis mit ihnen fortzusetzen.

Praktisch ist zu beachten, daß die Erklärung, in das Mietverhältnis eintreten zu wollen, binnen eines Monats nach dem Tod der Mieterin gegenüber der VermieterIn erfolgen muß.

Seit einer Entscheidung des Landgerichts Hamburg sowie einer ebensolchen des Bundesverfassungsgerichts im Jahre 1990 gab es Hoffnung, daß eine PartnerIn, die in der Wohnung einen Hausstand gemeinsam mit der Verstorbenen unterhielt, nach dem Tod der Lebensgefährtin das Mietverhältnis fortsetzen kann. Beide Gerichte argumentierten, daß in der Gesetzesfassung von 1964 die nichtehelichen Lebensgemeinschaften allein deshalb nicht berücksichtigt worden sind, weil dieser Sachverhalt damals 'sozial nicht relevant' gewesen sei. Die Vorschrift müsse inzwischen jedoch so ausgelegt werden, daß auch die gleich- wie verschiedengeschlechtlichen eheähnlichen Lebensgemeinschaften darunter fallen.

Seit einer aktuellen Entscheidung des Bundesgerichtshofes vom März 1993 (AZ: VIII ARZ 6/92) ist die Diskriminierung gleichgeschlechtlicher Lebensgemeinschaften allerdings wieder evident geworden: Zwar kann danach die oder der Überlebende einer 'zweigeschlechtlichen' Beziehung beim Tod der Partnerin oder des Partners in das Mietverhältnis eintreten, doch wird dies nicht in gleicher Weise für die gleichgeschlechtliche Lebensgemeinschaft festgestellt. Inwieweit damit ausgeschlossen wird, daß die Regelung auch für homosexuelle Lebensgemeinschaften gilt, kann erst nach einer zur Zeit noch nicht erfolgten Veröffentlichung analysiert werden.

Der 'Dreißigste'

Betrachten wir den Fall, daß eine Frau keinerlei Regelungen über ihren Nachlaß hinterlassen hat, mit ihrer Freundin aber in einer häuslichen Gemeinschaft zusammengelebt und sie auch unterhalten hat. Nach deren Tod hat die Lebensgefährtin gegenüber den gesetzlichen Erben (dies sind regelmäßig die Eltern einer unverheirateten Frau, die keine Kinder hat; falls diese tot sind, die Geschwister der Frau) lediglich einen Anspruch auf den sogenannten 'Dreißigsten'. Demgemäß müssen die Erben ihr 30 Tage lang denselben Unterhalt, wie die Verstorbene es getan hat, gewähren und sie die Wohnung und Hausratsgegenstände benutzen lassen.

Die Alternative: Vorsorge zu Lebzeiten

Auf den ersten Blick wird deutlich, daß der 'Dreißigste' keine sonderlich befriedigende Lösung für Frauen ist, die über Jahre gemeinsam gewirtschaftet und gelebt haben. Die Regelung entspricht eher einem Verhältnis, das durch eine große ökonomische Abhängigkeit geprägt war, und nicht der üblichen Beziehung zwischen zwei Lesben, die darauf geachtet haben, ökonomisch voneinander unabhängig zu sein. Dennoch gibt es auch in dauerhaften Beziehungen Entscheidungen, die von beiden Seiten getragen werden, die zu einer solchen Konstellation führen, in der sich die eine auf die Dauererwerbslosigkeit einstellt, Haus- und Beziehungsarbeit schwerpunktmäßig verrichtet bzw. freiberuflich geringfügig tätig ist, während die andere ein regelmäßiges Einkommen hat. Frauen in derartigen arbeitsteiligen Beziehungen sollten frühzeitig in *Partnerschaftsverträgen* die Regelungen für Trennung und/oder Tod treffen, die ihnen am ehesten entsprechen. Ebenso sollten sie sich in einem *Erbschaftsvertrag* gegenseitig zu Alleinerbinnen einsetzen, um z.B. gemeinsam Erwirtschaftetes der jeweiligen Überlebenden zu sichern und nicht an die gesetzlichen Erben fallen zu lassen.

Vorzugsweise sollte eine annähernd gleiche Vermögenssituation schon unter den Lebenden hergestellt werden: das hälftige Miteigentum an Häusern und Grundstücken gehört hierzu oder auch die Übertragung des gesamten Eigentums auf diejenige, die bei einer schweren Krankheit der einen voraussichtlich länger leben wird. Zu empfehlen ist auch die gegenseitige Sicherung in *Lebensversicherungsverträgen*, in denen sich die Frauen gegenseitig als Bezugsberechtigte einsetzen. Von Vorteil ist hierbei, daß die Lebensversicherung nicht in den Nachlaß fällt, sondern direkt der Bezugsberechtigten zusteht, so daß die gesetzlichen Erben weder einen Zugriff auf sie haben noch ihren Pflichtteilsanspruch gegenüber der Alleinerbin geltend machen können.

Die Freundin als Alleinerbin und die Regelung des gesetzlichen Pflichtteils

Wie kann die Erblasserin erreichen, daß die gesetzliche Erbfolge, nach der ihre Eltern (bzw. deren Abkömmlinge, also die Geschwister) sie beerben, nicht eintritt? Sie tut dies ganz einfach durch ein Testament, in dem sie ihren letzten Willen niederlegt. (Zu den Formerfordernissen und unterschiedlichen Möglichkeiten siehe im nächsten Abschnitt.)

Was sie jedoch selbst dann, wenn sie die Freundin als ihre Alleinerbin eingesetzt hat, nicht ausschließen kann, ist der *gesetzliche Pflichtteil* ihrer Eltern. Ihnen steht nämlich als einzigen Verwandten (außer Kindern aus früheren Ehen oder nichtehelichen Kindern) ein gesetzlicher Pflichtteil zu, wenn sie in Verfügungen von Todes wegen übergangen worden sind. Da die Eltern nach der gesetzlichen Erbfolge Alleinerben wären, steht ihnen die Hälfte des Nachlasses in Geld zu. Wenn sie hierauf bestehen, ist die Wunscherbin der Verstorbenen gezwungen, z.B. ein gemeinsam erwirtschaftetes Haus zu verkaufen, um den Pflichtteil der Eltern auszahlen zu können. (Ist sie selbst hälftige Miteigentümerin gewesen, bezieht sich ihre Verpflichtung natürlich nur auf ein Viertel vom Miteigentumsanteil, wobei sie diesen Pflichtteil möglicherweise durch eine Kreditaufnahme bei gleichzeitiger Belastung des Hauses mit Grundschulden auszahlen kann.)

Die gesetzlichen Pflichtteilsregelungen lassen sich also nicht umgehen durch einfache testamentarische Erklärungen, daß eine Freundin Alleinerbin werden soll.

Die einzige Möglichkeit, der Freundin den gesamten Nachlaß zukommen zu lassen, ist ein *freiwilliger Pflichtteilsverzicht* durch die jeweiligen Pflichtteilsberechtigten, in diesem Beispiel die Eltern. Rechtlich verläßliche Wirkungen entfaltet dieser aber nicht schon allein durch eine Erklärung zwischen späterer Erblasserin und Eltern, sondern er wird erst wirksam, wenn die Eltern vor einer Notarin vertraglich auf ihren Pflichtteil verzichtet haben. Geschwister, um dies noch einmal zu verdeutlichen, sind nicht pflichtteilsberechtigt; wenn also die Eltern der Erblasserin verstorben sind, kann sie frei von Pflichtteilsrechten ihre Wunscherbin als Alleinerbin einsetzen.

Im Gesetz (§ 2334 BGB) ist daneben auch die Möglichkeit vorgesehen, den Berechtigten den Pflichtteil zu entziehen. Der *Pflichtteilsentzug* kann jedoch nur erfolgen, wenn Vater oder Mutter (oder beide) der Erblasserin nach dem Leben trachteten, wenn sie sich eines Verbrechens oder schweren Vergehens gegen die Erblasserin schuldig gemacht oder ihre Unterhaltspflicht böswillig verletzt haben.
Bei der zweiten Alternative ist daran zu denken, daß hierunter sicherlich auch Fälle von sexuellem Mißbrauch zu verstehen sind, obwohl sie in den meisten Fällen niemals zur Strafanzeige gekommen sind, geschweige denn zu einer strafrechtlichen Verurteilung des Vaters geführt haben, was unter anderem auch an den gegenwärtig geltenden kurzen Verjährungsfristen (in der Regel fünf, höchstens 10 Jahre) liegt. Doch ist die strafgerichtliche Verurteilung nicht Voraussetzung für einen wirksamen Pflichtteilsentzug – es reicht ein genau geschildertes Vergehen, das rechtswidrig und schuldhaft begangen worden ist. Der Pflichtteilsentzug kann im Testament erfolgen.
Die Rechtsprechung ist m.W. bisher nicht mit einem Fall befaßt gewesen, in dem die Tochter dem Vater den Pflichtteil wegen des sexuellen Mißbrauchs an ihr entzieht (oder er ist nicht veröffentlicht worden). Die Gerichte beschäftigten sich statt dessen mit einem Vater, der seinem homosexuellen Sohn den Pflichtteil entziehen wollte. Das Oberlandesgericht Hamburg entschied jedoch : »Wenn der Sohn seiner homosexuellen Neigung dadurch nachgeht, daß er in einer dauerhaften gleichgeschlechtlichen Beziehung lebt, ist hierin nicht das vom Gesetzgeber als ehrlos und unsittlich beschriebene Verhalten zu erkennen.« (OLG Hamburg, NJW 1988, S.977ff.)

Vormundschaft / elterliche Sorge

Nicht selten leben Frauen mit ihren Kindern aus einer geschiedenen oder noch bestehenden Ehe zusammen, andere mit ihren nichtehelichen Kindern. In beiden Fällen gilt es ebenfalls, Regelungswünsche für den Fall, daß die sorgeberechtigte Kindesmutter stirbt, in einem Testament zu dokumentieren.

Die Mutter eines *nichtehelichen Kindes* hat die Möglichkeit, in ihrem Testament die Vormünderin oder den Vormund für ihre Tochter oder ihren Sohn zu benennen. Dieses Benennungsrecht der Kindesmutter bedeutet zwar nicht, daß automatisch mit ihrem Tod das Sorgerecht auf die von ihr als Vormünderin bestimmte Freundin übergeht, sondern hierfür ist – wie bei allen Sorgerechtsentscheidungen – eine vormundschaftsgerichtliche Entscheidung/Bestellung erforderlich. Das Vormundschaftsgericht darf die von der verstorbenen Kindesmutter benannte Person jedoch nur unter den engen Voraussetzungen des § 1778 BGB übergehen: Hierzu zählen die Fälle, daß die über 14jährige Tochter (der Sohn) widerspricht, die benannte Person an der Übernahme verhindert ist oder die Bestellung das Wohl des Kindes gefährden würde. Fälle, in denen wegen der Tatsache einer gleichgeschlechtlichen Lebensgemeinschaft zwischen der Vormünderin, dem Kind und der Verstorbenen eine Kindeswohlgefährdung gesehen wurde, sind mir nicht bekannt; sollte ein streitsüchtiger Kindesvater (des nichtehelichen Kindes) nach dem Tod der Mutter auf der Bildfläche erscheinen, wird mit Sicherheit derjenigen Person der Vorzug gegeben werden müssen, die von der Mutter benannt worden ist und mit der das Kind schon zusammengelebt hat. Jede andere Entscheidung wäre kindeswohlgefährdend.

Hinterläßt die Freundin *eheliche Kinder*, so sieht die gesetzliche Regelung eindeutig vor, daß die elterliche Sorge dem überlebenden Elternteil, also dem Vater zusteht. War der Mutter das Sorgerecht bei Getrenntleben oder nach der Ehescheidung übertragen worden, so überträgt das Vormundschaftsgericht die elterliche Sorge dem Vater, 'es sei denn, daß dies dem Wohle des Kindes widerspricht' (§ 1681 BGB). Haben die Verstorbene, ihre Freundin und das Mädchen oder der Junge über Jahre als Familie zusammengelebt, so würde es selbstverständlich dem Kindeswohl widersprechen, wenn die elterliche

Sorge allein auf Grund der natürlichen Vaterschaft auf den Kindesvater übertragen würde. Hier wird es in Einzelfällen Streit geben, doch ist eine Entscheidung für die Erziehungskontinuität (die Kinder bleiben bei der Freundin der Mutter, mit der sie bisher zusammengelebt haben) sicher.

Auch in diesem Fall, in dem die Kindesmutter eheliche Kinder hinterläßt, sind Regelungen und Wünsche bezüglich der Vormundschaft/Übertragung der elterlichen Sorge unter genauer Angabe von Gründen im Testament hilfreich für die Hinterbliebenen. Das Vormundschaftsgericht ist zwar nicht an sie gebunden, kann sie aber auch gleichzeitig nicht übergehen; sie bieten ihm eine wichtige Orientierung bei der Entscheidung. Dabei geht die Rechtsprechung auch von dem Erfahrungssatz aus, daß die bisher sorgeberechtigte Person, mit der das Kind zusammengelebt hat, am besten weiß, wo ihre Tochter oder ihr Sohn nach ihrem Tod leben und wer ihre gesetzliche Vertreterin sein sollen.

Ein wirksames Testament

Wie nun errichtet die Frau, die sich mit ihrem Tod im Leben auseinandersetzt, ein wirksames Testament? Es gibt zwei Grundformen: das private und das öffentliche oder notarielle Testament.

Ein *privates Testament* kann jede mündige Volljährige errichten; sie muß den gesamten Text handschriftlich verfassen, ihn sowohl mit dem Datum und dem Ort der Niederschrift versehen und eigenhändig unterschreiben. Zusätze mit Schreibmaschine oder PC sind unzulässig; ebenso wie Unklarheiten, die beim Verschreiben oder Durchstreichen auftauchen können. Das falsch geschriebene Wort oder die Wörter sollten so durchgestrichen werden, daß sie lesbar bleiben, und es sollte danach einfach weitergeschrieben werden.

Das Datum ist von besonderer Wichtigkeit, da ein Testament jederzeit durch ein späteres ersetzt werden kann; das alte wird dann entweder zerrissen oder für ungültig erklärt, es kann aber auch vorkommen, daß das Testament so gut versteckt worden ist, daß es bei Errichtung des neuen nicht mehr auffindbar ist. Letzteres gilt insbesondere für die privat aufbewahrten Testamente.

Die Testierende kann das Testament natürlich auch einer Vertrauensperson zur Aufbewahrung geben oder es beim Amtsgericht ihres Wohnortes amtlich verwahren lassen (gegen eine geringe Gebühr); sie erhält in diesem Fall einen Hinterlegungsschein.

Das *öffentliche oder notarielle Testament* kann schon von jeder 16jährigen (die nicht entmündigt ist) errichtet werden. Hier wird der Notarin entweder ein selbstverfaßtes Testament (Wirksamkeitsvoraussetzungen wie zuvor beim privaten) übergeben, oder die Notarin fertigt eine Niederschrift des Testaments an, die von der Testierenden unterzeichnet wird. Die Notarin gibt das Testament in die öffentliche Verwahrung beim Amtsgericht, worüber wiederum ein Hinterlegungsschein ausgestellt wird. Bei dieser Form des Testaments gilt die Besonderheit, daß die Rücknahme aus der amtlichen Verwahrung schon als Widerruf gewertet wird.

Folgende Regelungen können in einem Testament oder Erbvertrag getroffen werden: Es wird zunächst einmal von der Testierenden die Entscheidung getroffen, ob sie eine Person (ihre Lebenspartnerin) zur *Alleinerbin* einsetzt oder mehrere Erbinnen, die dann eine *Erbinnengemeinschaft* bilden. Die Streitigkeiten derselben untereinander sind hinlänglich bekannt, doch kann es auch sinnvolle Erbeinsetzungen einer Vielzahl von Lesben geben, die z.B. auf die ohnehin von ihnen geplante gemeinsame Nutzung eines Anwesens als Altersruhesitz verpflichtet werden. Dies geschieht dann in Form einer Auflage im Testament; sollten eine oder mehrere Erbinnen gegen diese Auflage verstoßen, können sie von der Erblasserin enterbt werden. (Die bekannteste Auflage im Erbrecht ist vielleicht die, mit der eine Person zur Versorgung eines Haustieres verpflichtet wird und ansonsten ihr Vermächtnis oder Erbe verliert.)

Will die spätere Erblasserin zwar eine Freundin als Alleinerbin einsetzen, anderen Freundinnen oder Geschwistern aber bestimmte Gegenstände oder Geldsummen vererben, so kann sie dies in Form von *Vermächtnissen* tun. Dies bietet sich auch für den Fall an, daß Pflichtteilsberechtigte vorhanden sind; diesen kann ein bestimmter Vermögenswert in Höhe ihres Pflichtteils vermacht werden. Der Vorteil dieser Lösung liegt darin, daß die gewünschte Alleinerbin dann auch tatsächlich die alleinige Verfügungsgewalt über das Erbe erhält und sich nicht mit der Befriedigung von Pflichtteilsansprüchen herumzuschlagen hat.

Darüber hinaus empfiehlt es sich, neben der eingesetzten Alleinerbin noch eine Ersatzerbin zu benennen, für den Fall, daß die Wunscherbin verstorben ist oder das Erbe ausschlägt. Hier können z.B. enge Freundinnen oder Geschwister benannt werden.

Die Bandbreite testamentarischer Verfügungen hier weiter darzustellen würde den Rahmen dieses kurzen Überblicks sprengen. Juristinnen werden in der Lage sein, für jeden Wunsch der potentiellen Erblasserinnen die gewünschte Regelung zu finden. Der Phantasie sowie dem Ernstnehmen der eigenen Regelungswünsche für die Zeit nach dem Tod sind rechtlich kaum Grenzen gesetzt, diese tun sich auch für die Phantasiebegabtesten eher wegen ihrer begrenzten Nachlässe auf.

Ist der *Nachlaß verschuldet,* kann die eingesetzte Erbin oder jede andere Erbin die Erbschaft binnen einer Frist von sechs Wochen gegenüber dem Nachlaßgericht ausschlagen. Diese Frist beginnt mit dem Zeitpunkt, in dem die Erbin von dem Anfall der Erbschaft Kenntnis hat. (Genaueres sollte hier mit Juristinnen geklärt werden!)

Erbvertrag

Für die in nichtehelicher Lebensgemeinschaft Lebenden – egal ob hetero- oder homosexuell – sieht das Gesetz nicht wie bei Ehepaaren die Möglichkeit vor, gemeinschaftlich ein Testament, z.B. das sogenannte Berliner Testament (Gegenseitige Bestimmung der EhepartnerIn zu Alleinerbin oder Alleinerben und Bestimmung von Dritten, die beim Tod der zuletzt Versterbenden den gesamten gemeinsamen Nachlaß erben sollen) zu errichten.

Für die nichtehelichen Paare gibt es jedoch die Möglichkeit, einen Erbvertrag als stärkste rechtliche Bindung zu wählen. In einem Erbvertrag können die Regelungen vorgenommen werden wie in einem Testament. Dieser Schritt sollte wegen eben dieser Bindungswirkung nicht ohne Beratung durch kompetente Rechtsanwältinnen oder Notarinnen erfolgen. Beide Frauen binden sich vertragsmäßig und erhalten dadurch einerseits eine große Sicherheit, andererseits werden sie in einer Weise gebunden, daß sie Abänderungen nur einvernehmlich vornehmen können.

Wenn auch die frühere richterliche Ansicht, Geliebtentestamente seien per se sittenwidrig, seit 1970 überholt ist, bleibt es ratsam, sich anwaltlich beraten zu lassen, um mögliche Anfechtungsgründe (z.B. Übergehen von Pflichtteilsberechtigten) des Erbvertrages zu vermeiden.

Vollmachten

Die gewünschte Handlungsfähigkeit der Erbinnen im Todesfall kann eine Frau nur dadurch sichern, daß sie entweder eine Generalvollmacht schon zu Lebzeiten, die auch über den Tod hinaus gilt, oder eine Generalvollmacht 'für den Todesfall' erteilt (Vollmacht, mich in allen meinen Angelegenheiten gerichtlich und außergerichtlich vor Privaten und Behörden zu vertreten). Auch Einzelvollmachten für bestimmte Handlungen oder Konten können ausgestellt werden. Der Zugang zu Konten etc. kann nämlich durch Erbauseinandersetzungen oder Verzögerungen bei der Ausstellung des immer vorzulegenden Erbscheins hinausgeschoben bis verhindert werden.

Erbschaftssteuern

Wieviel Erbschaftssteuer zu entrichten ist, hängt von der Höhe der Erbschaft, der Steuerklasse der Erbin und den gesetzlichen Freibeträgen ab. Die Erbschaftssteuern, die überlebende Freundinnen zu zahlen haben, zeigen klar eine Diskriminierung der nichtehelichen Lebensgemeinschaften gegenüber den ehelichen: während Ehefrauen bzw. -männer bis zu 500.000 DM erben können, ohne steuerlich belastet zu werden (allgemeiner Freibetrag und Versorgungsfreibetrag von je 250.000 DM), beträgt der Freibetrag für die nichtehelichen Partnerinnen lächerliche 3.000 DM. Der Steuersatz reicht von 20 bis 70 Prozent.[44]

Versicherung

Sozialversicherte erhalten in Deutschland *Sterbegeld*, dessen Höhe unterschiedlich ausfallen kann. Die gesetzlichen Krankenkassen zahlen im Durchschnitt 2.100 DM; die Ersatzkassen zwischen 2.800 und 3.300 DM; die Betriebskrankenkassen über 3.000 DM. Diese Summen gelten nur für RentnerInnen. Nicht-RentnerInnen erhalten eine Pauschale, die sich nach der Höhe der letzten Bezüge richtet.

Die meisten Versicherungsgesellschaften bieten zusätzlich *Sterbegeldversicherungen* an, die aber nicht sehr sinnvoll gestaltet sind. Meistens sind sie auf das Endalter von 85 Jahren mit einer Versicherungssumme von 10.000 DM abgeschlossen. Die Sterbegeldversicherung gilt insbesondere wegen der langen Laufzeit als unsinnig und erscheint manchmal als absurd: »Es gibt sogar eine reine Risiko-variante, in der die Summe nur im Todesfall oder wenn der Versicherte 99, 100 oder 101 Jahre alt geworden ist, ausgezahlt wird.«[45]

Einen guten Tip stellt die *Risiko-Lebensversicherung* dar, die nur im Todesfall ausgezahlt wird. Die Prämie ist niedrig, ca. 15 DM im Monat, die Auszahlung – abhängig vom Beitritt – bis zu 50.000 DM. In Deutschland übernimmt das Sozialamt für alle, die nicht versichert waren, Bestattungskosten bis zu einer Höhe von 2.100 DM. Die Zahlungen des Sozialamts sind sehr knapp berechnet, so daß für kleine Bestattungsunternehmen nur die Materialkosten gedeckt werden. Bei größeren Bestattungsunternehmen besteht zumeist die Möglichkeit, durch eine *Sachversicherung* schon zu Lebzeiten die eigene Beerdigung zu finanzieren. Beim Abschluß einer Sachversicherung muß darauf geachtet werden, daß die Dienstleistungen, die unter die Versicherung fallen, genau beschrieben werden, daß deutlich ist, was abgedeckt ist und was nicht, und ob es eine Kostenvergütung auch für den Fall gibt, daß die Police erst zu einem Zeitpunkt entdeckt wird, an dem das Begräbnis bereits von jemand anderem geregelt worden ist.

Patientinnenbriefe

Schließlich sei noch erwähnt, was in der öffentlichen Diskussion oft fälschlicherweise als Patientinnentestament bezeichnet wird. Weniger mißverständlich ist die Bezeichnung Patientinnenbrief, in dem eine Frau dokumentiert, was im Falle ihrer schweren Erkrankung und der Situation, in der sie selbst keinen Willen mehr äußern kann, mit ihr passieren soll. Ärztinnen und Krankenpflegepersonal sind immer dann, wenn Patientinnen bewußtlos sind, darauf angewiesen, den mutmaßlichen Willen der Person zu ermitteln; dabei dient ihnen dann ebenso wie die Befragung naher Angehöriger bzw. der Personen, mit denen die Kranke zusammengelebt hat, der Patientinnenbrief. In ihm kann ebenso wie in einer gesondert ausgestellten Vollmacht bestimmt werden, an wen die Ärztin Auskünfte über den Gesundheitszustand der Kranken geben soll und an wen nicht, mit wem Heil- oder sonstige Maßnahmen anstelle der Kranken, die ihren Willen nicht mehr äußern kann, abgesprochen werden müssen. Die Vollmacht oder der Brief enthalten auch eine Entbindung der Ärztin von der Schweigepflicht gegenüber der Lebenspartnerin.

Organtransplantationen

In der Bundesrepublik existiert derzeit noch keine eindeutige gesetzliche Regelung für die Transplantationsmedizin. Wie in den Niederlanden und in Skandinavien gilt in den alten Bundesländern, daß einer Toten die Organe nur dann entnommen werden dürfen, wenn sie dem schon zu Lebzeiten eindeutig zugestimmt hat. Gibt es keine eindeutige schriftliche Äußerung der Verstorbenen dazu, wird bei ihren Angehörigen nachgeforscht, wie denn ihr mutmaßlicher Wille gewesen wäre; faktisch entscheiden dann diese Angehörigen. In den neuen Bundesländern dürfen Toten alle Organe entnommen werden, wenn sie dem nicht zu ihren Lebzeiten ausdrücklich widersprochen haben. Der gegenwärtige Gesetzgeber tendiert dazu, diese Widerspruchslösung bundesweit einzuführen. Die Frau, die sich oder ihre Freundin nicht als Ersatzteillager für die Transplantationsmedizin benutzen lassen will, sollte auch hier durch schriftliche, leicht zugängliche Erklärungen vorsorgen und ihren entgegenstehenden Willen niederlegen.

Versorgungsansprüche der Freundin

Zur Klarstellung sei zuletzt darauf hingewiesen, daß mit dem Tod einer in einer nichtehelichen (homo- oder heterosexuellen) Beziehung lebenden Freundin oder eines Freundes sämtliche Pensions-, Versorgungs- und Rentenansprüche erlöschen; sie können unter keinen Umständen auf die Überlebenden weitergegeben werden.

Die gleiche Diskriminierung von nichtehelichen Beziehungen gilt im übrigen auch für den Fall, daß eine Lebensgefährtin z.B. bei einem Verkehrsunfall getötet wird: Hier erhält die Überlebende auch dann keine Rente vom Schädiger, wenn ihre getötete Freundin ihr gegenüber zuvor Unterhaltszahlungen geleistet hatte. (Dies ist nach § 844 Abs. 2 BGB, der eine gesetzliche und keine private, ethisch-moralische Unterhaltpflicht voraussetzt, ausgeschlossen.)

Die Bestattung

Wie schon oben angedeutet, sollte eine Frau in ihrem Testament oder an anderer Stelle formlos auch ihre Wünsche bezüglich der Bestattung und Totenfeier schriftlich niederlegen. Die Erbinnen und Erben haben sich dann daran zu halten; sie tragen auch von Gesetzes wegen die Kosten einer standesgemäßen Bestattung (§ 1968 BGB). Existiert kein schriftlich niedergelegter Wille der Verstorbenen, sind die Hinterbliebenen oder bei einem Streit auch die Gerichte verpflichtet, aus mündlichen Äußerungen oder der Intensität von Beziehungen, die zu Lebzeiten bestanden haben, den mutmaßlichen Willen der Verstorbenen herauszufinden.

Hat sie z.B. keine enge Beziehung zu ihrer Mutter gehabt, so kann diese gegenüber der Lebensgefährtin nicht durchsetzen, daß die Verstorbene im Familiengrab der Herkunftsfamilie beigesetzt wird. Dies gilt natürlich umsomehr, als die Verstorbene deutlich hat erkennen lassen, daß sie zusammen mit der Freundin bestattet werden will. Streitigkeiten über den Bestattungsort, die Grabinschrift, den Stein oder die Urne zwischen gesetzlichen Erben, anderen Angehörigen und der Lebensgefährtin sollten nicht gescheut, sondern vor den Zivilgerichten ausgetragen werden. Dies gilt z.B., wenn die Angehörigen eine Bestattungsart wählen, die offensichtlich dem mutmaßlichen Willen der Verstorbenen widerspricht.

9

Schritt für Schritt*

Eine Anleitung

Viele Menschen sind sich überhaupt nicht bewußt, was so alles bei einer Erd- oder Feuerbestattung anfällt. Oft denken wir an nichts anderes, als das Bestattungsunternehmen zu unterrichten. Doch im deutschen Gesetz zur Leichenbestattung ist im § 50 nur die Rede von einer 'Bestattungspflicht', Bestattungsinstitute werden hier nicht erwähnt. Die Entscheidungen, vor die wir gestellt werden, und die Informationen über die Möglichkeiten lernen die meisten erst aus eigener Erfahrung kennen.

Mangelnde Informationen machen uns vollständig vom Angebot des Bestattungsinstituts abhängig. Wenn wir wüßten, was es noch alles für Möglichkeiten gibt, wären wir wahrscheinlich um einiges kreativer bei der Organisation eines Abschiedsrituals. Genügend Informationen sind eine Voraussetzung, um gut vorbereitet zu sein. Deshalb soll hier genau aufgeführt werden, was alles erlaubt und was vorgeschrieben ist. Wir erklären, woran du bei einer Erd- oder einer Feuerbestattung denken mußt, welche verschiedenen Arten von Gräbern es gibt und was nach der Verbrennung mit der Asche geschehen kann. Danach geben wir eine Anleitung, wie du selbst, ohne Bestattungsunternehmen, ein Begräbnis ausrichten kannst. Zum Schluß geben wir einer Krankenpflegerin das Wort, die erklärt, wie einem Leichnam die letzte Pflege gegeben wird.

Egal, ob der Tod erwartungsgemäß oder überraschend eingetreten ist, die Tatsache, daß ein Mensch stirbt, sorgt für Verwirrung. In vielen Fällen nehmen wir uns nicht die Zeit, darüber nachzudenken, wie wir nun weiter verfahren wollen, sondern rufen gleich bei einem

---

* Wenn nicht anders angegeben, beziehen sich unsere Informationen auf Berlin.

Berlin, den 2. 12. 1992

Testament

Ich möchte dort begraben werden, wo ich zuletzt mehr als
zwei Jahre gelebt habe. Bettina Grosse, oder wenn sie verhindert ist, Julia Ritter, soll sich um die Beerdigung kümmern:
Schlichter Sarg aus Naturholz; die Beerdigung offen für
alle, nicht kirchlich, möglichst persönlich, mit einer schönen Feier.

Da meine Eltern auf den gesetzlichen Pflichtteil verzichtet haben,
verteile ich meine "Besitztümer" so:
- Was an Geld nach den Beerdigungskosten übrig bleibt, geht
   zu gleichen Teilen an meine Schwester, Bettina Grosse und
   Astrid Müller.
- Meine Möbel gehen an Julia Ritter, der Schreibtisch ist für
   Christian Bachmaier und der weiße Schrank samt Inhalt
   für meinen Vater. Die Anlage ist für Anne Wittig.
- Alle Bücher gehen an Bettina Grosse; wenn sie mag, soll sie
   welche an Freundinnen geben, aber nicht verkaufen. Sie
   bekommt auch meinen Fernseher und alle technischen Geräte.
- Mein Schmuck geht an meine Mutter, bis auf die Ring und
   Ohrringe, die sind, genauso wie meine Kleidung, für meine Nichte.
- All meine persönlichen Aufzeichnungen, Briefe, Tagebücher
   etc. gehen an meine Schwester, die sie behalten oder an
   Freundinnen von mir weitergeben soll.
- Alles andere bitte an Freundinnen und Frauen (-projekte).

Christina Weber

Beispiel eines handschriftlichen Testaments

Bestattungsunternehmen an. Das ist schade, denn ab dem Moment, ab dem ein Beerdigungsinstitut eingeschaltet ist, nimmst du dir nicht mehr die Zeit, um die verschiedenen Möglichkeiten in aller Ruhe abzuwägen. Es ist ebensogut möglich, das Bestattungsinstitut nicht unmittelbar zu bestellen.

Wenn jemand im Krankenhaus oder im Pflegeheim gestorben ist, mußt du im Normalfall mehr Eigeninitiative aufbringen, um die Dinge selbst in der Hand zu behalten. Das effiziente Krankenhausleben geht schließlich weiter. Es ist nicht immer einfach, sich davon nicht allzusehr beeindrucken zu lassen. Es ist wichtig, eine ruhige Atmosphäre zu schaffen, in der du Entscheidungen überdenken kannst. »Die letzte Pflege muß eben etwas warten«, oder »Ich möchte erst noch eine Weile bei der oder dem Verstorbenen sitzen«, sind Bitten, die dir redlicherweise nicht abgeschlagen werden können.

Nach dem Sterben

Nachdem eineR gestorben ist, muß als erstes die Ärztin oder der Arzt verständigt werden, die dann den Tod feststellt. Es ist entscheidend, daß es sich hier um die eigene Hausärztin handelt, die den Leichenschein – da sie die Person gekannt hat – sofort ausstellen wird. Kommt jedoch eine Ärztin, die die Person zu Lebzeiten nicht gekannt hat, wird die Diagnose in 99 % der Fälle »Todesursache unbekannt« lauten. Damit ist der Tod Sache der Kriminalpolizei geworden, und eine Obduktion dürfte unvermeidlich sein.

Falls die oder der Verstorbene OrganspenderIn ist, müssen so schnell wie möglich die betreffenden Organe entfernt werden. Wenn jemand zu Hause gestorben ist, muß der Leichnam ins Krankenhaus transportiert werden. Ein paar Stunden später wird er wieder zurückgebracht.

Anschließend kannst du das Bestattungsinstitut anrufen. Bevor du anrufst, muß geklärt sein, ob es ein Testament gibt mit bestimmten Wünschen der oder des Verstorbenen, die von allen Beteiligten respektiert werden müssen. Die meisten Bestattungsinstitute ziehen die folgende Reihenfolge vor: EhepartnerIn, Angehörige, FreundInnen.

Es muß auch herausgefunden werden, ob die oder der Verstorbene eine Versicherung abgeschlossen hat, und wenn ja, welche. Vor allem bei einer Sachversicherung ist es wichtig, sofort die Versicherungsgesellschaft einzuschalten, da diese meistens ein eigenes Beerdigungsunternehmen hat.

BestattungsunternehmerInnen gehen davon aus, daß die letzte Pflege (Waschen und Ankleiden) zu ihrem Aufgabengebiet gehört. Es gibt jedoch verschiedene Möglichkeiten: Du kannst es selbst machen oder zusammen mit einer Expertin, zum Beispiel einer Krankenpflegerin oder jemandem vom Beerdigungsunternehmen. Es ist auch möglich, nicht direkt selbst etwas zu tun, aber trotzdem dabeizubleiben.

Wenn du in einem Krankenhaus bei der letzten Pflege dabeisein möchtest, dabei mithelfen oder es selbst machen willst, mußt du in den meisten Krankenhäusern ausdrücklich um Zustimmung bitten. Es ist wichtig zu berücksichtigen, daß das deutsche Gesetz dazu verpflichtet, den Leichnam zumindest 48 Stunden nicht zu bestatten (gesetzliche Ruhepflicht). Dies stellt für jüdische und islamische Religionsangehörige eine schwierige Verpflichtung dar. Denn für sie gilt, daß der Leichnam so schnell wie möglich, am besten innerhalb von 24 Stunden, unter die Erde gebracht werden soll.

Nach demselben Gesetz muß der Leichnam innerhalb von fünf Tagen begraben werden, es sei denn, es tun sich juristische oder andere Schwierigkeiten auf. Leichen, die verbrannt werden sollen, können zudem in eine 'Warteschleife' geraten.

Aufbahren

Oft werden Menschen in einer Trauerhalle aufgebahrt, aber das muß nicht sein, es ist auch zu Hause möglich. Das Gesetz erlaubt in Deutschland die Aufbahrung für 36 Stunden zu Hause. Wenn eine/r zu Hause aufgebahrt wird, so ist das in einem Sarg, auf einem Bett oder einem Sofa möglich. Es ist wichtig, die Fenster geschlossen zu halten: Zuviel Sauerstoff beschleunigt den Verwesungsprozeß.

Welches der beste Moment ist, zu dem jemand in einen Sarg gelegt wird, und wann der Sarg geschlossen werden soll, hängt von den Umständen ab. Medikamentengebrauch, Fieber und der Krankheitsverlauf beeinflussen den körperlichen Verfall. Der Hausarzt, die Hausärztin oder die BeerdigungsunternehmerIn können dich beraten, wann es besser ist, den Sarg zu schließen. Menschen, die die Tote oder den Toten noch sehen wollen, sollten besser frühzeitig eingeladen werden, am ersten oder zweiten Tag nach Eintritt des Todes, dann ist es eher gewährleistet, daß die oder der Verstorbene noch 'gut' aussieht.

Es ist übrigens auch möglich, bei einem Beerdigungsunternehmen einen Kühlapparat zu leihen, der es ermöglicht, daß die oder der Verstorbene länger außerhalb des Sarges bleiben kann; dies verursacht jedoch zusätzliche Kosten.

Gegen den Leichengeruch gibt es alte Hausmittel, zum Beispiel frischgemahlener Kaffee unter dem Bett oder das Verbrennen von Weihrauch.

Auch wenn eineR im Krankenhaus oder Pflegeheim gestorben ist, kann zu Hause aufgebahrt werden. In größeren Krankenhäusern kann es wichtig sein, vorher anzugeben, daß eineR nach dem Sterben nach Hause gebracht werden soll. Sonst wird die oder der Verstorbene in das Mortuarium des Krankenhauses gebracht, und dann ist es oft nicht möglich, sie oder ihn nachts oder am Wochenende da wieder herauszubekommen.

Wenn du darüber nachdenkst, die oder den Verstorbene/n in eine Leichenhalle zu bringen, solltest du dich nach den Besuchsmöglichkeiten erkundigen. Viele Leichenhallen erlauben nur eine Stunde Besuch am Tag. Wenn eine Tote oder ein Toter in eine Leichenhalle gebracht werden soll, heißt das noch nicht, daß das sofort zu geschehen hat. Den Zeitpunkt kannst du selbst bestimmen. Du mußt das dann jedoch genau mit dem Beerdigungsunternehmen besprechen, denn die gehen normalerweise davon aus, daß die oder der Verstorbene möglichst schnell weggebracht werden soll.

Der Vertrag mit dem Bestattungsinstitut

Wenn du mit dem Bestattungsinstitut besprochen hast, wie das Begräbnis geregelt werden soll, kann ein Kostenvoranschlag erstellt werden.

Die meisten Bestattungsunternehmen verwenden ein sogenanntes 'Antragsformular'; darauf ist angegeben, welche Dienstleistungen du in Anspruch nehmen möchtest. Du kannst darum bitten, daß auf diesem Formular die Kosten *pro Einheit* aufgeführt werden. Das Formular wird von beiden VertragspartnerInnen unterzeichnet und dadurch verbindlich.

Sollte die Rechnung hinterher höher als vereinbart ausfallen, kannst du dich auf dieses Dokument berufen.

Erd-, Feuer- oder Seebestattung?

Die nächste Entscheidung, die getroffen werden muß, ist, ob die oder der Verstorbene begraben oder eingeäschert werden soll. Dabei muß der Wunsch der Verstorbenen soweit es geht befolgt werden, das ist gesetzlich vorgeschrieben. Wenn du nicht weißt, was die oder der Verstorbene gewollt hätte, mußt du selbst eine Entscheidung treffen.

Welcher Friedhof, welches Grab?

In Deutschland wie in den Niederlanden gibt es zwei Arten von Friedhöfen: städtische und konfessionelle. Die städtischen Friedhöfe sind im allgemeinen größer. Die konfessionellen umfassen evangelische, katholische, jüdische und islamische Friedhöfe.

Wenn du keinen bestimmten Friedhof im Auge hast, lohnt es sich, einige anzusehen. Ein Friedhof kann schöner oder angenehmer als ein anderer sein. Die Lage, Erreichbarkeit und die Kosten können eine Rolle spielen. In Berlin bewegen sich die Unterschiede zwischen gefragten und sogenannten normalen Friedhöfen um das Doppelte. Außerdem werden auf den gefragten Friedhöfen oft nur Wahlstellen, aber keine Reihenplätze vergeben. Es existieren anonyme Plätze. Hier werden 500 bis 1000 Urnen ohne Namensnennungen unter einem Rasen begraben. Daneben gibt es das Urnengrab. Hier ist es möglich, entweder eine 100 cm lange Grabstelle zu kaufen, die für bis zu neun Urnen Platz bietet, oder eine 70 cm große, die bis zu vier Urnen Platz bietet. Es ist gestattet, auf diesen Urnenplätzen einen Stein aufzustellen.

Neben Grabstellen verfügen die größeren Friedhöfe auch über Urnenhallen. Die Wahlmöglichkeit reicht hier von einfachen Wandfächern bis zu Sarkophagen. Für alle Erdstellen gilt eine Räumungspflicht nach 20 Jahren. Grabsteine und Bepflanzung richten sich nach den Belegungsplänen des jeweiligen Friedhofs.

Ein 'eigenes' Grab wird oft auch 'Familiengrab' genannt. Das erweckt den Anschein, als dürften nur Angehörige einer einzigen Familie darin begraben werden. Das stimmt so nicht, diejenige, die das Grabrecht bezahlt hat, bestimmt, wer noch in diesem Grab liegen darf. Für eigene Grabstätten gibt es meistens verschiedene Klassen, die sich im Preis unterscheiden. Manchmal hat das auch Folgen für den Grabstein, der aufgestellt werden darf; bei manchen Klassen wird Einheitlichkeit bei den Grabsteinen verlangt. Erkundige dich bei der Auswahl eines Grabes danach.

Manche Friedhöfe verfügen noch über ewigwährende Gräber, das Grabrecht wird in diesem Fall auf unbestimmte Zeit gekauft. Auf jüdischen Friedhöfen sind alle Gräber ewigwährend, sie dürfen auch nicht nach der Schließung des Friedhofs geräumt werden.

Auf den meisten Friedhöfen in Deutschland wird für das Beerdigungsrecht, die Bestattung selber und den Unterhalt eine einmalige Summe bezahlt, die mit der Erwerbung der Grabstelle abgegolten wird. Hier gibt es vor allem Abweichungen und Unterschiede zwischen städtischen und ländlichen Friedhöfen.
Die Stadt setzt jährlich die Tarife für die städtischen Friedhöfe fest. Konfessionelle Friedhöfe können selbst ihre Preise bestimmen. Am Ende dieses Kapitels geben wir eine Preisübersicht.

Trauerkarte und Todesanzeige

Eine Trauerkarte oder auch eine Todesanzeige sind Todesmitteilungen und gleichzeitig eine Einladung, am Begräbnis teilzunehmen. Es ist wichtig, daß alle Angaben zum Begräbnis vermerkt werden, der Tag, die Uhrzeit, der Ort, eventuell der Aufbahrungsort, wo und um wieviel Uhr der Trauerzug losgeht. Wenn du eine Anzeige aufgibst, kannst du auch Personen erreichen, deren Existenz oder Adresse nicht bekannt ist. Da für die Herstellung wenig Zeit zur Verfügung steht, empfiehlt es sich, Druckereien zu nehmen, die sich auf Traueranzeigen spezialisiert haben. Hier kann zumeist auf die bestellten Karten gewartet werden. Größere Bestattungsunternehmen haben ihre eigenen Druckereien.

Trauerfeierlichkeit und Abschied

Lege im voraus fest, was auf der Abschiedsfeierlichkeit geschehen soll; ob eine Rede gehalten werden soll, und wenn ja, von wem, ob es Musik geben soll, Getränke, Speisen, etc.
Auf dem Begräbnis kann der oder die BestattungsunternehmerIn die Regie führen, es kann jedoch auch jemand anderes ZeremonienmeisterIn sein. Es ist in jedem Fall ratsam, daß es eine bestimmte Person gibt, die weiß, was alles geschehen soll.
Eventuelle Musik muß ausgesucht werden und sollte dann am besten in der richtigen Reihenfolge auf Kassette aufgenommen werden,

wobei du den Zählerstand notieren solltest, um Fehler zu vermeiden. Wenn es Live-Musik geben soll, müssen die MusikerInnen entsprechend instruiert werden.

In den Begräbniskosten ist meistens die Benutzung der Feierhalle für eine halbe Stunde mit inbegriffen. Wenn ihr länger in der Feierhalle bleiben wollt, müßt ihr das besprechen und extra bezahlen.

Den Sarg tragen

Sowohl bei einem Begräbnis als auch bei einer Feuerbestattung ist es möglich, den Sarg selbst zu tragen. Bedenke, daß ein Sarg ziemlich schwer ist. Sechs bis acht Leute sind nötig, um einen Sarg zu tragen. Es ist auch möglich, eine fahrbare Bahre zu verwenden. In manchen Fällen hängt es von der Friedhofsordnung ab, ob ihr den Sarg selber tragen dürft. Manche Friedhöfe besorgen die Bestattung auf ihrem Territorium selber und lassen keine BestatterInnen zu. Hier ist es also notwendig, sich selbst mit dem Friedhof in Verbindung zu setzen. Andere Friedhöfe wiederum verweisen bei dem Wunsch, den Sarg selbst zu tragen, auf das Bestattungsinstitut. Hier ist also eine Verabredung mit dem Unternehmen angebracht. Bei islamischen Bestattungen wird der Sarg grundsätzlich selber getragen.

Zuschaufeln des Grabes

In diesem Fall können ChristInnen oder christlich Säkularisierte von den jüdischen und islamischen Gebräuchen lernen. Bei jüdischen oder islamischen Bestattungen stehen sechs oder sieben Schaufeln am Grabrand bereit. Die Hinterbliebenen beteiligen sich alle am Zuschaufeln des Grabes.

Grabstein

Wenn du dich für eine Erdbestattung entschieden hast, wird meistens auch ein Grabstein auf das Grab gestellt werden. Jeder Friedhof hat seine eigenen Bestimmungen bezüglich der Größe, aber auch der Form und des Materials des Grabsteins.

Der betreffende Friedhof kann darüber Auskunft geben, aber auch SteinmetzInnen wissen Bescheid über die verschiedenen Regelungen. Meistens sind Standardnormen festgelegt.

Für das Aufstellen des Grabsteins benötigst du die Zustimmung der Friedhofsverwaltung. Wenn diese Genehmigung verweigert wird, mußt du eine Sondergenehmigung einholen. Bei städtischen Friedhöfen wendest du dich an die Stadtverwaltung, bei privaten Friedhöfen an die Leitung. Bei einer eventuellen Ablehnung müssen die Gründe, die gegen den Grabstein sprechen, erläutert werden.

Glücklicherweise wächst das Verständnis für Hinterbliebene, die keinen einheitlichen Stein wollen, sondern ein charakteristisches Denkmal.

Oft darf nur das Friedhofspersonal oder eine anerkannte SteinmetzIn den Stein aufstellen. Dafür mußt du Aufstellungskosten bezahlen.

Asche

In den Niederlanden kann in einem gemeinschaftlichen Aschenhain beim Krematorium ausgestreut werden. Du kannst dabei anwesend sein oder es unter der Anwesenheit einer/s Krematoriumsangestellten selbst machen. Wenn du nicht selbst dabeisein möchtest, bekommst du eine Benachrichtigung, daß die Asche ausgestreut wurde. Du kannst auch angeben, daß du eine solche Benachrichtigung nicht erhalten willst. Manche Krematorien vermieten 'eigene' Aschenhaine, ein kleines Stück Erde, auf der die Asche ausgestreut und auch ein kleiner Gedenkstein aufgestellt werden kann.

In den Niederlanden kann die Asche auch an einem besonderen Ort ausgestreut werden, in einem bestimmten Garten oder Waldstück zum Beispiel. Die Asche kann auch über der Nordsee ausgestreut werden, von einem Schiff oder einem Flugzeug aus. Dabei darfst du nicht anwesend sein, es sei denn, du mietest selbst ein Schiff oder Flugzeug.

Im Gegensatz zu den Niederlanden kann in Deutschland die Asche nicht mehr verstreut werden. In Rostock existierte zu Zeiten der DDR eine Streuwiese. In Deutschland ist neben der Erd- und Feuerbestattung nur die Seebestattung möglich. Hier wird die Urne aus Kalk und Salz hergestellt und in der Nord- oder Ostsee versenkt. Es ist gestattet, dabei anwesend zu sein.

Die Asche wird üblicherweise in einer Urne in einer Urnenhalle, einem Urnengarten oder Urnengrab beigesetzt. Auch hier steht der Ort für die Beisetzung 20 Jahre zur Verfügung. Urnenhallen sind frei zugänglich.

Ohne Beerdigungsinstitut

Obwohl es nicht einfach ist, kannst du ein Begräbnis gut auch ohne Beerdigungsinstitut regeln. Die Probleme, auf die du dabei stößt, rühren meistens daher, daß andere nicht darauf eingestellt sind. So verweisen Firmen und Einrichtungen oft weiter auf ein Beerdigungsinstitut, das »all diese Dinge kann und weiß«.

Manchmal stellen sich auch Behörden quer; BeamtInnen behaupten, daß bestimmte Dinge »nicht gehen oder nicht erlaubt sind«. Deshalb solltest du dich genau erkundigen, in welcher Verordnung oder in welchem Gesetzesparagraphen dieses Verbot steht.

Wenn Menschen sich dazu entscheiden, nach der Feststellung des Todes nicht ein Beerdigungsinstitut in Anspruch zu nehmen, heißt dies, daß sie alle Ämtergänge und Kontakte mit Behörden selber herstellen müssen. Mit manchen Unternehmen lassen sich Zwischenlösungen verabreden. Dabei besorgt das Unternehmen z.B. die Botengänge und überläßt es den Hinterbliebenen, sich um den Friedhof, die Träger, den Schmuck und die Musik zu kümmern (zum Sarg siehe weiter unten).

Wir werden nun kurz beschreiben, an was du alles denken mußt, wenn du eine Beerdigung selbst organisierst.

Anzeige

Nach der ärztlichen Feststellung des Todes (siehe oben) muß eine Sterbefallanzeige beim Standesamt gemacht werden. Dazu mußt du den Totenschein, den du vom Arzt oder der Ärztin erhalten hast, vorlegen. Zudem werden Geburtsurkunde, Heiratsurkunde und ggf. Scheidungsurkunde verlangt. Diese Papiere sind nicht immer leicht beizubringen. Wenn die Verstorbenen z.B. in Rumänien, der ehemaligen Sowjetunion oder im jetzigen Polen geboren worden sind, ist ein Gang zum zentralen Standesamt unumgänglich. Da dies unter Umständen sehr lange dauern kann, wird der Leichnam währenddessen in der Kühlhalle aufbewahrt.

Beim Standesamt wird eine Sterbeurkunde angefertigt. Diese Sterbeurkunde ist der Beweis des Ablebens und gleichzeitig eine Genehmigung für die Beerdigung oder die Feuerbestattung. Auf dieser Genehmigung muß vermeldet sein, auf welchem Friedhof die Bestattung stattfinden soll.

Zeitpunkt

Du mußt mit dem Friedhof oder dem Krematorium Kontakt aufnehmen, um Tag und Uhrzeit der Bestattung zu vereinbaren. Dieser Termin muß innerhalb der gesetzlichen Frist liegen (zwischen 48 Stunden und fünf Tagen nach dem Tod). Unter Umständen kann beim entsprechenden Bezirksamt oder Rathaus eine Fristverlängerung beantragt werden.

Sarg

In Deutschland ist es Pflicht, Verstorbene in einem geschlossenen Sarg zu begraben oder einzuäschern. Särge können über ein Beerdigungsinstitut gekauft werden, die meisten Hersteller verkaufen nicht an PrivatkundInnen. Du kannst den Sarg auch selbst bauen oder bei Zimmerleuten oder einer SchreinerIn machen lassen.

Was die Abmessungen des Sarges anbelangt, so gibt es dafür Vorschriften von den Friedhöfen. Am besten informierst du dich bei dem entsprechenden Friedhof oder Krematorium nach den jeweiligen Bestimmungen. Die Größe des Sarges richtet sich nach der Größe des Leichnams. Der Friedhof muß wissen, in welcher Größe ein Loch auszuheben ist.

Der Sarg soll aus Vollholz und leicht verrottbaren Materialien bestehen. Es empfiehlt sich, weitere Informationen über den Friedhof zu beziehen, um sich über die Bestattungsordnung zu informieren. Du solltest dich um umweltfreundliches Material bemühen, was aber noch nicht gesetzlich vorgeschrieben ist. Unbehandelte Särge sind im Kommen. Der Sarg für die Feuerbestattung muß vollständig aus brennbaren Materialien bestehen und von einer/m amtlichen LeichenschauerIn versiegelt werden. Umweltfreundliche Lackierungen werden bevorzugt.

Transport

Die Person, die die Bestattungsgenehmigung beantragt hat, hat damit auch die Transportgenehmigung erhalten. Vorschriften für den Leichentransport sind meistens in örtlichen Bestimmungen festgelegt und können somit von Ort zu Ort unterschiedlich sein. Im Rathaus weiß häufig niemand genau Bescheid, am besten solltest du darum bitten, die entsprechenden Vorschriften selbst einsehen zu können. Die deutschen Vorschriften legen im Unterschied zu den niederländischen einen besonderen Nachdruck auf Hygiene. Zwar dürfen ein

Auto, Kleintransporter oder Boot als Verkehrsmittel dienen, aber die Voraussetzung für ein geeignetes Transportmittel ist, daß der Sarg horizontal hineingelegt werden kann und sich während des Transportes auf keinen Fall bewegt. Die Reinigung muß unbedingt gewährleistet sein. Anstelle eines eigenen Transportmittels ist es auch möglich, einen Leichenwagen bzw. Geleitwagen bei einer Autovermietung zu mieten.

Trauerkarten

Im Gegensatz zu den Niederlanden gewährleistet die Deutsche Bundespost keinen schnelleren Versand von Trauerpost. Umschläge mit Trauerrand sind nicht im Handel erhältlich, sondern werden von Druckereien zusammen mit Trauerdrucksachen geliefert. Manche Druckereien sind auch dazu bereit, lose Umschläge zu verkaufen. Bei Druckereien, die auf Traueranzeigen spezialisiert sind, kann auf den Druck gewartet werden.

Ankunft

Bei der Ankunft auf dem Friedhof muß der Friedhofsverwaltung die Beerdigungsgenehmigung übergeben werden. Bei einem Krematorium muß sowohl die Einäscherungsgenehmigung als auch eine Sargversiegelungsbescheinigung ausgehändigt werden. Das ist eine Bescheinigung der/s amtlichen Leichenschauerin/s über das Versiegeln des Sarges und die Identität der oder des Verstorbenen.

Kostenübersicht

Es ist außerordentlich schwierig, Beerdigungsinstitute so weit zu bekommen, daß sie genaue Auskunft über die Kosten der einzelnen Teile einer Bestattung geben. Soweit wir diese ermitteln konnten, geben wir hier durchschnittliche Werte an. Die Zahlen stammen aus dem Jahr 1993 und müssen als Richtlinien betrachtet werden.

Grundleistung eines Bestattungsinstituts

Die Mindestleistung umfaßt auf jeden Fall die letzte Pflege der oder des Verstorbenen, einen Sarg aus Vollholz oder eine Urne, Garnitur (Kissen und Leichenhemd), Grabschmuck, Musik, Träger, Überführung und zudem die Dienstleistungen (Botengänge). Die Angebote reichen von 2.000,- DM für die einfachste Bestattung in einem anonymen Urnenfeld bis zu einem umfassenderen Angebot für 3.690,- DM, das Sarg, Garnitur, Blumen und Dienstleistungen mit einschließt.

Sarg
Vollholz 685,- DM.
Eichenholz 1.200,- bis 1.500,- DM.
Die Lieferung des Sarges ist in dem Preis inbegriffen.

Die Beerdigungs- oder Einäscherungsgenehmigung ist kostenlos.
Der Preis für die Sterbeurkunde des Standesamtes beträgt für die
erste 7,- DM und für jede weitere 4,- DM.

Krematorium
Die Preisunterschiede zwischen den verschiedenen Krematorien sind
groß. Die Rechnung für eine Feuerbestattung im Krematorium
einer Stadt oder eines Bundeslandes fällt oft etwas höher aus als die
Rechnung eines privaten Krematoriums. Der durchschnittliche
Preis beträgt in Berlin 300,- bis 400,- DM, in München 800,- bis
900,- DM.

Beerdigen
Es gibt ziemliche Preisunterschiede zwischen den verschiedenen
Friedhöfen und den verschiedenen Klassen. Im allgemeinen sind private Friedhöfe preiswerter als städtische.
Die Beisetzungskosten betragen 117,- DM ungeachtet dessen, ob es
sich hier um einen Sarg oder eine Urne handelt. Die Benutzung der
Trauerhalle liegt durchschnittlich um 500,- DM. Mit der Organistin
oder dem Organisten muß getrennt abgerechnet werden, meistens
um die 80,- DM. Instandhaltungskosten sind fast immer im Erwerb
der Grabstelle mit eingeschlossen.

Erdbestattungen
Erdstelle für einen Sarg 1.380,- bis 1.460,- DM.
Ausheben der Gruft 482,- DM.
Urnengrab von 70 cm 637,- DM.
Urnengrab von 100 cm 1.037,- DM.
Ein anonymes Urnengrab 401,- DM.

Grabstein
Der Grabstein für einen Urnenplatz (30 x 30 cm) ca. 1.300,- DM.
Ein stehender Stein (60 x 80 cm) ca. 2.500,- DM.

Urnenbeisetzungen in der Urnenhalle
Urnenstelle im Wandfach, einzeln 1.097,- DM, doppelt 1.657,- DM.
Sarkophage bis 10.000,- DM.

Trauerkarten
50 Trauerkarten/Umschlag mit Rand 196,- DM, 100 Karten 270,- DM.

Anzeigen
Anzeigenpreise (es handelt sich hier im folgenden um private Anzeigen) werden pro Spalte pro mm berechnet. Eine Todesanzeige nimmt meistens zwei Spalten in Anspruch. Hier sind die größten überregionalen Zeitungen aufgeführt:
Frankfurter Allgemeine Zeitung 5,30 DM.
Süddeutsche 4,60 DM.
Frankfurter Rundschau 2,65 DM + 15%.
tageszeitung 2,50 DM.

Die letzte Pflege

Wenn jemand gestorben ist, tritt nach zwei bis drei Stunden allmählich die Leichenstarre ein. Deshalb sollte mit der letzten Pflege nicht allzulange gewartet werden. Wir sprachen mit einer Krankenpflegerin darüber:
»Ich finde ablegen* ist ein abscheuliches Wort, abgelegte Kleider gibt es beim Ausverkauf. Es klingt ziemlich düster, obwohl es eigentlich nur heißt, jemanden zum letzten Mal zu pflegen. Es ist eine Art Ritual; du wäschst jemanden, auch wenn er oder sie vor dem Tod gerade noch gewaschen wurde. Ich habe das immer als etwas sehr Intimes angesehen. Ich glaube, es macht einen großen Unterschied, ob du jemanden bereits vor dem Tod gepflegt hast. Wenn du das nicht getan hast, kann ich mir vorstellen, daß es schwierig ist. Vielleicht solltest du es dann mit jemandem zusammen machen, zum Beispiel mit einer Pflegerin. Du kannst beispielsweise das Haar kämmen oder das Gesicht waschen, aber du brauchst dann nicht gleich einen ganzen Körper waschen, wenn du das noch nie vorher getan hast. Das berührt dich immer wieder, da es sich um einen Toten handelt. Und der Umgang mit dem Körper eines Toten ist ganz anders als der mit dem Körper eines lebenden Menschen. Der Leichnam wird ziemlich schnell kalt, er fühlt sich anders an und arbeitet nicht mit. Du mußt daran denken, daß die letzte Luft noch aus den Lungen

---

* Niederländischer Ausdruck für das Waschen einer Leiche und das Anziehen des Totenhemds [Anm. d. Ü.].

kommen kann. Wenn du darauf nicht vorbereitet bist, ist das unheimlich. Wenn jemand noch genauso daliegt wie zum Zeitpunkt des Todes und dann umgedreht wird, kommt Luft aus den Lungen, auch wenn der Mensch schon eine Stunde tot ist.

Das sind die Dinge, vor denen du erschrecken kannst: die Luft in den Lungen, jemand läßt noch einen Pfurz, ein Arm fällt, denn alles sitzt lose und kann herabfallen. Menschen können auch noch Reflexe haben, wie kurz vor dem Einschlafen, das kommt daher, daß sich alle Muskeln entspannen.

Menschen, die gestorben sind, werden zuerst einmal blaß, da der Kreislauf nicht mehr funktioniert und das Blut nach unten sackt. Der Körper fühlt sich dadurch auch schwerer an, denn das Gewicht ist nicht mehr gleichmäßig verteilt.

Das erste, was du tust, ist die Augen zu schließen. Die Augen wirklich gut zu schließen ist manchmal gar nicht so einfach; es kann vorkommen, daß du richtig drücken mußt und etwas Schweres, Kaltes auf die Augen legen mußt, zum Beispiel einen nassen Verband, damit sie geschlossen bleiben.

Wenn jemand stirbt, entspannt sich der Kiefermuskel und der Mund öffnet sich. Um dafür zu sorgen, daß der Mund geschlossen bleibt, kannst du ein Handtuch einrollen und unter das Kinn legen. Wenn die Leichenstarre eingetreten ist, kannst du die Handtuchrolle wieder wegnehmen, der Mund bleibt dann zu. Oder du legst jemanden so in die Kissen, daß das Kinn auf der Brust ruht. Wenn jemand eine Zahnprothese hat, muß diese gleich eingesetzt werden, nachher geht es kaum noch. Wenn du das nicht machst, fällt das Gesicht so ein. Als Krankenpflegerin lernst du auch, den Anus mit fettiger Watte zu verschließen, um zu verhindern, daß sich der Darm entleert. Das ist nicht in jedem Fall nötig; wenn jemand zum Beispiel die letzten Tage vor dem Tod nichts mehr gegessen hat, ist der Darm sowieso leer. Außerdem kannst du auch ein Stück Stoff oder eine Windel unter den Leichnam legen und nach Bedarf auswechseln. Die Blase kannst du entleeren, indem du mit der Hand auf den Unterleib drückst.«

Selbst einen Sarg herstellen

Bei diesem Modell sind wir von folgenden Maßen ausgegangen: Länge 200 cm, Breite 50 cm und Höhe 45 cm. Bei Holzhandlungen sind mehrere Sorten Vollholz erhältlich. Für den Boden haben wir eine Stärke von 10 mm gewählt, für die Seiten 12 mm (stärkeres Material bedeutet auch mehr Gewicht zum Tragen). Für die Latten nehmen wir Holzlatten von 4,5 cm Breite und 2,2 cm Stärke.
Die einzelnen Teile werden mit Leim und Schrauben aneinander befestigt.

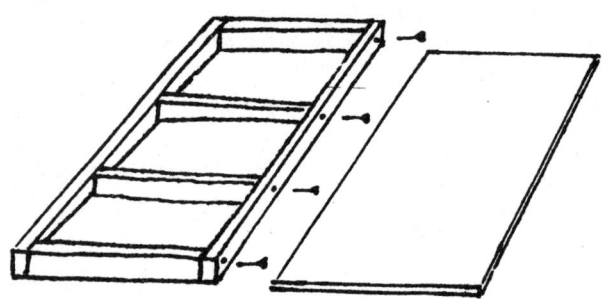

1. Säge die Bodenplatte zurecht (200 x 55 cm). Säge zwei Latten mit einer Länge von 200 cm und vier Latten mit einer Länge von 50,6 cm. Fertige davon den Rahmen, verbinde die Eckpunkte miteinander, schraube und leime den Boden auf den Rahmen.

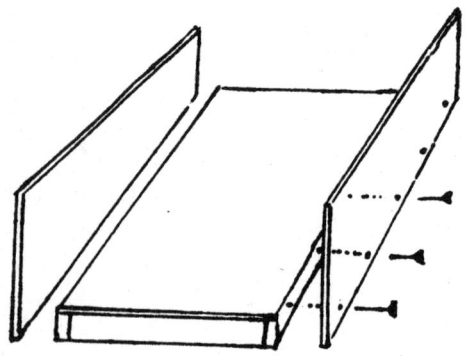

2. Säge die langen seitlichen Bretter (200 x 45 cm) und befestige sie.

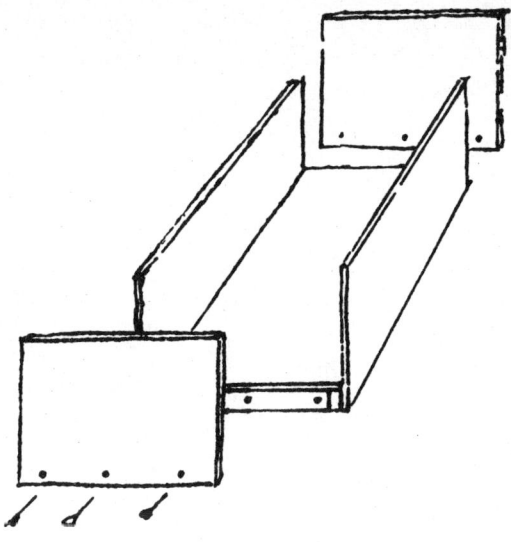

3. Säge die kurzen Seitenteile (57,4 x 45 cm) und befestige sie.

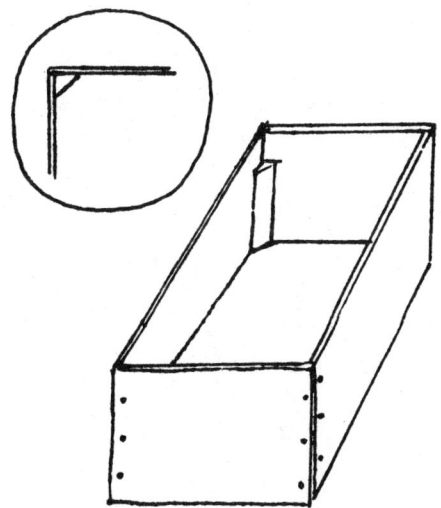

4. Zur Verstärkung der Ecken dient ein dreieckiger Winkel (vgl. oben im Kreis). Die Länge der Latten ist 39 cm, so bleibt oben ein Rand für den Deckel.

5. Säge den Deckel (202,4 x 57,4 cm). Säge zwei Latten mit einer Länge von 200 cm und zwei mit einer Länge von 50,6 cm. Fertige davon einen Rahmen, der so am Deckel befestigt wird, daß ringsherum ein Rand von 1,2 cm frei bleibt. Eventuell kleine Löcher vorbohren, damit der Sarg später zugeschraubt werden kann.

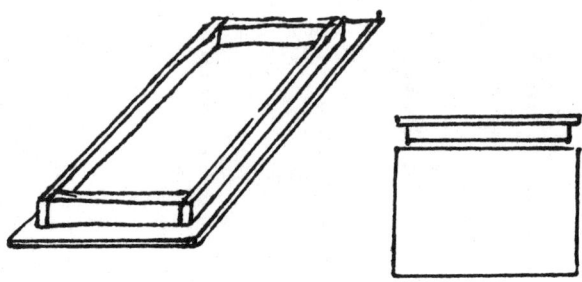

6. Befestige acht Griffe am Sarg: auf jeder Seite drei, und jeweils einen auf den beiden kurzen Seiten. Handgriffe gibt es in vielen verschiedenen Sorten und Größen bei Eisenwarengeschäften. Achte darauf, daß sie nicht in die Hände schneiden. Bringe an der Innenseite des Sarges eine kleine Latte an, um die Griffe gut zu befestigen.

Die Innen- und Außenseiten des Sarges kannst du selbst gestalten: anmalen, tapezieren, mit Stoff auskleiden, beschriften und so weiter.

Die praktische Abwicklung

Als Erbe stehst du vor der Frage, ob du das Erbe überhaupt antreten willst, und wenn ja, was zu tun ist, um den Nachlaß zügig abzuwickeln, da dich Verzögerungen viel Geld kosten können. Da du als Erbe in den meisten Fällen keine (ausreichenden) Erfahrungen in der Nachlaßabwicklung hast, wollen wir Hinweise geben, woran zu denken ist. Die nachfolgende Übersicht ist sicher nicht vollständig, doch gehen wir davon aus, die wichtigsten und gängigsten Fragen damit anzusprechen.

Sterbeurkunde, Testament, Erbschein

Zunächst benötigst du die Sterbeurkunde, die üblicherweise vom Beerdigungsinstitut zu beziehen ist. Du solltest mindestens 10 Stück anfordern, sie werden bei der Abwicklung des Nachlasses oft benötigt.

Hat der Verstorbene* ein handschriftliches Testament hinterlassen, mußt du es auffinden, um dein Erbe geltend zu machen. Möglich ist, daß es dein Freund im Schreibtisch aufbewahrt hat, es dir vorab schon gegeben hat oder es beim Nachlaßgericht hinterlegt hat. In diesem Fall bittest du beim Nachlaßgericht um Öffnung des Testaments und übergibst dort eine Sterbeurkunde. Es geht schneller, wenn du zudem die Verwahrnummer nennen kannst, die deinem Freund vom Nachlaßgericht nach Hinterlegung des Testaments schriftlich mitgeteilt wurde.

Die dritte Möglichkeit besteht darin, daß der Verstorbene ein notarielles Testament oder gemeinsam mit dir einen notariellen Erbschaftsvertrag gemacht hat; in diesem Fall informierst du lediglich den Notar mittels Sterbeurkunde, er sorgt dann für die Ausstellung des Erbscheins.

---

* Hier wurde die männliche Form gewählt.

Nimmst du das Erbe an, wird dir ein Erbschein ausgestellt, und du trittst in alle Rechte und Pflichten des verstorbenen Freundes ein. Das heißt, alles Vermögen gehört dir, alle Schulden mußt du bezahlen. Für die Ausstellung des Erbscheins wird eine kleine Gebühr verlangt, deren Höhe sich nach dem Wert des Erbes richtet.

Unabhängig vom Ausstellen des Erbscheins wirst du als Erbe mit dem Tod des Erblassers automatisch Erbe. Ab diesem Zeitpunkt hast du lediglich 6 Wochen Zeit, dir Klarheit zu verschaffen, ob du das Erbe endgültig annehmen oder ausschlagen willst. Eile ist also geboten!

Bankverbindungen

Zunächst solltest du dich unverzüglich mit der Bank oder Sparkasse des Verstorbenen in Verbindung setzen und nicht erst auf die Ausstellung des Erbscheins warten (das kann unter Umständen recht lange dauern).

Auch hier benötigst du eine Sterbeurkunde, falls vorhanden auch eine Generalvollmacht. Hast du auch eine Kontovollmacht, dann ist alles unproblematischer.

Finanzstatus

Zu prüfen ist der Finanzstatus, also alles Vermögen und etwaige Kreditverbindlichkeiten. Das heißt, alle Konten des Verstorbenen müssen überprüft werden.

Girokonto

Kontostand, Kontoauszüge prüfen, Abbuchungen, Einzugsermächtigungen, Daueraufträge prüfen und unwichtige sofort stornieren.

Liegt keine Kontovollmacht für dich vor, kannst du aber eine Generalvollmacht vorweisen, kannst du alle Verfügungen, die sich direkt auf den Verstorbenen beziehen, tätigen.

Das Girokonto sollte noch ca. drei bis vier Monate bestehen bleiben, um letzte Übersicht über noch laufende Geschäfte zu erhalten.

Sparbücher

Unabhängig davon, ob du im Nachlaß Sparbücher gefunden hast, solltest du prüfen lassen, ob weitere Sparkonten bestehen und die jeweiligen Kontostände erfragen. Mit Vorlage des Erbscheins kannst du die Sparbücher auflösen oder auf dich umschreiben lassen.

Bausparverträge/Verträge über vermögenswirksame Leistungen
Zu prüfen sind Kontostand, Laufzeit, Verfügungsvollmacht; Auflösung ist bei Vorlage des Erbscheins möglich.

Depotkonto
Laß dir eine Übersicht der Wertpapieranlagen anfertigen, stimme sie ggf. mit Kauf- und Verkaufsabrechnungen ab. Des weiteren solltest du die Art der Anlagen prüfen (Zins, Laufzeit, etc.) und nach Vorliegen des Erbscheins ggf. nach deinen eigenen Bedürfnissen umstrukturieren und auf dein eigenes Depotkonto transferieren lassen.

Safe
Sollte sich im Nachlaß ein Safeschlüssel befinden, lege ihn der Bank vor, um zu prüfen, ob ein solcher Safe dort geführt wird. Geöffnet wird der Safe erst nach Vorlage des Erbscheins!

Kreditverbindlichkeiten
Zu prüfen ist die Höhe etwaiger Verbindlichkeiten und die Frage der Kreditsicherheiten. Wurde eine sogenannte 'Risiko-Lebensversicherung' abgeschlossen? (siehe auch unter 'Grundbesitz')

Sonstige Bankverbindungen
Heutzutage unterhalten immer mehr Menschen Bankverbindungen bei mehreren Banken oder Sparkassen. Achte also bei Überprüfung der Unterlagen darauf, ob sich solche Hinweise finden lassen. Ein Indiz könnte etwa ein Safeschlüssel sein, der der Hausbank des Verstorbenen nicht bekannt ist. In einem solchen Fall solltest du unverzüglich entsprechende Nachforschungen anstellen lassen, entweder über die Hausbank oder einen Rechtsanwalt.

Lebensversicherungen
Bestehen Lebensversicherungen und bist du als Begünstigter eingesetzt, informierst du den Lebensversicherer über das Ableben (Sterbeurkunde, Hinweis auf Begünstigung, soweit vorhanden die Originalpolice; auf Grund der Bedeutung nur als Einschreiben mit Rückschein, eine Kopie verbleibt bei dir!).
Ein Erbschein ist hier nicht erforderlich, da die Versicherungssumme nicht in die Erbschaft fällt, sondern direkt an den Begünstigten ausgezahlt wird. Dies erfolgt üblicherweise innerhalb weniger Wochen nach dem Todesfall.

Wurde keine Begünstigung vereinbart, oder hat sich eine bestehende Begünstigung erledigt, etwa durch Tod des Begünstigten, fällt die Versicherungssumme in die Erbmasse. Hier ist die Vorlage des Erbscheins erforderlich, um die Auszahlung der Versicherungssumme zu erreichen.

Sonstige Verträge

GEZ – Gebühreneinzugszentrale
Bei Haushaltsauflösung sofort kündbar; ein formloses Schreiben mit einer Kopie der Sterbeurkunde genügt.

Bestehende Daueraufträge, Einzugsermächtigungen, Abbuchungsaufträge (siehe oben) geben Hinweise auf weitere Vertragsbeziehungen von Stadtwerken bis hin zu Vereinsmitgliedschaften. Oft kann anhand der Abbuchung jedoch der Vertragspartner nicht eindeutig identifiziert werden, oder die Adresse ist nicht vollständig angegeben. Hier empfiehlt es sich, die Bank anzuweisen, solche Abbuchungen zurückgehen zu lassen. Die betroffenen Firmen, Vereine etc. melden sich daraufhin recht zügig, und du kannst entsprechende Verträge sodann leicht kündigen.
Etwaige Spendentätigkeit kann ebenfalls fristlos beendet werden.
Zeitschriften- und Zeitungsabonnements, Mitgliedschaften in Vereinen etc. können problemlos gekündigt werden, wenn dem Kündigungsschreiben eine Kopie der Sterbeurkunde beigelegt wird.

Krankenversicherung / Rentenversicherung

Die Krankenversicherung ist vom Ableben gleichfalls zu benachrichtigen (Sterbeurkunde), wobei gleich das sogenannte Sterbegeld beantragt werden sollte (das ist der Zuschuß, den die Krankenversicherung zur Beerdigung zahlt).
Handelt es sich um eine private Krankenversicherung, kannst du noch eingehende Rechnungen für den Verstorbenen einreichen und abrechnen lassen, da die Leistungen noch zu Lebzeiten des Verstorbenen für diesen erbracht wurden.
War dein Freund bereits auf Grund seiner Erkrankung frühverrentet, solltest du den Rentenversicherungsträger umgehend vom Ableben benachrichtigen (Sterbeurkunde), um eine weitere – und ungerechtfertigte – Rentenauszahlung zu vermeiden.

Wohnungsauflösung

Hast du nicht mit deinem Freund zusammengewohnt, solltest du, so schnell es geht, dessen Haushalt auflösen, um weitere Mietzahlungen zu vermeiden, die du als Erbe sonst leisten mußt. Bei der Haushaltsauflösung ist darauf zu achten, daß Dinge, die auf Abzahlung gekauft sind und wo noch Raten offenstehen – wie Fernseher, Auto, Videoanlage etc. –, vor dem Weiterverkauf völlig abgezahlt werden. Wichtig ist vor allem, alle geschäftlichen Dokumente zusammenzutragen, um dir die Arbeit bei der Nachlaßabwicklung leichter zu machen.

Haus- und Wohnungsschlüssel solltest du auf Vollständigkeit prüfen, da sie zum einen für die Wohnungsübergabe an den Vermieter benötigt werden, auch solltest du Sicherheit darüber haben, daß nicht etwa dritte Personen über Schlüssel verfügen und damit ohne dein Wissen die Wohnung betreten können. Bei entsprechendem Verdacht kann sich der Einbau neuer Schlösser empfehlen.

Den Mietvertrag kannst du ohne Einhaltung einer vertraglich festgelegten Frist kündigen; als Erbe steht dir die geleistete Kaution zu, allerdings trifft dich die Renovierungspflicht, falls eine solche im Mietvertrag vereinbart wurde. Es empfiehlt sich stets, den Vermieter anzusprechen, um Mißverständnissen vorzubeugen.

Grundbesitz: Eigentumswohnung, Eigenheim

Wurden dir Immobilien hinterlassen, solltest du dir schnellstens einen Überblick verschaffen, was unter Umständen an Belastungen auf dich zukommen kann. Folgende Unterlagen sind wichtig:

○ aktuelle Grundbuchauszüge: sie geben Auskunft über die Eigentumsverhältnisse, Belastungen durch Hypotheken oder Grundschulden, etc. Findest du keine Unterlagen, sprich mit der Bank des Verstorbenen oder fordere einen Auszug vom Grundbuchamt der Gemeinde an, in der sich die Immobilie befindet.

○ Grundriß, Bauunterlagen, Rechnungen, Adresse des Notars etc. können bei einem Weiterverkauf wie für die Steuererklärung wichtig werden.

○ Wichtig ist es, den sogenannten Einheitswert herauszufinden; dies ist von wesentlicher Bedeutung für die Angaben zur Erbschaftssteuer. Bei Immobilien richtet sich die Höhe der Erbschaftssteuer nämlich nicht nach dem Verkehrswert (=Verkaufswert) des Hauses oder der Wohnung, sondern nach dem viel niedrigeren

Einheitswert dieser Immobilie. Du findest ihn in Unterlagen zur Brandschutzsicherung oder auch über die Bank, die das Objekt finanziert hatte.

○ Besteht eine sogenannte 'Risiko-Lebensversicherung', die das von der Bank gewährte Darlehen in voller Höhe absichert? Wenn ja, wird die Eigentumswohnung oder das Eigenheim mit einem Schlag schuldenfrei. Du solltest in einem solchen Fall zudem die Bank zur Zahlung eines etwaigen Überschußbetrages an dich auffordern. Der Überschußbetrag entsteht zum einen auf Grund der bereits geleisteten Tilgungen und zum anderen auf Grund der von der Versicherungsgesellschaft erwirtschafteten Überschüsse. Dieser Betrag kann dir zustehen, wenn du entweder als Begünstigter der Versicherung eingetragen bist (der Bank steht nämlich nur der noch offene Darlehensbetrag zu) oder du Erbe des Vermögens geworden bist. Die Vorlage der Sterbeurkunde und gegebenenfalls des Erbscheins ist hierzu erforderlich.

Willst du die Immobilie behalten, beantragst du mit dem Erbschein die Eintragung als neuer Eigentümer im Grundbuch. Willst du das Objekt hingegen verkaufen, ist dies nicht erforderlich.

Bei einem Weiterverkauf ist folgendes zu beachten:
○ Damit du nicht über den Tisch gezogen wirst, solltest du den Verkehrswert schätzen lassen. Dies kann von der Hausbank oder anderen Banken vor Ort erfolgen (die machen das i.d.R. kostenlos), auch Makler, die den Markt kennen, können dir Tips geben.
○ Wenn du in diesen Dingen nicht über ausreichende Erfahrungen verfügst, beauftragst du mit dem Verkauf entweder einen Makler oder deine Bank, die dann quasi als Makler auftritt.

Aus Platzgründen sind wir zu weitergehenden Darstellungen hier nicht in der Lage. Wir hoffen, mit diesen Hinweisen zumindest die wesentlichsten Fragen angesprochen zu haben.

Finanzamt

Folgende Steuererklärungen müssen gemacht werden:
Als Erbe mußt du für den Verstorbenen die abschließende Steuererklärung für das Jahr, in dem der Tod eingetreten ist, machen. Hilfreich ist, wenn frühere Steuererklärungen vorliegen, ansonsten kann dir ein Steuerberater weiterhelfen.
Als Erbe oder als Begünstigter aus Lebensversicherungen mußt du eine Erbschaftssteuererklärung machen. Hierzu schickt dir die zuständige Erbschaftssteuerstelle die Formulare zu, die du wahrheitsgemäß ausfüllen mußt. Deine Angaben werden seitens der Erbschaftssteuerstelle anhand der von Banken und Lebensversicherungen übermittelten Angaben überprüft. Falsche Auskünfte ziehen ein Strafverfahren wegen Steuerverkürzung nach sich.

Wir raten dazu, ausreichende Rücklagen für die doch sehr hohe Erbschaftssteuer zu bilden.

Und was mache ich jetzt mit der Zahnbürste?

Die persönlichen Dinge

Nach dem Begräbnis oder der Feuerbestattung ist die oder der Verstorbene endgültig aus dem Gesichtsfeld verschwunden. Aber es folgt noch ein weiteres Kapitel: ein Mensch lebt unverkennbar in seinen persönlichen Dingen weiter.

Die Wohnung einer verstorbenen Person, die dir nahestand, aufzuräumen oder auszuräumen, ist eine heikle und mitunter nervenaufreibende Angelegenheit. Plötzlich steckst du mitten in den ganz persönlichen Dingen, den Toilettenartikeln, den Schulheften aus der Grundschule, der Marmeladegläsersammlung, die zu schade zum Wegwerfen war, den Fotos: charakteristische und manchmal unerwartete Seiten der oder des Verstorbenen. Das ist ein erneuter Abschied: mit den Gegenständen werden auch die letzten Spuren des irdischen Daseins ausgelöscht.

Das ist auch der Grund, weshalb in vielen Fällen die Wohnung oder die Dinge der oder des Verstorbenen Monate, manchmal selbst Jahre nicht angerührt werden; so bleibt die Erinnerung so ungetrübt wie möglich.

Auch wenn es keine Probleme mit dem Nachlaß gibt, ist es nicht so einfach zu entscheiden, was mit den Sachen passieren soll und wie sie aufzuteilen sind. KeineR will beim Verteilen der Besitztümer als zu habgierig oder zu versessen auf einen bestimmten Stuhl oder Schrank erscheinen. Auf der anderen Seite bekommst du auch nichts, wenn du nichts sagst. Falsche Bescheidenheit und Habsucht scheinen die beiden Extreme zu sein, zwischen denen laviert werden muß.

Auch praktische Lösungen sind nicht immer befriedigend. Johanna Fortuin beschreibt anläßlich des Räumens der Wohnung ihrer Stiefmutter:

»Wie regelst du die Aufteilung der Dinge, die nicht zu teilen sind? (...) Wenn du jetzt das Milchkännchen (das war noch von Mama) nimmst, dann nehme ich die Zuckerdose, und dann haben wir beide etwas. Spinnst du, die Dinge gehören doch zusammen! Ich habe sie übrigens damals noch mit Mama ausgesucht, sie gehören zu mir!«[46]

Gerade die gefühlsmäßige Beladenheit vieler Dinge macht es so schwer, darüber zu entscheiden. Es geht nicht nur um eine Teekanne oder einen Fußschemel, auch das Gefühl dazu wird mit den Dingen aufgeteilt. Wir haben es hier mit verschiedenen Arten von Gefühlen zu tun, die mit verschiedenen Arten von Gegenständen verbunden sind.

Polet unterscheidet *symbolische Objekte*, wie zum Beispiel eine Uhr, mit der eine Verbindung zu der oder dem Toten aufrechterhalten wird, durch die du immer an die oder den Verstorbene/n denken mußt, wenn du sie ansiehst.[47] Eine andere Kategorie bilden die *funktionalen Objekte*, Gebrauchsgegenstände aus dem Haushalt, Bücher, Möbel. Diese Dinge kannst du verwenden, weil sie nützlich sind oder gut in deine Wohnung passen. Über diese Dinge besteht dann keine besondere Beziehung zu der oder dem Verstorbenen, außer daß sie ihr oder ihm gehört haben. Oder die Beziehung hat zwar bestanden, wird jedoch allmählich schwächer, da es normal wird, die Teller oder die Stühle zu benutzen.

Aber trotzdem kann für eine Person eine bestimmte Erinnerung damit verbunden sein, die für eine andere nicht besteht. Esther:

»Wortlos packte Marthes Vater alle Geräte ein, bis hin zum Verlängerungskabel. An diesem Verlängerungskabel lag mir sehr viel, seit Jahren war darauf ein Aufkleber mit Marthes Namen, und wir hatten es zu unzähligen Festen und Kundgebungen, wo wir es brauchten, mitgeschleppt. Für ihren Vater war es einfach nur ein Verlängerungskabel, mir aber bedeutete es etwas, ich wollte es gerne behalten.«

Dann gibt es noch die gewöhnlichen, alltäglichen Gebrauchsgegenstände, Sachen im Kühlschrank, Toilettenartikel, angebrochene Farbtöpfe, bei denen es so respektlos scheint, sie einfach wegzuwerfen. Johanna Fortuin:

»Erst im Bad, beim Anblick der Zahnbürste, auf der noch Zahnpasta war, und dem Kamm, in dem noch einige Haare hingen, wurde mir deutlich, wie einsam, wie allein die letzte Reise eines Menschen ist. (...) Geistesabwesend stand ich da mit der alten Zahnbürste in der Hand, die konnte ich erst recht nicht in den Müll schmeißen. Was für ein guter Brauch, dachte ich plötzlich, bei all diesen fernen, fremden Völkern, jemandem bei seinem Begräbnis die unmittelbaren Gebrauchsgegenstände mitzugeben. Wahrscheinlich gar nicht 'für unterwegs', aber was sollst du denn sonst damit machen?«[48]

Wie schwierig es ist, die täglichen Gebrauchsgegenstände wegzuwerfen, erzählt auch Marjo. Am Anfang, nach dem Tod von Ine, durfte nicht einmal ein Notizzettel wegkommen. Außerdem befürchtete sie, jemand könnte, wenn die Sachen im Müllbeutel vor der Tür ständen, daran gehen und dadurch unbeabsichtigt Ines Sachen benutzen.
Eine richtige Verwendung für die Kleidung zu finden kann ebenfalls kompliziert sein. Kleidung ist so an eine Person gebunden, daß es ein unerträglicher Gedanke sein kann, jemand anderen darin zu sehen. Auf der anderen Seite ist es auch schade, gute Kleidung wegzuwerfen. Sophia, unsere Freundin, erzählte:

»Wir hatten beschlossen, die Kleidung meiner Mutter einer guten Freundin von ihr zu geben, die die Sachen gut gebrauchen konnte. Als ich aber sah, daß sie auch die Pyjamas, die ich meiner Mutter geschenkt hatte, einpackte, bin ich sehr erschrocken. Ich hatte nie daran gedacht, daß sie auch die mitnehmen würde.«

Auch für Kleidung gilt, daß für manche Personen Erinnerungen damit verbunden sind, die eine andere nicht, oder auf andere Weise, hat.

Wie du es auch betrachtest, was mit den Sachen einer oder eines Verstorbenen geschieht und wie damit umgegangen wird, bleibt ein sensibles Thema. Das Verbrennen von persönlichen Gegenständen kann eine befriedigende Lösung sein, gerade wenn es um Dinge geht, die du weder weggeben noch wegwerfen kannst. Aber wie du es auch immer löst, es bleibt ein schmerzlicher Prozeß.

Anmerkungen

Vorwort zur deutschen Ausgabe

1 Vgl. Der Spiegel, 22.2.1993
2 Vgl. Klee, 1983

Dann will ich aber unter einem Baum liegen

3 Es ist vielleicht interessant zu erwähnen, daß die Angestellte des Bestattungsunternehmens nach diesem ersten Mal öfter als 'Bestattungsleiterin' aufgetreten ist. Es hat sich herausgestellt, daß KundInnen auf die Anwesenheit einer Frau Wert legen.

Milde Winter, fette Friedhöfe

4 Spruit, 1986, S.57
5 Snoek, 1985
6 Franke, 1984, S.21-22
7 Franke, 1984, S.25
8 Fortuin, 1988, S.14
9 In diesem Zusammenhang ist die Frage interessant, die von Lord Shaftesbury aufgeworfen wurde: Wie stellt sich die katholische Kirche die Auferstehung ihrer Märtyrer am Tage des Jüngsten Gerichts vor, die auf dem Scheiterhaufen verbrannt worden sind? (Mystical Rites and Rituals, 1975, S.41)
10 Die AVVL ist im Augenblick eines der beiden größten Feuerbestattungsunternehmen; auch die Betreuung des Trauerprozesses und die Nachsorge gehören zu ihrem Betätigungsfeld.
11 Das Magazin der Wochenzeitung *Vrij Nederland*, 12.1.1985
12 Franke, 1984, S.79

Recht auf Trauer

13 Rijsdijk, »Concurrentie en Verdriet«, in der Tageszeitung *Trouw*, 28.5.1985
14 Ebenda
15 Polet, 1989, S.29
16 Dorrestein, 1989, S.48ff.

Mit dem Tod umgehen

17 Mystical Rites and Rituals, 1975, S.34ff.
18 Die Tageszeitung *Trouw*, 12.6.1987

19 Die Tageszeitung *de Volkskrant*, 24.6.1989
20 Kübler-Ross, 1985, S.7ff.
21 Griffin, 1989
22 Kinderbücher zum Thema Sterben und Tod:
   Arold, Marliese, *Die Nachtblumen*, Würzburg 1991 (10-12 J.)
   Assen, Klaas van, *Gwinni*, Bindlach 1992 (8-10 J.)
   Donnelly, Elfie, *Servus Opa, sagte ich leise*, Hamburg 1990
   Härtling, Peter, *Jakob hinter der blauen Tür*, Weinheim 1990 (10-12 J.)
   Härtling, Peter, *Oma*, Weinheim 1991 (8-10 J.)
   Hübner, Franz, *Großmutter*, Salzburg 1992 (Bilderbuch)
   Kaldhol, Marit/Oyen, Wencke, *Abschied von Rune*, München 1992[8] (Bilderbuch)
   Lieshout, Ted van, *Der allerliebste Junge von der ganzen Welt*, Hamburg 1990
   Mebs, Gudrun, *Birgit*, Frankfurt a.M. 1992 (8-10 J.)
23 *Het Uitvaartwezen*, Zeitung für die Bestattungsunternehmen, Sept./Okt. 1988 und Jan./Feb.1989

Neue - alte Rituale

24 Spruit, Vortrag im Souterijn Theater, Amsterdam am 10.2.1989
25 Fortuin, 1980, S.47
26 Polet, 1989, S.22
27 Frau A. Marx, in »De Eerste Stap«, einem Aufklärungsvideo der »Vereijniging voor Vrwillige Crematie«, der AVVL.
28 Fortuin, 1980, S.52
29 Bericht »Bij het Einde«, Utrecht 1988
30 Fortuin, 1980, S.48

Andere Kulturen

31 Lionarons, »Surinamer maakt van begrafenis boeiende happening«, in der Tageszeitung *Trouw*, 21.6.1989
32 Stoutenbeek, 1989, S.110

Überlassen Sie ruhig alles uns

33 CBS Begräbnisstatistik 1987 (vom niederländischen Statistischen Bundesamt CBS)
34 CBS, 1987
35 *Het Uitvaartwezen*, Sept./Okt.1988, S.31
36 Schrauwers, 1989, S.18
37 *Het Uitvaartwezen*, Sept./Okt.1988, S.41
38 Kurs Fachausbildung niederländischer Bestattungsunternehmen, Fach: Handelskorrespondenz, Lektion 14. STIVU, Den Haag 1988
39 Schrauwers, 1989, S.18
40 Die Tageszeitung *de Volkskrant*, 30.3.1987
   Koelewijn/Kramer, 1985, S.19ff.
41 *Het Uitvaartwezen*, Sept./Okt.1988, S.21
   Koelewijn/Kramer, 1985, S.19ff.
42 Es wird zur Zeit eine Konfliktkommission gegründet. Darin sind der niederländische Verbraucherschutz sowie die verschiedenen Standesorganisationen (NUVU, LOVU und NVU) vertreten.

43 Der islamische Glaube kennt zwei Hauptströmungen, die der SunnitInnen (abgeleitet von *sunnu*, 'Gesetz') und die der SchiitInnen (abgeleitet von *shia*, 'der Weg'). Die AlewitInnen sind wieder eine Abspaltung der SchiitInnen. In der Türkei ist die sunnitische Glaubensrichtung die vorherrschende. Das Abschieds- und Begräbnisritual weicht in einigen Punkten leicht ab von dem der SunnitInnen.

Eine liebevolle Annäherung an das Erbrecht

44 Vgl. hierzu ausführlicher Behrmann/Trampenau, 1991, S.64-67
45 Galke, 1993, S.363

Und was mache ich jetzt mit der Zahnbürste?

46 Fortuin, 1987
47 Polet, 1989, S. 96-97
48 Fortuin, 1987

Literaturverzeichnis

Abar-Rahin, Iman/Achmed al-Quadi, Ibm, Totenbuch des Islam, Berlin/München 1977

Aries, Philippe, Geschichte des Todes, München 1989[4]

Artrott, H.H./Pohlmeier, H. (Hg.), Sterbehilfe in der Gegenwart, Regensburg 1990

Augstein, Renate, Die nichteheliche Lebensgemeinschaft und Die lesbische Lebensgemeinschaft, in: Lucke/Berghahn, Rechtsratgeber Frauen, S.261-289

Bedall, F./Nagel, B., Der Zusammenhang zwischen Wochentag und Todestag in Todesanzeigen, in: *Medizin Mensch Gesellschaft*, 17. J., 1992, S.63-64

Behrmann, Katrin/Trampenau, Bea, Mit der Doppelaxt durch den Paragraphendschungel, Rechtsratgeberin für Lesben (und Schwule und andere Unverheiratete), Hamburg 1991

Einheit in der Vielheit. Weltreligionen in Berlin, bearb. von Gabriele Yonan, Die Ausländerbeauftragte des Senats (Hg.), Berlin 1992

Beihoff, M.J. (Hg.), Kaddisch. Gebete und Gebräuche für die Seelengedächtnisfeier und für die Trauerzeit, Düsseldorf 1990

Berger, Peter L./Lieban, Richard, Kulturelle Wertstruktur und Bestattungspraktiken in den Vereinigten Staaten, in: *Kölner Zeitschrift für Soziologie und Sozialpsychologie* 12 (1969), S.224-236

Beutel, Helmuth u.a. (Hg.), Sterben – eine Zeit des Lebens. Ein Handbuch der Hospizbewegung, Stuttgart 1989

Binder G./Effe, B. (Hg.), Tod und Jenseits im Altertum, Trier 1991

Blumenthal-Barby, K., Betreuung Sterbender, Berlin 1991[4]

Brante, Thomas/Halberg, Margareta, Brain or Heart? The Controversy over the Concept of Death, in: *Social Studies of Sciences*, Vol. 21, Nr. 3 (1991), S.389-413

Bruns, Manfred/Beck, Volker, Das Eheverbot bei Gleichgeschlechtlichkeit, in: *Monatsschrift für deutsches Recht*, 1991, S.832ff

Buckmann, Robert, Was wir für Sterbende tun können. Praktische Ratschläge für Angehörige und Freunde, Stuttgart 1990

Caine, Lynn, Und plötzlich stehst Du allein. Rat und Hilfe für Witwen, Hamburg 1990

Der Islam und die Muslime. Geschichte und religiöse Traditionen, bearb. von Baber Johansen und Fritz Steppat, Die Ausländerbeauftragte des Senats (Hg.), Berlin 1991[8]

Der letzte Gang – De laatste Gang. Totenbrauchtum – Gebruiken rond de Dood. Westmünsterland – Oost-Nederland: Kreis Borken, Hamaland-Museum Vreden, Rijksmuseum Twente, Heimathaus Münsterland, Telge GmbH, 1988

Diessbacher, Hartmut (Hg.), Witwen: Vom Leben nach dem Tod des Mannes, Frankfurt a.M. 1985

Dietze, Gabriele (Hg.), Todeszeichen und Freitod in Selbstzeugnissen, Frankfurt a.M. 1989

Döhner jr., Otto, Krankheitsbegriff, Gesundheitsverhalten und Einstellung zum Tod im 16. bis 18. Jahrhundert. Eine historisch-medizinsoziologische Untersuchung anhand von gedruckten Leichenpredigten, Frankfurt a.M./Bern/New York 1986

Dorrestein, Renate, Het perpetuum mobile van de liefde, Amsterdam 1989

Elias, Norbert, Über die Einsamkeit der Sterbenden, Frankfurt a.M. 1986

Feldmann, Klaus, Tod und Gesellschaft. Eine soziologische Betrachtung von Sterben und Tod, Frankfurt a.M. 1990

Ferber, Christian von, Der Tod. Ein unbewältigtes Problem für Mediziner und Soziologen, in: *Kölner Zeitschrift für Soziologie und Sozialpsychologie*, Nr. 2, 1970, S.237-250

Fortuin, Johanna, »Op verzoek van de overledene ...« Een onderzoek naar de uitvaartgewoonten aan de hand van overlijdens-advertenties, in: Banck, G.A./Brunt, L./Van Heerikuizen, B. u.a., Gestalten van de dood, Baarn 1980

Fortuin, Johanna, Hoe moet je de dingen delen die ondeelbar zijn? In: *Het Parool*, 31.10.1987

Fortuin, Johanna/Kilsdonk, Jan van u.a., Afscheid nemen van onze doden. Rouwen en rouwgebruiken in Nederland, Kampen 1988

Franke, Herman, De dood in het leven van alledag, 's-Gravenhage 1984

Fried, Anne, Wo man in Frieden sterben kann. Die Hospizbewegung, Wuppertal 1989

Friedrich, Walter J., Testament und Erbrecht, München 1991

Früh, Sigrid (Hg.), Märchen von Leben und Tod, Frankfurt a.M. 1990

Fuchs, Werner, Todesbilder in der modernen Gesellschaft, Frankfurt a.M. 1969

Füllmich, R., Der Tod im Krankenhaus und das Selbstbestimmungsrecht des Patienten, Frankfurt a.M. 1990

Galke, Jürgen, Kursbuch Versicherung, Frankfurt a.M. 1993

Goddenthow, Dieter Wolf von (Hg.), Mit dem Tod leben. Sterbebegleitung und praktischer Rat, Freiburg 1989

Goldmann-Poch, Ursula, Wenn Mütter trauern. Erinnerungen an das verlorene Kind, München 1988

Gotzik, Peter u.a. (Hg.), Laß mich doch zu Hause sterben! Gütersloh 1989

Griffin, Rochelle, Leven met rouw. Een pleidooi voor actieve stervensbegeleiding, in: *Homologie*, 11. Jg., 3, Mai/Juni 1989

Grümer, Karl-Wilhelm/Helmrich, Robert, Die Verdrängung des Todes in der modernen Gesellschaft. Eine empirische Prüfung am Beispiel von Todesanzeigen, Vortrag bei der ad-hoc-Gruppe »Sterben und Tod« auf dem 26. Deutschen Soziologentag in Düsseldorf am 30. September 1992, Frankfurt a.M. 1993

Hahn, Alois, Einstellungen zum Tod und ihre soziale Bedingtheit, Stuttgart 1968

Hahn-Lepper, M., Nicht zum Leben geboren. Trauerarbeit nach dem Verlust meiner Kinder, Frankfurt a.M. 1990

Haja, Fdal, La Mort. Illusion dernier selon l'arrangement de l'Islam, Paris 1991

Hartmann, Jutta, Lautlos und unbemerkt. Der plötzliche Kindestod, München 1990

Hegselmann, R./Merkel, R. (Hg.), Zur Debatte über Euthanasie, Frankfurt a.M. 1991

Heilborn-Maurer, Ursula/Maurer, Georg, Nach einem Suizid, Gespräche mit Zurückbleibenden, Frankfurt a.M. 1990

Heilborn-Maurer, U./Maurer, G., Bewältigung von Suiziden durch Hinterbliebene, in: Ochsmann, R./Howe, J. (Hg.), Trauer – Ontologische Konfrontation, Stuttgart 1991, S.63-75

Heinke, Sabine, Erben und Vererben, in: Lucke/Berghahn, Rechtsratgeber Frauen, S.568-582

Holl, Adolf (Hg.), Neues vom Tod. Heutige Umgangsformen mit dem Sterbenmüssen, Wien 1990

Im Spiegel des Todes. Tod und Sterben aus buddhistischer Sicht, in: *lotusblätter*. Zeitschrift für Buddhismus, 4, 1991

Imhof, A. E., Ars moriendi. Die Kunst des Sterbens – einst und jetzt, Wien 1991

Jerneizig, R. u.a., Leitfaden zur Trauertherapie und Trauerberatung, Göttingen 1991

Jordan, Brigitte, Birth in four Cultures, Vermont 1978

Juristischer Notfallkoffer des FLC Frankfurter Leder Club e.V., 2. überarb. u. erw. Auflage (für 10 DM zu bestellen: FLC Frankfurter Leder Club e.V., c/o H.-J. Müller, Große Friedberger Straße 19, 60313 Frankfurt)

Kalish, Richard A./Reynolds D.K., Death and Ethnicity, Los Angeles 1976

Klee, Ernst, »Euthanasie« im NS-Staat, Frankfurt a.m. 1983

Koelewijn, Jannetje/Kramer, Paul, De Uitvaart industrie, in: *Vrij Nederland Bijlage*, 12.1.1985

Kübler-Ross, Elisabeth, Questions and Answers on Death and Dying, New York 1974

Kübler-Ross, Elisabeth, Over de dood en het leven daarna, Baarn 1985

Kuitert, Harry M., Das falsche Urteil über den Suizid. Gibt es eine Pflicht zu leben? Stuttgart 1986

Kuschel, Svea, Frauen leben länger – aber wovon? Was Frauen über Versicherungen wissen sollten, Düsseldorf/Wien 1992

Laplanche, Jean, Leben und Tod in der Psychoanalyse, Frankfurt a.M. 1985

Lau, Israel M., Wie Juden leben. Glaube. Alltag. Feste, Gütersloh 1990[2]

Lionarons, Wilfred, Surinamer maakt van begrafenis boeiende happening, eingesandter Brief, in: *de volkskrant*, 21.6.1989

Loraux, N., Die Trauer der Mütter, Frankfurt a.M. 1992

Lucke, Doris/Berghahn, Sabine, Rechtsratgeber Frauen, Reinbek 1988

Malt, Manuela, »... ist unstreitig homosexuell«, Diskriminierung von Schwulen und Lesben in Arbeits- und Zivilrecht, Hamburg 1991

Marti, Kurt, Leichenreden, Frankfurt a.M. 1989[12]

Matouschek, Leonore, Trauer, die nicht enden will. Verkehrstot – schweigend weiterleben, Gütersloh 1990

Möllering, K./Krüger, P., Der Tod hat viele Namen. Religionsunterricht ab Klasse 7, Praxis Schulfernsehen 195/92

Moraldi, Luigi, Nach dem Tode. Jenseitsvorstellungen von den Babyloniern bis zum Christentum, Bergisch-Gladbach 1989

Mystical Rites and Rituals, o.A., London 1975

Nassehi, Armin/Weber, Georg, Tod, Modernität und Gesellschaft. Entwurf einer Theorie der Todesverdrängung, Opladen 1989

Ochsmann, R., Lebens-Ende, Heidelberg 1990

O'Neill, John, Die fünf Körper: medikalisierte Gesellschaft und Vergesellschaftung des Leibes, München 1990

Pinguet, M., Der Freitod in Japan, Berlin 1991

Polet, Anne, Verder. Over rouw na suïcide, Amersfoort/Leuven 1989

Rest, Franko, Das kontrollierte Töten. Lebensethik gegen Euthanasie und Eugenik, Gütersloh 1992

Rest, Franko, Sterbebeistand, Sterbebegleitung, Sterbegeleit. Studienbuch für Krankenpflege, Altenpflege u.a., Stuttgart 1989

Rijsdijk, Mink van, Concurentie in verdriet, in: *Trouw*, 28.5.1985

Schiller, Gisela, Der organisierte Tod. Beobachtungen zum modernen Bestattungswesen, Düsseldorf 1991

Schmied, Gerhard, Sterben und Trauern in der modernen Gesellschaft, München 1988

Schmidt-Henkel, H., Die getrösteten Tröster – Der Tod in der Kinderliteratur. Ein Rundblick in Europa, in: Holl, Neues vom Tod, S.209-228

Schostack, Renate, Was auch im Leben Mode ist. Bestatter und Hinterbliebene, in: *FAZ*, 28.11.1992

Schrauwers, Arno, Sterven in Nederland, in: *Vast en Zeker*, Frühjahr 1989

Snoek, Coco, »Gehuurde kraaien droegen de kist«. Hoe vrouwen zijn weggewerkt uit de stervens-rituelen, in: *Opzij*, April 1985

Spruit, Ruud, De dood onder ogen. Een cultuurgeschiedenis van sterven, begraven, cremeren en rouw, Houten 1986

Stoddard, Sandol, Die Hospizbewegung. Ein anderer Umgang mit Sterbenden, Freiburg 1988

Stoutenbeek, Jan/Vigeveno, Paul, Joods Nederland. Een cultuurhistorische gids, Amsterdam 1989

Streckeisen, U./Vischer, L.R./ Gross, C.S., Die berufliche Konstruktion des Lebensendes. Thanatopraktische Handlungsweisen in explorativer Sicht. Forschungsbericht, Universität Bern 1992

Student, Johann-Christoph (Hg.), Das Hospizbuch, Freiburg 1989

Student, J.-C./Busche A., Zu Hause sterben. Hilfen für Betroffene und Angehörige, Hannover 1990

Thalmann, Rolf, Urne oder Sarg? Auseinandersetzungen um die Einführung der Feuerbestattung im 19. Jahrhundert, Frankfurt a.M./Bern 1978

Weiss, Johannes, Die Soziologie und die Sterblichkeit des Menschen – einige Überlegungen, in: *Sozialwissenschaftliche Schriften*, Nr. 16, Tod und Sterben, Duisburg 1980

Welling, Friedrich, Fachkunde Bestattungswesen. Geschichte, Kulturgut, Gegenwart, Düsseldorf 1982

Wiedemann, Rainer E., Tod, Kultur und Gesellschaft, in: *Sociologica Internationalis*, Heft 1, 1992, S.117-124

Winter, Michael, Service für den letzten Weg. Vom Leichenentsorger zum Berater: Berlins ältestes Bestattungsunternehmen sucht neue Wege für den Umgang mit dem Tod, in: *Die Zeit*, 29.11.1991, S.83

Woess, F., Konfliktlösung extrem. Selbstmord im weiblichen Lebenslauf, in: Linhart, R./Woess, F. (Hg.), Nippons neue Frauen, Reinbek 1990, S.170-191

Ydit, Meir, Kurze Judentumskunde für Schule und Unterricht, Jüdische Kultusgemeinde der Rheinpfalz, Neustadt/Weinstraße, o.J.

Für Hinweise bei der bibliographischen Recherche danken wir Prof. Dr. Klaus Feldmann, Prof. Peter Gleichmann, Dr. Gudrun Schwarz, Dr. Ursula Streckeisen, Dr. Rainer Wiedemann.

Adressenteil

Deutsche AIDS Hilfe
Dieffenbachstraße 33
10967 Berlin
030/6900870/26

Berliner AIDS Hilfe
Meinekestraße 12
10719 Berlin
030/8833017-19
Erika Parsa – Frauenreferat

AIDS Hilfe Frankfurt
Eschersheimer Landstr. 9
60322 Frankfurt/M.
069/590012, Beratungstelefon: 069/19411

Hospiz für AIDS Kranke
Franziskushaus
Sandweg 57
60316 Frankfurt/M.
069/2443680

AIDS Hilfe Hamburg
Struensee-Zentrum
Paul-Roosen-Str. 43
22767 Hamburg
040/3196981, Beratungstelefon: 040/19411

Münchner AIDS-Hilfe e.V.
Corneliusstraße 2
80469 München
089/278071, Beratungstelefon: 089/19411

Deutsche Krebshilfe
Thomas-Mann-Str. 40
53111 Bonn
0228/729900

Bundesverband der Frauenselbsthilfe nach Krebs e.V.
B6/10/11
68159 Mannheim
0621/24434

e. St. e.V.
Gesellschaft für die Auseinandersetzung mit der eigenen Sterblichkeit
Berliner Str. 116
10713 Berlin
030/8216044/5

OMEGA
Mit dem Sterben leben e.V.
Postfach 1407
34346 Hann. Münden
05541/5356

NAKOS
Nationale Kontakt- und Informationsstelle zur Anregung und Unterstützung von
Selbsthilfegruppen
Albrecht-Archilles Str. 65
10709 Berlin

Anwaltsservice Frankfurt:
Anwaltsuchservice, Infodienst für anwaltliche Dienstleistungen GmbH
Röderichstr. 8
60489 Frankfurt/M.
069/7810540-55

Rechtsanwaltskammer
Bockenheimer Anlage 36
60322 Frankfurt/M.
069/17009801

Bundesverband des deutschen Bestattungsgewerbes e.V.
Schirmerstr. 78
40211 Düsseldorf
0211/675036/37

Fachzeitschrift: das bestattungsgewerbe
c/o Fachverlag
Schirmerstr. 76
40211 Düsseldorf
0211/675036/37

Hospize/Palliativstationen

Hospize sind private (von der Krankenkasse nicht unterstützte) Einrichtungen, in denen Schwerkranke und sterbende Menschen sowie deren Angehörige und FreundInnen Beistand und Beratung erhalten. Die Sterbebegleitung in würdigen Umständen sowie die Begleitung von Angehörigen während des Abschieds und in der Zeit der Trauer stehen im Mittelpunkt.* Neben den Palliativstationen in Krankenhäusern und privaten Einrichtungen gibt es ca. 300 Hospizinitiativen in der Bundesrepublik Deutschland, von denen wir einige nennen.

Hospiz Haus Hörn
Johannes-von-den-Driesch-Weg 4
52074 Aachen
Ansprechpartnerin: Frau Louven

Station für palliative Therapie des Malteser-Krankenhauses Bonn-Hardtberg e.V.
Von-Hompesch-Str. 1
53123 Bonn
Ansprechpartner: Herr Dr. Nauck, Stationsarzt

Station für palliative Therapie der Robert-Janker-Klinik
Baumschulallee 12-14
53115 Bonn
Ansprechpartner: Herr Dr. Becker, Projektleiter

Schmerzpraxis/Tagesklinik und Hausbetreuungsdienst des Christophorus-Hauses
Roßmarkt 23
60311 Frankfurt/M.
Ansprechpartner/in:
Schmerzpraxis/Tagesklinik: Herr Dr. Flöter
Hausbetreuungsdienst: Frau Harmsen

Hospiz Herborn
Adlerstr. 7
55758 Herborn-Seelbach
Ansprechpartnerin: Frau Kolfen

Bildungsforum Chirurgie an der Chirurgischen Universitätsklinik Köln
Informations- und Ausbildungszentrum
Joseph-Stelzmann-Str. 20
50931 Köln
Ansprechpartner: Herr Volontieri

Hausbetreuungsdienst der Station für palliative Therapie an der Chirurgischen Universitätsklinik Köln
Joseph-Stelzmann-Str. 9
50931 Köln
Ansprechpartnerin: Frau Eichler

* Zur Hospizbewegung siehe auch das Literaturverzeichnis

Hospiz Heimersdorf
Pater-Dionysius-Str. 14
50767 Köln
Ansprechpartnerin: Frau Bramer

Station für palliative Therapie an der Chirurgischen Universitätsklinik Köln
Joseph-Stelzmann-Str. 9
50931 Köln
Ansprechpartnerin: Frau Dr. Jonen-Thielemann, Stationsärztin

Hospiz 'stella maris' der Communio in Christo e.V.
Bruchgasse 14
53894 Mechernich
Ansprechpartnerin: Frau Weber

Hospiz zum Hl. Franziskus e.V.
Röntgenstr. 39
45661 Recklinghausen
Ansprechpartnerin: Sr. Reginalda

Folgende Krankenhäuser erhalten eine *Modell-Palliativstation*:

Palliativstation am Krankenhaus Spandau
Lynarstr. 12
13585 Berlin
Ansprechpartnerin: Frau Dr. Kallenbach

Palliativstation des St.-Josef-Hospitals
Wiener Str. 1
27568 Bremerhaven
Ansprechpartner: Herr Dr. Kayser

Palliativstation des Ev. Krankenhauses Weende
An der Lutter 24
37075 Göttingen
Ansprechpartnerin: Frau Dr. Eulner

Palliativstation des Krankenhauses Barmbeck
Rübenkamp 148
22307 Hamburg
Ansprechpartner: Herr Dr. Hoffmann

Palliativstation der Med. Universität Lübeck
Ratzeburger Allee 160
23562 Lübeck
Ansprechpartnerin: Frau Dr. Schmitz

Palliativstation am Krankenhaus der Barmherzigen Brüder
Romanstr. 93
80639 München
Ansprechpartner: Herr Dr. Binsack

Palliativstation am St.-Elisabeth-Krankenhaus
Friedrich-Ebert-Str. 59
56564 Neuwied
Ansprechpartner: Herr Dr. Fuchs

Palliativstation des Elisabeth-Krankenhauses GmbH
Röntgenstr. 10
45661 Recklinghausen-Süd
Ansprechpartnerin: Frau Dr. Fricke

Palliativstation der Klinik Dr. Hancken GmbH
Harsefelder Str. 8
21680 Stade
Ansprechpartnerin: Frau Dr. Thiel

Palliativstation am Marienhospital
Böheimstr. 37
70199 Stuttgart
Ansprechpartner: Herr Prof.Dr.Dr. Metzger

Palliativstation am St.-Michael-Krankenhaus
Kühlweinstr. 103
66333 Völkingen/Saar
Ansprechpartner: Herr Dr. Geilen-Meerbach

Palliativstation am Kreiskrankenhaus Marienhöhe GmbH
Mauerfeldchen 25
52146 Würselen
Ansprechpartner: Herr Dr. Daskalakis

Die wissenschaftliche Modellprogramm-Begleitung hat das Institut BOSOFO
Leitung: Herr Prof. Viehfues/Herr Spikofski
Bahnhofstr. 7 a
44623 Herne
Tel. 02323/54022

Hospizinitiativen

Außerdem bestehen neben diesen Palliativstationen und Hospizen noch einige *Hospizinitiativen*, die bei konkreten Überlegungen und Planungen für die Errichtung eines Hospizprojektes sind. Hierzu wären u.a. folgende Hospizinitiativen zu nennen:

Hospiz-Verein Bethel
Ansprechpartnerin: Frau Lipke

Hospiz-Gruppe Bremen
bei Pro Senectute e.V., Bremen
Ansprechpartnerin: Frau Hohn

Franziskus-Hospiz e.V., Erkrath-Hochdahl
Ansprechpartnerin: Sr. Irmgardis

Hospiz-Verein e.V., Erlangen
Ansprechpartner: Herr Prof.Dr. Herbst

Hospiz Steele e.V., Essen
Ansprechpartnerin: Frau Kathagen

Hospiz Flensburg
Ansprechpartnerin: Frau von Spies/Sr. Wiebke

Hospiz Halle/Saale
Ansprechpartner: Pfarrer Pera

Initiative zur Betreuung Schwerstkranker und ihrer Angehörigen e.V., Illingen/Saar
Ansprechpartnerin: Frau Jochem

Christophorus-Hospiz-Verein e.V., München
Ansprechpartner: Pater Iblacker, SJ.

Ambulanter Pflegedienst Paderborn
Ansprechpartnerin: Frau Vogt

Hospiz-Verein Regensburg e.V.
Ansprechpartnerin: Frau Albrecht

Die Autorinnen

Marjo Boer ist in der Krankenpflege ausgebildet und tätig gewesen und hat sich später auf medizinische Astrologie und Homöopathie spezialisiert. Als sich bei ihrer Geliebten eine unheilbare Krankheit zeigte, hat sie sie bis zum Ende gepflegt. Mit der Hilfe von Freundinnen und Freunden ergriff sie auch die Initiative, die Beerdigung selbst zu organisieren.

Claudia Burgsmüller arbeitete bis 1986 als Rechtsanwältin in Berlin. Nach knapp fünfjährigem Interim als Vertreterin der Professur Strafrecht und Familienrecht im Fachbereich Sozialwesen der Fachhochschule Wiesbaden ist sie seit 1991 wieder als Rechtsanwältin in eigener Kanzlei in Wiesbaden tätig. Seit 1983 ist sie Mitherausgeberin und Redakteurin der feministischen Rechtszeitschrift *Streit*.

Gerdien Jonker studierte in Amsterdam Religionswissenschaft und Altorientalistik; sie arbeitete im Tropenmuseum. 1983 kam sie nach Berlin und initiierte ein Frauenkulturzentrum. Sie hat über kollektive Erinnerung in Mesopotamien promoviert.

Marjan Sax ist Politologin und Publizistin. Sie arbeitete in der Erwachsenenbildung und ist momentan für *Mama Cash*, ein Frauenfinanzierungsfonds in Amsterdam, aktiv. Seit den 70er Jahren ist sie in der Frauenbewegung engagiert und hat u.a. zu Abtreibung, Sexualität von Frauen und Prostituiertenrechten gearbeitet und als Journalistin geschrieben. Der Anlaß für dieses Buch war der Selbstmord einer guten Freundin und der – mißglückte – Versuch, das Begräbnis auf eine andere Art zu gestalten.

Knaar Visser hat eine Ausbildung an der Sozialakademie. Als ihre Freundin Selbstmord beging, hatte sie in das Abschiedsritual nichts einzubringen. Erst bei einer anderen Beerdigung merkte sie, daß ein Abschied auch anders möglich ist und erkannte, daß eine aktive Teilnahme an den Abschiedsritualen und der Bestattung sehr wichtig sind. So kam sie zu dem Entschluß, die Ausbildung zur Bestatterin zu machen, und ergriff die Initiative für dieses Buch.

Theresa Wobbe studierte Psychologie, Germanistik und Geschichte in Berlin. Sie arbeitete als Assistentin am Institut für Soziologie der Freien Universität Berlin. Zuletzt hat sie ein Buch über Erinnerung, Frauen und Nationalsozialismus herausgegeben.

Quellen- und Abbildungsnachweis

Kapitel 10: aus »Juristischer Notfallkoffer«, FLC Frankfurter Leder Club e.V.
(Hg.), 2. Auflage

Abbildungen:

Seite 20: © Catrien Ariëns
Seite 53: © Arnold Schwartzman
Seite 72: © Chris de Jongh
Seite 89: © Alex Heck
Seite 112: © Joke Mulder
Seite 139: © Matt Herron
Seite 147: © Arnold Schwartzman
Seite 156: © Matt Herron
Seite 206-208: Bauzeichnungen für den Sarg © Els Klaver und Flash Meijer

EINE LEISE
LIEBESGESCHICHTE

Katharina
Höcker

Schwesternehe

»Der Balkon hat
noch Schatten,
aber der Himmel
zerreißt sich
schon wieder in
einem bläßlichen
Blau. Dick und
würzig riecht die
Luft, nach Staub und Büschen
und Müll. Die Hitze kommt wie
ein Fieber herauf; nicht lange,
dann wird die Stadt in alpträume-
rischer Schönheit stehen, staub-
schwarz und leer. Vielleicht
fahren wir abends, wenn es ein
wenig kühler geworden ist,
wieder hinaus ans Meer, dorthin,
wo wir am Dünenrand einmal
miteinander geschlafen haben.

Vielleicht fahren wir
nicht. Ich sorge
mich nicht. Alles ist
offen und weich
und wird gehen,
irgendwo hin.«

Mit Anfang dreißig
hat sich Elisabeth
im Gegebenen
eingerichtet und
deutet das
Gleichmaß ihrer
Tage und die schwesterliche
Beziehung zu ihrer langjährigen
Freundin Judith als Glück.
Doch im Verlauf eines Wochen-
endbesuchs fällt die betrügeri-
sche Ruhe ihrer Welt in sich
zusammen.

Katharina Höcker wurde für diese
Erzählung 1991 mit dem
Hamburger Literaturförderpreis
ausgezeichnet.

Orlanda Frauenverlag

Großgörschenstraße 40 · 10827 Berlin

Kampf gegen den Krebs und vielfache Unterdrückung

Audre Lorde
LICHTFLUT
Neue Texte

Orlanda Frauenverlag

Audre Lorde
Lichtflut

Aus dem US-amerikanischen Englisch
von Margarete Längsfeld

LICHTFLUT versammelt Reden, Interviews,
Essays, Gedichte und Tagebuchauszüge zu
brisanten politischen Themen.
AUDRE LORDES Tagebücher beschreiben
wichtige Momente des persönlich-politischen
Lebens der Dichterin. AUDRE LORDE zeigt in
ihrem Buch die Verbindung von Rassismus in
den USA und Südafrika auf und ermutigt
zum Einschreiten; in einem Offenen Brief
fordert sie Mary Daly auf, dieKultur/Ge-
schichte und die Existenz Schwarzer Frauen
wahrzunehmen; sie analysiert wie Schwarze
Frauen sich organisieren können trotz unterschiedlicher Nähe zu Männern, benennt die
Chancen «Farbiger» lesbischer Eltern in der
selbstbewußten Erziehung ihrer Kinder und
ermutigt Schwarze Frauen zu realistischem
Selbstbewußtsein.

Orlanda Frauenverlag
Großgörschenstraße 40 · 1000 Berlin 62